DOROTHY

USTED PUEDE
conseguir
el trabajo
que merece

Javier Vergara Editor s.a.
**Buenos Aires / Madrid
México / Santiago de Chile
Bogotá / Caracas / Montevideo**

Título original
MARKETING YOURSELF

Edición original
HarperCollins Publishers

Traducción
Federico Villegas

Diseño de tapa
Susana Dilena

© 1991 by Dorothy Leeds
© 1993 by Javier Vergara Editor S.A.
Tacuarí 202 - P. 8º / Buenos Aires / Argentina.

ISBN 950-15-1354-8

Impreso en la Argentina/Printed in Argentine.
Depositado de acuerdo a la Ley 11.723

Esta edición terminó de imprimirse en
VERLAP S.A. - Producciones Gráficas
Vieytes 1534 - Buenos Aires - Argentina
en el mes de diciembre de 1993

*A Anna Pearl Robertson, con
todo mi afecto*

INDICE

Agradecimientos 13

Introducción 15

PRIMERA PARTE:
Cómo conseguir el puesto de su preferencia.
Venda, no liquide

1. Cómo venderse.
   La habilidad fundamental para alguien que
   busca empleo 23
2. Prueba de aptitud para las ventas 29
3. Promuévase a sí mismo 42

SEGUNDA PARTE:
Los factores de éxito.
Las diez habilidades más vendibles

4. Primer factor de éxito.
   La adaptabilidad 57
5. Segundo factor de éxito.
   El compromiso 64
6. Tercer factor de éxito.
   La comunicación 73

7. Cuarto factor de éxito.
   La creatividad 80
8. Quinto factor de éxito.
   La toma de decisiones 84
9. Sexto factor de éxito.
   La evaluación 88
10. Séptimo factor de éxito.
    La previsión 92
11. Octavo factor de éxito.
    La independencia 96
12. Noveno factor de éxito.
    El trabajo en equipo 100
13. Décimo factor de éxito.
    El valor agregado 107
14. Cuestionario.
    Calcule sus factores de éxito 113

TERCERA PARTE:
Conozca su producto

15. Su carrera y su inventario de valores 129
16. El beneficio de la venta.
    Los verdaderos motivos por los cuales
    los empleadores eligen 142
17. Su argumento de venta 151

CUARTA PARTE:
Conozca su mercado

18. Su plan de *marketing*.
    Cómo actuar para el éxito futuro 171
19. Conozca el territorio.
    Las tendencias de la nueva economía 195
20. Mercados atractivos.
    Treinta empleos con futuro 206

21. La configuración del terreno.
    Dónde encontrar el empleo de su preferencia   223

QUINTA PARTE.
Concreción de la venta

22. Las técnicas de venta.
    Cómo utilizar los principios de la venta para
    obtener el empleo de su preferencia   239
23. La correspondencia directa.
    Cómo hacer una oferta irresistible   248
24. Si usted tuviera que escribir un currículo... ...   261
25. La era del vídeo.
    El currículo filmado   275
26. El *telemarketing*.
    Saque provecho de sus contactos telefónicos   283
27. Frente a frente.
    Una orientación para concretar la venta –
    La entrevista laboral   307
28. Cómo manejar las objeciones en su beneficio.
    Las preguntas difíciles   318
29. Negociar con vistas al futuro.
    Cómo pedir más y obtenerlo   331
30. Una previsión final   345

Bibliografía   351

Agradecimientos

Mi agradecimiento y profunda estima a:

Sharyn Kolberg, cuyo esmero, comprensión y creatividad hicieron posible que este libro fuera una realidad. Ella fue mi brazo derecho.

Tom Miller, por su orientación, paciencia y apoyo. El es todo lo que un editor debiera ser, y aun más.

Los ejecutivos de Ventas y Mercadotecnia de la urbe neoyorquina, y a Ed Flanagan por allanarme el camino.

Jeff Slutsky, el más diestro de todos, y excelente vendedor, además.

Ann Wolbrom, por su apoyo, su confianza, y su dinámica asistencia administrativa.

George Walther, un hombre gentil y bien informado, que sabe más que nadie en el mundo acerca de las comunicaciones telefónicas.

Todos aquellos que gentilmente me brindaron su tiempo y asesoramiento, especialmente: Robert Blinder, Susan Boren, James B. Clemence, Dr. Richard E. Emmert, Joe Gandolfo, Joe Girard, Roberts T. Jones, John Kelman, Aven Kerr, William Olsten, Judd Saviskas, Ellen Schneider, Arthur Denny Scott, Martin Shafiroff, Robert Shook, Steve Stein y Walter F. Whitt.

Y el reconocimiento especial a mi familia, Nonny, Ian, y Laura, por su constante afecto, apoyo y paciencia.

Introducción

¿Cuál es la máxima aspiración del que busca empleo? Todos los interrogados me contestaron: "Lograr una buena remuneración por hacer lo que me gusta".

¿Por qué todos hemos estado viviendo al margen de nuestras aspiraciones? Porque hasta ahora, la manera de conseguir el empleo deseado ha sido un enigma. He escrito este libro para hacer que ese enigma se transforme en una habilidad.

Más allá del tipo de empleo que usted esté buscando, de cuál sea su experiencia (o falta de la misma), más allá de donde usted se encuentre ahora, este libro le mostrará cómo conseguir exactamente el empleo de su elección –con el sueldo, las bonificaciones y los beneficios que usted merece. Todo lo que usted tiene que hacer es aprender cómo presentarse y venderse, las dos habilidades más esenciales que se necesitan a partir de la presente década.

Mi propia experiencia en ventas y mercadotecnia (*marketing*) es el fruto de quince años de estudio, práctica y entrenamiento. He hecho del traspaso de este conocimiento a los demás mi medio de subsistencia. He creado una amplia organización de mercadotecnia por mi cuenta, y a través de seminarios y consultas en todo Estados Unidos, he entrenado a más de 20.000 ejecutivos y vendedores.

Después de haber desarrollado cinco carreras de éxito (hasta ahora) en mi vida, me considero una experta en torno a cómo

15

conseguir el empleo de su elección. Poseo los conocimientos de una persona informada acerca de qué es lo que significa ir en busca de un empleo.

Cuando busqué mi primer empleo, analicé la experiencia de otros. ¿Cuál era su secreto? Algunos estaban mejor formados que yo, pero otros no lo estaban. Algunos vestían ropa más elegante, eran más seductores, o poseían habilidades técnicas más avanzadas. El rasgo común a todos, el único aspecto por el cual se destacaban de la multitud, era por su *habilidad para promocionarse y venderse a sí mismos.*

Pero el descubrimiento más revelador fue que esa gente no tenía habilidades innatas para la venta y el *marketing.* Las habían adquirido: leyeron, experimentaron, y a través de métodos de tanteo, aprendieron a dominar las técnicas que les permitieron emprender carreras de éxito. Lo que aprendí me permitió lograr un puesto de alto nivel en el ámbito competitivo de la publicidad –sin ninguna experiencia previa, ni entrenamiento en esa especialidad.

Mi meta al escribir este libro es ahorrarle al lector la parte del proceso que corresponde al método de tanteo. En esta guía de orientación, fácil de seguir, paso a paso usted encontrará toda la información que necesita para realizar todas sus aspiraciones, sus metas y ambiciones.

No sólo he confiado en mi experiencia para preparar este informe. He recurrido a expertos –presidentes de compañías, directores ejecutivos, gerentes de recursos humanos y personal de alto nivel empresarial– para indagar qué es lo que pretenden de un potencial empleado. He preguntado a los profesionales de ventas y mercadotecnia en una variedad de campos qué es lo que les hace sentir tan bien con lo que hacen. He analizado las tendencias económicas, el crecimiento de la población, y qué es lo apremiante o no en el mercado laboral para esta década y el futuro. Al combinar esta información con las técnicas de ventas y mercadotecnia explicadas en este libro, usted estará entre los primeros competidores en la búsqueda de cualquier empleo.

Este libro se divide en cinco partes o secciones:

PRIMERA PARTE: Cómo conseguir el puesto de su preferencia: Venda, no liquide

- Busque la situación favorable para el éxito, al promocionarse y venderse a sí mismo.

- Sepa cómo sus actitudes y respuestas emocionales a la venta y a la promoción pueden hacerle retroceder, y qué puede hacer al respecto.
- Desarrolle la confianza que necesita para salir adelante y *venderse*.

SEGUNDA PARTE: Los factores de éxito: Las diez habilidades más vendibles

- Las diez cualidades y características personales que todo empleador busca –habilidades de carácter universal que harán de usted el candidato ideal para cualquier empleo que elija, además de ejemplos, preguntas y evaluaciones para ayudarle a estimar y mejorar sus propios factores de éxito.

TERCERA PARTE: Conozca su producto

- Sepa cómo insertar su *producto* en los verdaderos motivos de la búsqueda de personal y mostrar a sus empleadores que usted ha logrado lo que ellos necesitan.
- Haga más fácil su búsqueda personal de empleo al aclarar y precisar sus propias metas laborales.
- Promuévase con éxito, utilizando sus habilidades y logros más vendibles –ya sea que usted haya tenido éxito en su carrera previa o nunca haya tenido un empleo antes.

CUARTA PARTE: Conozca su mercado

- Manténgase motivado, activo y concentrado en desarrollar su propio plan de promoción personal.
- Reconozca las tendencias económicas vigentes y cómo pueden incidir en usted y en su estilo de trabajo.
- Identifique treinta de los mercados de empleo más atractivos del país en la actualidad, dónde se encuentran y qué habilidades necesita para acceder a los mismos.

QUINTA PARTE: Concreción de la venta

● Utilice los secretos clave de los profesionales de ventas para *finiquitar el trato*.
● Aplique paso a paso los procedimientos de mercadotecnia y las técnicas específicas de venta en su favor:
  ¤ Identifique a las personas que más desean emplearle.
  ¤ Haga a los empleadores ofrecimientos a los cuales no puedan negarse.
  ¤ Promuévase con eficiencia en cualquier situación de entrevista.
  ¤ Elimine los aspectos clave que pueden provocarle ansiedad en la entrevista.
  ¤ Negocie por algo más que el dinero.
  ¤ Busque los empleos que realmente desea.

Este libro ha sido escrito para cada uno de los lectores como individuo. En vista de que la búsqueda de empleo es una experiencia única para cada uno de nosotros (todos tenemos metas, ambiciones y prioridades diferentes) el libro incluye una serie de cuestionarios y ejercicios personalizados a fin de adecuar cada paso a sus necesidades específicas. Ha sido concebido con el objetivo de servir de guía para su futuro, como un manual de referencia con la información práctica y las estrategias útiles para alcanzar el éxito durante toda su trayectoria laboral.

En este libro el lector también encontrará la seguridad y confianza necesarias para desarrollar la carrera de su elección. Sin importar qué edad tenga usted, ni si está en busca de su primer o quinto empleo, la experiencia es la misma. Si usted la plantea bien y adopta una actitud flexible y abierta, su experiencia será agradable y satisfactoria. Las situaciones imprevistas abundan y quizá tenga que corregir su plan a medida que avance. También puede encontrar un camino más interesante y quizá menos transitado, y decidir explorarlo. Ya sea que usted nunca haya trabajado antes, aspire a subir en la escala empresarial o desee cambiar en medio de su carrera, este libro le ayudará a desarrollar las habilidades necesarias, cualesquiera que sean los cambios y elecciones que usted afronte ahora o en los años venideros. Las habilidades que usted aprenda aquí le servirán para toda la vida laboral.

Un futuro fascinante nos aguarda. Un nuevo siglo: La era de la opción y el cambio. Piense en todos los cambios que han ocurrido en el siglo XX, en el cual Estados Unidos y otras naciones se han transformado de sociedades agrícolas en sociedades industriales. Hemos ampliado y diversificado nuestras habilidades e imaginación.

Ahora nos estamos desplazando de una sociedad industrial a una sociedad de servicios, hemos ingresado en la era de la información, de las ventas y de la mercadotecnia. Aún estamos ampliando nuestras habilidades y desarrollando nuestra imaginación. Si usted pretende sacar ventaja de todo eso en este mundo cambiante y desafiante, tiene que ofrecer algo, no puede quedarse sentado y esperar que las cosas ocurran; tiene que contribuir al cambio, y eso incluye la mercadotecnia (*marketing*). La promoción y venta de habilidades le ayudará a estar preparado para un cambio imprevisto, y a tener más confianza en sí mismo y en su destreza. Aprenderá a valorar sus méritos y a utilizar dicho conocimiento para lograr lo que desea.

Mi lema es "El éxito significa transformar el conocimiento en acción positiva". Lo que haga con la información contenida en este libro le incumbe a usted. Al comienzo de cada capítulo encontrará un principio básico de la venta y mercadotecnia que resume el significado de la información siguiente. Estos treinta principios le proporcionarán las bases de un sólido conocimiento práctico en la materia.

Estoy en condiciones de asegurarle que si usted aprende y aplica dichos principios a la búsqueda de empleo, logrará la confianza, la seguridad y la habilidad para desarrollar la carrera que siempre soñó, convirtiéndose en un participante más satisfecho –y próspero– en el mundo laboral de hoy y del futuro.

PRIMERA PARTE

Cómo conseguir el puesto de su preferencia

Venda, no liquide

1

Cómo Venderse

*La habilidad fundamental para alguien
que busca empleo*

1º Principio de las Ventas y Mercadotecnia
*El éxito de la venta depende de la calidad del producto
además de la habilidad del vendedor.*

Si usted está buscando un empleo ordinario "por un dólar más", no debe leer este libro. No se requiere ninguna habilidad especial para conseguir esa clase de empleo. Pero si tiene intenciones serias de encontrar el empleo adecuado para usted, uno que lo satisfaga y lo remunere de acuerdo con lo que usted merece, ha llegado el momento de pasar a considerar la empresa –la empresa de postularse y venderse.

Si usted busca una fórmula mágica para conseguir el empleo de su elección, no llegará muy lejos. No existe tal fórmula mágica.

Hay un secreto, pero no un recurso mágico. Y yo le diré en qué consiste ese secreto.

Estriba en la venta y mercadotecnia.

Consiste en aprender las habilidades y métodos específicos que los vendedores de éxito han estado utilizando durante años, y aplicarlos en la búsqueda de empleo.

Los métodos de venta y mercadotecnia que usted aprenderá en este libro le ayudarán a:

- Dar con las personas más interesadas en contratarle
- Comprender los verdaderos motivos por los cuales la gente *compra* –y por qué los empleadores estarían dispuestos a comprar lo que usted tiene para vender
- Pedir más y lograrlo
- Desarrollar la carrera que usted siempre soñó hacer

EL NACIMIENTO DE UN VENDEDOR

El éxito en el cambiante ámbito laboral actual depende de la acción, no de la reacción. Usted tiene que hacer algo más que enviar currículos en respuesta a los anuncios. Hay mucha gente inteligente y creativa en busca de puestos bien remunerados y motivadores. Usted tiene que convertirse en un vendedor si no quiere quedar rezagado.

"Pero hay algo", dirá usted. "¿Acaso he dicho que me gustaría llegar a ser un vendedor? Esa no es mi elección de carrera".

Sin embargo, es así –aun cuando usted no sea un vendedor.

Según Arthur Denny Scott, primer vicepresidente de personal en Goldman, Sachs & Company, "Haberse graduado en la universidad, o incluso tener las habilidades apropiadas ya no es suficiente. Uno tiene que ser un vendedor –y con eso no quiero decir un agente de publicidad–. Uno tiene que vender su habilidad a fin de contribuir a la organización".

El secreto para tener éxito, para sacar una ventaja competitiva, estriba en su habilidad para persuadir a los potenciales empleadores que *ellos le necesitan*. En eso consiste la venta y la mercadotecnia.

La venta consiste simplemente en mostrar al otro que su producto o servicio le ayudará a cubrir una necesidad o resolver un problema.

El marketing es el proceso de hacer llegar un producto o servicio del vendedor al comprador.

Saber venderse significa aprender cómo relacionar el producto (usted) con los compradores (empleadores). Los *comprado-*

res consideran los artículos en su conjunto cuando toman sus decisiones. De cómo usted promocione y venda ese conjunto dependerá su posición relativa con respecto a los competidores.

No importa qué edad tenga usted, si es joven o maduro, si se acaba de graduar en una universidad, o si pretende cambiar de carrera después de veinte años en su puesto. Le mostraré cómo descubrir sus puntos fuertes y cómo poner de relieve sus ventajas a fin de construir la carrera con la que siempre ha soñado.

Lo que usted va a hacer a partir de ahora y hasta el final de este libro es:

- Identificar sus ventajas, destrezas e intereses
- Intensificar su confianza en sí mismo mientras descubre sus méritos para los otros
- Convertirse en un vendedor y aprender cómo promover y vender sus ventajas personales

¿Parece una tarea difícil? Quizá. Pero no si usted considera que su carrera, como cualquier empresa, lleva tiempo y esfuerzo. Es un proceso, no un resultado. Sería presuntuoso pensar que usted pudiera encontrar todo lo que necesita saber sobre sí mismo con sólo leer este libro, o que probablemente se sintiera *realizado* después de leer la última página del mismo. Este proceso continuará durante toda la vida.

NO MAS METODOS AGRESIVOS DE VENTA

¿Por qué la venta y los vendedores han adquirido un dudoso prestigio a través de los años? Un vendedor de éxito solía ser un seductor, alguien que con artilugios podía sacarle hasta el último centavo. Un público comprador crédulo recibía con beneplácito las promesas de bienestar, prosperidad y felicidad, incluso a un alto precio.

La *venta agresiva* se ha utilizado durante cientos de años. El vendedor solía valerse de cualquier cosa –la mentira, el engaño, la estafa– para lograr una venta. Pero, ¿qué ha sucedido con la venta agresiva en esta nueva época? La venta ya no es lo que solía ser. El fraude, la lisonja y la picardía ya no forman parte del nuevo vocabulario de ventas. La venta agresiva ha perdido fuerza a medida que han ido surgiendo los nuevos conceptos en la materia. Un nuevo tipo de vendedor, más gentil y más amable, que formula preguntas y escucha en lugar de forzar la venta a su manera, es la tendencia del futuro. La honestidad es la mejor política en la era de la información.

¿Por qué entonces nos estremecemos ante la sola idea de tener que promocionarnos y vendernos a nosotros mismos? ¿Acaso somos tímidos o modestos? ¿Nos avergüenza hablar de nosotros mismos? Pero pensémoslo de esta manera: ¿Si usted fuera dueño de un negocio, abriría simplemente la tienda, se sentaría allí y esperaría a que los clientes vinieran a usted? Si lo hiciera, en muy poco tiempo tendría que liquidar. Para tener éxito tiene que promover su producto. Tiene que hablar del mismo. Y si como propietario de la empresa estuviera mal dispuesto para la venta, ¿quién más podría hacerlo por usted?

Si usted se imagina a un vendedor, como el antiguo mercader citado antes, no se sentirá cómodo al aprender las técnicas de venta que necesita para hacer que la carrera de sus sueños se convierta en realidad. Vender es un arte que, una vez aprendido, puede beneficiarle en cada aspecto de su vida.

En vista de que el consumidor ha cambiado, ha surgido un nuevo tipo de vendedor en el mundo empresarial. La gente es más perspicaz de lo que solía ser –ya no puede ser tan fácilmente persuadida. Por eso el nuevo vendedor se considera a sí mismo como alguien cuyo propósito es ayudar a los otros a resolver sus problemas.

Eso es exactamente lo que usted hace cuando va en busca de un empleo. Trata de corresponder con su talento y habilidad a los requerimientos del empleador que tiene un problema que usted puede resolver o una necesidad que puede satisfacer. Las mismas técnicas de ventas y mercadotecnia que utilizan los especialistas se pueden aplicar –con igual éxito– en la búsqueda de empleo. Este libro le mostrará cómo hacerlo.

LA CARRERA DEL EMPRESARIO

¿Por qué un vendedor puede tener más éxito que otro? Se pueden dar muchas respuestas a esta pregunta, pero esta es una de las más importantes: ya sea que trabaje para sí mismo o para alguien más, el vendedor de éxito habitualmente demuestra una gran inventiva y creatividad en la búsqueda de nuevos mercados y territorios para conquistar. Es esta disposición para indagar más allá de lo probado y seguro, este espíritu emprendedor, lo que da a un vendedor la ventaja competitiva sobre los otros.

Un individuo emprendedor es alguien que entrevé una oportunidad, calcula los riesgos y emprende una acción decisiva. El empleado inteligente de la década del 90 es un profesional emprendedor, constantemente en busca de nuevos mercados en los cuales pueda *venderse*.

Cuando Jaime X era niño, quería ser agricultor. A medida que fue creciendo comenzó a advertir las dificultades que atravesaban los granjeros norteamericanos. Pero no podía negarse a sí mismo su amor por la tierra ni abandonar su sueño por completo, de modo que investigó el declinante mercado agrícola, escogió su área de especialización y se convirtió en un ingeniero agrónomo. Hoy investiga y desarrolla nuevos y mejores híbridos a fin de incrementar la productividad y las ganancias de los hombres del agro. Jaime X sacó ventaja de una especialidad en expansión, incluso en una industria que supuestamente está en declive.

Jaime X hizo una elección profesional acertada porque puso la mira en el futuro. Escogió una especialidad que se apoya en una tecnología en crecimiento.

Esta fue una astuta decisión de *marketing*. Jaime X tiene las cualidades del nuevo emprendedor. Del mismo modo, si usted pretende estar entre los individuos de éxito, tiene que sopesar sus alternativas, considerar los riesgos y emprender la acción decisiva de planear y promover su vida laboral.

A fin de desarrollar una estrategia de mercadotecnia, ya sea que usted trabaje por su cuenta o para una gran compañía, necesita ese espíritu emprendedor. Debe actuar como si estuviera dirigiendo una pequeña empresa. La información contenida en este libro le proporcionará los secretos que necesita para promoverse y venderse con éxito en cualquier campo que usted escoja. Para ello tiene que contar con un plan de mercadotecnia dinámico, como haría en una pequeña empresa. Necesita conocer su *producto* en todos sus detalles y saber cómo ponerlo al alcance del público comprador. Necesita saber en qué descolla su industria o área de especialización, de modo que su producto siga siendo un artículo comerciable en un mundo que está en rápido y permanente cambio. Asimismo, necesita tener habilidades de vendedor para poder convencer al comprador de las cualidades del producto.

EL EXITO CONSISTE EN TRANSFORMAR
EL CONOCIMIENTO EN ACCION POSITIVA

Mi lema es "Transformar el conocimiento en acción positiva", y se puede aplicar en cualquier situación. Otras personas pueden brindarle oportunidades, pero usted es el único que puede hacer que algo suceda. En última instancia, usted es el artífice de su propio destino, ya trabaje para otro o no. En un artículo publicado en abril de 1989 en *The New York Times*, Harris L. Sussman de Digital Equipment Corporation declaró, "Como asesor profesional, siempre le digo a la gente que en última instancia todos trabajamos por cuenta propia. Y si usted no piensa de esta manera, entonces delega las decisiones de su vida en los demás. Existen muchas alternativas para escoger".

EL ESPIRITU DE LOS AÑOS NOVENTA

Existe una nueva tendencia que está revitalizando nuestra modalidad de trabajo. No tiene nada que ver con el misticismo o el renacimiento espiritual, sino con lo que buscamos fuera del trabajo, lo que elegimos hacer con nuestras vidas, y cómo, dónde y cuándo hacerlo.

Dentro de este espíritu, la destreza para la mercadotecnia se está convirtiendo en el rasgo distintivo de una carrera de éxito. Jim Hansberger, primer vicepresidente de Shearson Lehman Hutton, y uno de los principales consultores financieros de Atlanta (EEUU), dice: "Las personas que reconocen que el arte de vender las distingue de los competidores son las únicas que avanzan con ímpetu y firmeza. Para progresar en el siglo XXI, hay que estar orientado al mercado y tener un espíritu vendedor".

Al utilizar los principios de venta y *marketing* expuestos en este libro, el lector estará en óptimas condiciones para enfrentar el futuro y alcanzar sus metas. Se convertirá en un individuo emprendedor en el negocio de promover el producto final: usted mismo.

2

Prueba de aptitud
para las ventas

2º Principio de las Ventas y Mercadotecnia
*La actitud es más importante que la aptitud para el éxito
en las ventas y el marketing.*

¿Usted tiene una *personalidad vendedora*? ¿Tiene una *tendencia comercial* y una *predisposición para la venta*? Según los expertos, estas son las cualidades necesarias para conseguir el empleo de su preferencia.

Lo que sigue no es un examen de sus conocimientos o técnicas de venta. Es una prueba para evaluar su personalidad vendedora y su actitud hacia la venta en general.

Sea sincero consigo mismo mientras hace esta prueba. Guíese por sus instintos, no por lo que piensa que debería ser la respuesta. No puede dejar de hacer este cuestionario. Su objetivo es solamente de orientación, para ayudarle a juzgar su aptitud para las ventas.

No se preocupe si no logra calificaciones tan altas como quisiera. Lea este libro, haga los ejercicios, siga mis instrucciones, luego responda nuevamente a la prueba. Le aseguro que no se sentirá frustrado la segunda vez.

PRUEBA DE APTITUD PARA LAS VENTAS

1. Usted planea unas vacaciones con un amigo. Tiene intenciones de ir a París y su amigo preferiría hacer un viaje por mar. Usted resuelve:
   A. Hablar con entusiasmo acerca de París y lo que más le gusta de esa ciudad
   B. Discutir o ignorar todas las razones que su amigo le plantea para hacer el viaje por mar
   C. Trata de indagar qué es lo que más le atrae a su amigo del viaje

2. ¿Cuál es el aspecto más difícil para conseguir un empleo?
   A. Encontrar las verdaderas oportunidades laborales
   B. Preguntar por el empleo en la entrevista
   C. Llamar para concertar la cita

3. Cuando se imagina a un vendedor, usted piensa en:
   A. Una persona que está tratando de ayudarle a resolver un problema
   B. Un vendedor apremiante de automóviles de segunda mano
   C. Un persuasor amable cuyo principal motivo es venderle su producto o servicio

4. Su meta principal en una entrevista de empleo es:
   A. Conseguir el empleo
   B. Obtener tanta información como sea posible
   C. Hacer preguntas

5. Cuando resuelve un problema importante en el trabajo, usted:
   A. Va y pide un aumento
   B. Lo anota y lo saca a relucir en el momento de la evaluación de rendimiento
   C. Le da poca importancia y supone que su jefe está al tanto de todos sus logros

6. Está planeando comprar tres pares de zapatos caros en una zapatería exclusiva, usted:
   A. Paga por ellos
   B. Antes pregunta si le harán un descuento por comprar los tres pares
   C. Después de probarse los zapatos durante tres horas, dice: "Los llevaría si me hicieran un descuento por comprar los tres pares"

7. La última vez que alguien le dijo no, usted:
   A. Preguntó por qué le dijo no
   B. Consideró la negativa como una decisión irrevocable
   C. Trató de persuadirle para obtener una respuesta afirmativa
8. En un grupo muy dinámico y locuaz, usted:
   A. Se siente a gusto
   B. Se acomoda tímidamente y se limita a escuchar
   C. Interviene ocasionalmente porque no quiere quedar excluido
9. Si alguien le pide que describa su mejor cualidad, usted:
   A. Habla sin parar durante horas
   B. Siente vergüenza y no sabe por dónde empezar
   C. Analiza brevemente dos o tres rasgos admirables
10. Si escucha algo acerca de un empleo vacante, usted:
    A. Envía un *currículum*
    B. Llama a la oficina de empleo para obtener más información
    C. Trata de comunicarse con la persona para la cual realmente trabajará
11. ¿Cómo se prepararía para una entrevista de empleo?
    A. Improvisaría la escena con amigos o colegas
    B. Anotaría una serie de preguntas para hacer
    C. Pensaría acerca de lo que le pueden preguntar, y prepararía algunas respuestas
12. Cuando envía una carta con su *currículum* a un empleador potencial, usted:
    A. Manda una carta de fórmula
    B. No envía ninguna carta
    C. Escribe una carta especial para cada trabajo
13. Cuando usted llama a un posible empleador y este le contesta de forma inmediata: "Hoy no hacemos entrevistas", ¿Cuál piensa que es el motivo?
    A. El empleador ha experimentado una instantánea antipatía hacia usted
    B. No es el momento adecuado
    C. No tiene un buen motivo para conversar con usted
14. Si vendiera ordenadores y necesitara clientes, usted:
    A. Llamaría a todos sus amigos
    B. Asistiría a un seminario sobre "Informática básica para propietarios de pequeñas empresas"

C. Abriría su agenda telefónica y empezaría a llamar

15. Ha solicitado un empleo que realmente le gusta y ha sido rechazado por la oficina de personal, usted:
    A. Llama y trata de obtener otra cita
    B. Acepta la decisión o lo intenta con otra compañía
    C. Trata de averiguar a las órdenes de quien trabajaría y concierta una cita directamente con esa persona

16. ¿Por qué piensa que la gente *compra*?
    A. Porque les hace sentir bien
    B. Porque su compra se fundamenta en una decisión lógica
    C. Porque les gusta el vendedor

17. Va a ir a una importante entrevista, y usted:
    A. Investiga la compañía
    B. Acude presuroso
    C. Piensa en las preguntas que hará para enterarse de lo que necesita saber en la entrevista

18. Un amigo le da una referencia, y usted:
    A. Anota las señas y el teléfono, y le dice: "Te llamaré la próxima semana"
    B. Anota las señas y el teléfono, y llama de inmediato
    C. Le pide más información a su amigo acerca del empleo y su jefe

19. ¿Por qué escuchar es un aspecto importante del proceso de venta?
    A. Usted obtiene información decisiva
    B. Descubre las intenciones ocultas
    C. Muestra que usted se preocupa

20. ¿Cuál es la mejor manera de mantener el control durante una disertación de ventas o una entrevista laboral?
    A. Tener siempre planeada la pregunta
    B. Llevar la conversación de una manera muy persuasiva
    C. Responder a cualquier objeción o preocupación que surja

21. Al final de una entrevista laboral, usted:
    A. Dice gracias y se retira
    B. Pregunta por el empleo
    C. Pregunta cuándo tendrá una cita con el empleador

22. Ha estado buscando empleo durante seis meses y ha sido rechazado veinte veces, usted:
    A. Está fastidiado y se desquita con sus amigos y su familia

B. Comienza a dudar de su propia capacidad

C. Reconsidera sus habilidades para la entrevista

23. En una situación de entrevista, ¿qué considera ser un firme indicio de aceptación?

    A. Si el entrevistador pregunta: "¿Cuándo podría comenzar?"

    B. Si el entrevistador dice: "Este sería su despacho"

    C. Si el entrevistador habla durante un largo rato

24. Recibe una carta de un cliente alabándole a usted o a un colega y felicitándole por su actuación, usted:

    A. Se la muestra a su familia, amigos y colegas

    B. Reconoce su contenido, se siente bien y la archiva

    C. Saca copias y las hace llegar a su jefe, al responsable del departamento e incluso al presidente o director ejecutivo de la compañía

25. ¿Quiénes piensa que llegan a los altos puestos en la mayoría de las organizaciones?

    A. La gente que trabaja con más empeño

    B. La gente que concuerda con la línea empresarial

    C. La gente que se vende más eficazmente

EVALUE SU APTITUD PARA LAS VENTAS

1. A = 3   B = 1   C = 5

La peor manera de vender algo es ignorar o refutar a la otra persona (B). Usted sólo conseguirá herir sus sentimientos, o hacer que esa persona se aferre obstinadamente a su propio punto de vista. Hablar de París con entusiasmo (A) puede ayudar, pero el verdadero secreto de la venta es apelar a lo que la otra persona desea o necesita. Al indagar qué es lo más atractivo en torno a la idea del crucero (C), usted tiene en cuenta lo que la otra persona realmente pretende. Por ejemplo, si la misma dijera: "Hay muchos bailes a bordo", usted podría contestar con una lista de lugares para ir a bailar en París.

2. A = 3   B = 5   C = 3

Incluso los vendedores más experimentados a veces tienen dificultades para formular preguntas (B). Cuando usted participa en una entrevista (la situación final de la venta) una condición esencial es saber cómo imponerse sin resultar agresivo. Encontrar las oportunidades de empleo (A) no es difícil si usted sabe sacar ventaja de los recursos de búsqueda disponibles en los diarios, las bibliotecas y los contactos personales. Llamar para concertar la cita (C), también es una habilidad importante, no le resultará difícil si sabe utilizar estos tres factores: paciencia, destreza y perseverancia.

3. A = 5   B = 0   C = 1

Su propia idea de lo que significa ser un vendedor determinará su posibilidad para tener éxito en el mercado laboral. Si usted considera a un vendedor como un individuo apremiante (B), no se sentirá muy bien con el hecho de tener que *venderse* usted mismo. Si usted piensa que es una persona que está tratando de ayudarle a resolver un problema (A), esa es la clase de vendedor que usted será durante su búsqueda de empleo. Los persuasores amables (C) quizá resulten siempre agradables en este mundo. Pero invariablemente irán a la zaga de los que se preocupan verdaderamente por resolver los problemas de los demás.

4. A = 5   B = 5   C = 5

Las tres respuestas son buenas. Usted quiere irse con un ofrecimiento de empleo para poder decidir si quiere o no aceptar el puesto (A). Quiere obtener toda la información posible para poder tomar una decisión inteligente acerca del puesto (B). O va dispuesto a hacer preguntas (C) a fin de lograr los dos propósitos (A y B).

5. A = 5   B = 3   C = 1

Si usted se presentara directamente y pidiera un aumento, tendría una mentalidad vendedora y estaría interesado en destacar sus méritos (A). Este es el mejor criterio, acorde con un punto de vista actual más agresivo. Aguardar el momento de la evaluación anual del rendimiento es importante (B), pero eso puede significar dejar pasar un largo tiempo. En mi opinión es más importante darse a conocer dentro de la organización. Y eso se logra haciendo saber a la gente cuando usted hace una contribución valiosa. Si le diera poca importancia (C) tampoco nadie lo tendría en cuenta. Si no se vende, nadie más lo hará por usted.

6. A = 1   B = 3   C = 5

La negociación es una habilidad decisiva para la venta. El mejor momento para pedir un descuento es después que el vendedor ha invertido su tiempo mostrando sus artículos (C). A esa altura preferirá llegar a un acuerdo antes que perder la venta. Usted obtiene tres puntos si pide un descuento cuando entra en el comercio (B). Está bien encaminado, pero no quiere tender la mano desde el principio. Obtiene solamente un punto (C) si en el primer momento en que entra se puede permitir pagar el precio total de los tres pares.

7. A = 5 B = 1 C = 3

Es importante saber por qué alguien dice no (A), si quiere obtener un sí la próxima vez. Eso incluso le puede decir cómo proceder para cambiar el no por un sí en esta oportunidad. Si usted persistiera en concretar la venta (C), no se vería fácilmente disuadido y tendría suficiente confianza en sí mismo para intentarlo de nuevo. Si usted interpretara cada negativa como una decisión irrevocable (B), no se estaría dando a sí mismo la posibilidad de enterarse de cuál ha sido su error.

8. A = 5 B = 2 C = 3

Felicitaciones por sentirse cómodo y a gusto (A). La competencia laboral puede ser grande, y cuanto mayor sea su capacidad de comunicación, más fácil le resultará *venderse* y mayores serán sus posibilidades de conseguir el empleo de su preferencia. Obtiene tres puntos por hablar ocasionalmente (C), pero necesita al menos hacer un esfuerzo para participar. Anota dos puntos por limitarse a escuchar (B), dado que usted puede obtener información valiosa. Pero necesita aprender a participar en una conversación si pretende competir en el mercado laboral.

9. A = 1 B = 3 C = 5

Hablar sin parar acerca de su producto (en este caso de usted mismo) no es una técnica de ventas muy eficaz (A). Su cliente puede pensar que usted es insistente y desconsiderado con respecto a su bienestar. Si usted se avergonzara y no supiera por dónde comenzar (B), eso significaría que usted no está preparado para las preguntas. Usted no puede empezar a vender automóviles sin saber nada de los mismos. Debe prepararse para las preguntas que sus clientes más probablmente le formularán. Si su respuesta consistiera en dos o tres cualidades (C), eso mostraría que usted tiene una opinión formada de sí mismo para estar en condiciones de exponer sus virtudes sin resultar obsesivo ni tedioso.

10. A = 1   B = 2   C = 5

Si usted trata de emular a los vendedores de éxito, sabrá tomar iniciativas, ser convincente y recurrir directamente a la persona que toma la decisión final para emplearle o contratarle (C). En vista de que usted ha oído algo acerca del puesto, utiliza la fuente para salir adelante: "Diego Suárez me sugirió que llamara...". Recurrir a la oficina de personal para obtener más información (B) es menos conveniente, pero muestra que usted está dispuesto a hacer ciertas averiguaciones. Si usted se limita a enviar un *currículum* a la oficina de personal (A), pierde la posibilidad de obtener información interna.

11. A = 5   B = 5   C = 5

Esta es otra pregunta en la cual las tres respuestas son correctas. Llevar adelante una entrevista laboral requiere habilidad, y la mejor manera de desarrollar una aptitud es estar bien preparado y ejercitarse. De modo que las tres respuestas pueden resultarle provechosas.

12. A = 2   B = 0   C = 5

Enviar un *currículum* sin ninguna carta adjunta (B) le expresa al potencial empleador que usted no tiene ningún interés especial en él, ni en su compañía. El criterio *vendedor* consiste en hacer saber al empleador por qué debe leer el *currículum vitae* y llamarle para una entrevista. Usted lo ha logrado enviando una carta escrita especialmente para él (C). Remitir una carta de fórmula es casi tan inadecuado como no enviar ninguna (A).

13. A = 1   B = 3   C = 5

En términos de venta, usted se ha encontrado con una resistencia en esta situación, la cual ocasionalmente se produce cuando al cliente no le agrada el vendedor (A). Pero en este caso usted no ha hablado lo suficiente para que el empleador le manifieste antipatía (a no ser que usted fuera ofensivo o molesto). Es probable que el empleador estuviera ocupado y que usted le llamara en un mal momento (B). Pero el motivo más frecuente para la resistencia estriba en que el vendedor no ha fijado el precio de su producto o servicio (C) –en otras palabras, no ha presentado una razón suficientemente valedera para que el cliente compre (o para que el empleador siga conversando con usted). Si esto le pasara a menudo cuando llama, eso significaría que usted tiene que cambiar su enfoque. Ver Capítulo 26.

14. A = 4   B = 5   C = 1

Llamar a todos sus amigos (A) puede ser un buen punto de partida, porque la divulgación es uno de los mejores caminos para encontrar compradores para su producto. Asistir a seminarios para nuevos propietarios empresariales (B), revela que usted tiene una profunda sensibilidad para las ventas. Las personas que participan en tales seminarios son compradores *calificados* –están en el mismo mercado de su producto–, de modo que sus posibilidades de concretar una venta en ese lugar son buenas. Abrir su libreta de direcciones y hacer algunas llamadas le puede traer algunos clientes, pero quizá represente una pérdida de tiempo y esfuerzo. En la búsqueda de empleo, cuanto más calificados sean los compradores a los que llega, mejores serán sus posibilidades de conseguir el puesto de su preferencia.

15. A = 3   B = 0   C = 5

Si usted fuera rechazado por la oficina de personal y simplemente aceptara su decisión (B), eso significaría que se desalienta muy fácilmente. Los vendedores de éxito tratan de cerrar la operación (lograr que el cliente compre), al menos varias veces antes de pensar en resignarse. Recurrir directamente al responsable de la decisión (C) revela sagacidad para las ventas y persistencia, ambas cualidades necesarias y deseables en el proceso de búsqueda laboral. Intentar obtener otra cita a través de la oficina de personal (A) no es tan eficaz, pero muestra que usted es flexible y nada fácil de disuadir.

16. A = 5   B = 1   C = 3

Las emociones juegan un papel importante, tanto en el proceso de venta como de contratación laboral. La gente compra (o emplea) por razones emotivas (A). El producto satisface una necesidad o un deseo. Por ese motivo, a fin de promoverse ante un empleador, usted tiene que mostrarle cómo puede resolver sus problemas o satisfacer sus necesidades. Además, la gente compra al vendedor que le agrada, que respeta y que le inspira confianza (C). Usted no puede hacer que alguien simpatice con usted, pero puede mostrar que es una persona digna de confianza y respeto. La razón siempre juega un papel menor en el proceso de toma de decisiones (B).

17. A = 5   B = 0   C = 3

Si bien formular preguntas (C) es un aspecto esencial del proceso de selección laboral, la mayoría de los empleadores se sorprenden con lo que usted *ya* sabe acerca de ellos. Antes de recurrir a ningún *recurso de ventas* aprenda tanto como puedà acerca de la compañía y la persona con la cual se va a entrevistar (A). Usted se destacará entre los demás aspirantes. Si usted trata de hacer una presentación aparatosa (B), se pondrá en una situación de desventaja –no sabe nada acerca de la compañía o el puesto antes de haberse sentado con el entrevistador.

18. A = 1   B = 3   C = 5

La mejor respuesta en este caso es tratar de obtener de su amigo toda la información posible antes de hacer la llamada (C). Usted querrá saber algo acerca de la persona a quien llamará (quién es, cuál es su puesto en la compañía, etcétera), en qué consiste el empleo y por qué está vacante. El hecho de llamar inmediatamente (B) muestra que usted tiene iniciativa, pero antes sería mejor investigar la compañía. Si usted dijera: "Te llamaré la próxima semana" (A), probablemente esté postergando el asunto y pueda perder la oportunidad.

19. A = 5   B = 5   C = 5

Las tres respuestas son válidas. Hay un viejo proverbio entre los vendedores que dice "Al cliente no le interesa que es lo que usted sabe hasta que percibe cuánto se interesa". En una situación de negociación laboral, el entrevistador quiere saber que usted se interesa por el puesto y por la compañía (C). Escuchar con atención también puede proporcionarle información objetiva (A) y puede revelarle las intenciones ocultas del individuo que le entrevista (B) –los verdaderos motivos por los cuales usted puede o no ser aceptado.

20. A = 5   B = 1   C = 3

He aquí otro lema utilizado por los vendedores: "El individuo que hace las preguntas es el que controla la conversación". Desarrollar la entrevista con una serie de preguntas premeditadas (A) hace que usted pueda controlar la situación, y obtener toda la información que necesita para tomar una decisión inteligente. Lo que usted cree que es hablar de una manera persuasiva (B) puede resultar presuntuoso y molesto. Al no formular preguntas, usted puede terminar hablando durante horas, sin satisfacer los verdaderos intereses del empleador. Responder con claridad a las objeciones o inquietudes (C) es algo fundamental para una entrevista de éxito, pero no le permite el mismo control que el hecho de formular preguntas.

21. A = 1   B = 5   C = 3

Es importante que usted se *interese por la venta* o, en este caso, el empleo (B). Formule las preguntas de una manera amable y cortés de modo de no disgustar a su interlocutor. El hecho de agradecer y retirarse (A), sin más, no le va a ayudar a obtener el empleo, a no ser que usted sea la persona más requerida en el mundo. Preguntar cuándo será recibido por el empleador (C) revela un poco más de confianza y es mejor que decir simplemente gracias y retirarse. Pero es más probable que le digan: "Tenemos unos cuantos candidatos en el proceso de selección. Le llamaremos". No conseguirá mucho más con eso, pero es mejor que hacer una pregunta a quemarropa.

22. A = 0   B = 1   C = 5

La mejor opción aquí es reconsiderar sus habilidades para la entrevista (C). Veinte entrevistas le pueden dar un cúmulo de experiencia en los diferentes tipos de situaciones que puedan surgir. Analice sus experiencias y pregúntese qué es lo que hizo bien y qué puede mejorarse. Si usted comenzara a dudar de su propia capacidad (B), estaría tomando el rechazo como algo demasiado personal. Una decisión desfavorable puede no tener nada que ver con su personalidad. Enfadarse consigo mismo o con alguien más (A) no contribuirá a mejorar sus habilidades, ni sus posibilidades para una próxima entrevista. No abandone la tentativa: ¡La próxima entrevista podría ser la que usted está aguardando!

23. A = 3   B = 5   C = 1

La mayoría de la gente considera una larga entrevista como una expresión de claro interés (C). En realidad, esto a menudo significa más que la actitud de un entrevistador desorientado, la de alguien que realmente no sabe qué está buscando. No piense que una entrevista de una hora significa una victoria asegurada. No obstante, si el entrevistador comenzara a imaginar sus funciones en el puesto e insistentemente se refiriera a "su despacho", "sus compañeros de trabajo", etcétera (B), eso sería un buen indicio de que existe un firme interés en usted. "¿Cuándo podría comenzar?" (A) puede ser una posible muestra de interés, pero también puede indicar que el empleador tiene una urgente necesidad de alguien y quizá no esté dispuesto a esperar hasta que usted esté disponible.

24. A = 3   B = 1   C = 5

¿Está suficientemente seguro de poder controlar su futuro y de lo que los otros piensan de usted? En vista de que solamente las personas ricas y famosas cuentan con agentes de relaciones públicas, tenemos que asumir esa función nosotros mismos. La mejor opción en este caso es la tercera (C). Mostrar la carta a sus amigos y colegas (A) sin duda le hará sentir mejor y sumará puntos a su prestigio, pero puede no contribuir demasiado en lo que concierne a su jefe. Sentirse reconocido es siempre agradable (B), pero por qué dejar pasar la oportunidad de ampliar su prestigio.

25. A = 3   B = 4   C = 5

Si bien estamos en plena era de la información, también estamos en los albores de la era del *marketing*. Incluso nuestros presidentes tienen que *venderse* si pretenden lograr ser elegidos. Usted tiene que ser diestro en las ventas y la mercadotecnia para ganar la delantera (C). La adaptación empresarial es y seguirá siendo algo importante (B), pero el ámbito de trabajo está llegando a ser menos estructurado en muchas circunstancias. Los individuos que trabajan con más empeño (A) no se pueden desestimar –pero no son necesariamente las personas que ganan la delantera. Este puede ser el caso en una empresa pequeña o recién organizada, pero a no ser que el resto del personal sepa cuánto usted se esfuerza o se amolda al resto del equipo, su empeño no será siempre valorado.

CALIFICACION DE LA PRUEBA DE DESTREZA

96 a 120 puntos
¡Felicidades! Ha obtenido una alta puntuación en la prueba de destreza –lo cual significa que usted ya está un paso más adelante de la competencia. Tiene una actitud positiva hacia la venta y una personalidad que le hace apto para promocionarse o *venderse* a sí mismo.

71 a 95 puntos
Usted está bien orientado hacia la venta y el *marketing* necesarios para alcanzar el éxito en el mercado actual. Usted está moviéndose en la dirección correcta, y con un poco más de empeño no habrá nada que le detenga.

46 a 70 puntos
Si bien no está en el nivel que debería estar, puede llegar a estarlo. Esto debería ayudarle a ser un poco más activo y a tener más confianza en sí mismo. Todo lo que necesita es un cambio de actitud y una mayor disposición para el aprendizaje. Usted está bien encaminado.

Menos de 45 puntos
Necesita reconsiderar sus actitudes y puntos de vista con respecto a las ventas y la mercadotecnia. El hecho de hacer los ejercicios y aplicar los principios vertidos en este libro, podrá servirle de gran ayuda a fin de mejorar su destreza para las ventas y perfeccionar su dominio de la mercadotecnia.

3

Promuévase a sí mismo

3º Principio de las Ventas y Mercadotecnia
Si usted no creyera en el valor de su producto, nadie más creería en el.

VENDERSE NO SIGNIFICA "SUBASTARSE"

¿Usted se estremece cuando se habla de *venderse*? ¿Acaso todavía piensa en el mercachifle al cual nos referimos en el Capítulo I? ¿Cree que *venderse* de algún modo significa una pérdida de dignidad o una debilidad de carácter? ¿O quizá piense que usted es tan bueno que no necesita venderse? Espero que esté en condiciones de responder: "Nada de eso".

Es difícil que llegue a tener éxito si se sienta a esperar a que las cosas sucedan. Promoverse es la única manera de comunicar su mensaje. ¿Acaso piensa que Michael Jackson, Madonna o Donald Trump jamás se ocuparon de su propio *marketing*? ¿O que nadie lo hace en el apogeo de su carrera? Todos han tenido que *promoverse* a sí mismos para llegar al puesto que hoy ocupan.

En cuanto a la pérdida de dignidad o debilidad de carácter, esta es una idea errónea de lo que significa *venderse*. Promoverse a sí mismo no quiere decir subastarse. Aquellas personas que se rinden no satisfacen sus aspiraciones –se rinden porque el camino que han elegido resulta ser más dificultoso de lo que habían imaginado.

Cuando usted era un niño, la gente ha menudo le preguntaba: "¿Qué te gustaría ser cuando seas mayor?". Seguramente, usted respondía con una clara visión (aunque pasajera) de su futuro –médico, bailarín, bombero, astronauta, estrella de cine, presidente.

Pero si alguien le hubiera preguntado: "¿Qué crees que puedes llegar a ser cuando crezcas?". ¿Habría respondido de una manera diferente?

Probablemente no. Porque cuando somos muy jóvenes podemos imaginarnos a nosotros mismos donde quisiéramos estar: sobre el escenario de la sala de conciertos del Radio City, o en el puesto del lanzador en el partido final del campeonato de béisbol. Nos podemos imaginar llevando a cabo una delicada operación de cirugía en el cerebro o diseñando el puente colgante más largo del mundo. Podemos imaginarnos fuertes, seguros, capaces y temerarios. La brecha entre lo que deseamos y lo que pensamos que podemos hacer es muy estrecha.

Para la mayoría de la gente esta brecha comienza a ensancharse a medida que se vuelven adultos. La primera vez que alguien nos dice: "No eres suficientemente listo" o "No eres bastante alto" o "Las niñas no pueden hacer eso", podemos restarle importancia. Pero la segunda y la tercera vez, empezamos a dudar de nosotros mismos y a creer en lo que ños han dicho. Elaboramos un inventario de los "no se puede", "no se debe" y "eso nunca se ha hecho antes". Las imágenes nítidas que teníamos como niños se vuelven borrosas y confusas.

A veces tenemos que retroceder un poco para seguir adelante. Este libro sugiere recuperar esas visiones de lo que usted verdaderamente deseaba hacer y remplazar el viejo inventario de ideas negativas por una evaluación positiva y objetiva de sus talentos y logros. Usted representa un excelente recurso, que alberga un caudal de posibilidades desaprovechadas y subestimadas a la espera de ser descubiertas.

NO SE SUBESTIME

En lugar de ir tras lo que deseamos, aceptamos lo que podemos lograr. Un famoso libro escrito por Napoleón Hill, *Think and*

Grow Rich (*Piensa y te Harás Rico*), contiene la siguiente afirmación: "Noventa y ocho de cada cien personas que trabajan por un sueldo en la actualidad están en los puestos que ocupan porque carecen del poder de decisión para planear una posición definida en materia laboral, y no saben cómo escoger un empleador".

Usted no tiene por qué estar entre esas 98 personas insatisfechas. Al establecer las metas que son importantes para usted y que le harán feliz, usted adquiere el *poder de decisión*. Y si aplica los conceptos de *marketing* que se explican en este libro, sabrá cómo escoger a su empleador.

El éxito en cualquier esfuerzo de venta y mercadotecnia depende en gran parte de las expectativas del vendedor. Si usted encara una situación convencido de que fracasará –entonces no concretará la venta, ni conseguirá el empleo– probablemente ocurrirá.

La mayoría de la gente suele igualar los errores con los fracasos. Partimos del hecho de que cometer un error es una prueba demostrativa de que somos indignos o incapaces de lograr el éxito. Solemos asumir viejas actitudes cuando nos enfrentamos a situaciones nuevas, mientras a menudo dependemos de la respuesta condicionada: "Lo siento. Eso no se puede hacer". Creemos en esa voz interior y desistimos antes de haberlo siquiera intentado.

Pensar en el fracaso puede llegar a ser una respuesta condicionada. Pero del mismo modo lo puede ser el hecho de pensar en el éxito. Los atletas olímpicos entrenan algo más que sus cuerpos para ganar una medalla de oro, también preparan sus mentes. Antes de comenzar una competición, ellos imaginan su actuación. Fantasean con el éxito antes de alcanzarlo.

Imagínese un panorama detallado de lo que usted desea lograr para sí, y luego tome las pequeñas medidas necesarias para proseguir su objetivo. Bárbara Sher y Annie Gottlieb declaran en su libro *Wishcraft: How to Get What You Really Want* (*Realización de los Deseos: Cómo obtener lo que realmente se quiere*): "La mayoría de la gente tiene una idea errónea de cómo se logran las cosas en este mundo. Pensamos que los logros sólo provienen de las grandes acciones. Las grandes acciones están compuestas de pequeñas y constantes acciones, y son estas las que usted tiene que aprender a valorar y promover".

Su habilidad para promoverse con éxito no depende de lo que haya sucedido en su pasado, sino de cómo prevea su futuro. Persuádase de que tendrá éxito y logrará persuadir también a los demás.

APRENDA A VALORARSE

Nadie puede esperar ser un buen vendedor a menos que tenga una sólida fe en el producto que está vendiendo. El entusiasmo es contagioso. Si tiene una actitud positiva acerca de sí mismo y de su capacidad para desempeñar el cargo, el empleador también pensará lo mismo. Como todo vendedor puede confirmar, incluso el individuo de más éxito a veces puede fallar. Pero como dijo en cierta ocasión Eleanor Roosevelt –esposa del ex Presidente de Estados Unidos–, "Nadie puede hacerle sentir inferior sin su consentimiento".

Probablemente no vaya a conseguir todos los empleos a los que aspira. Pero no permita que nadie le subestime o le haga sentir inepto. Sólo usted puede permitir que eso suceda. Considere el rechazo como lo que realmente es: una denegación temporal. Un "no" en un sitio puede equivaler a un "sí" en otro lugar.

Una amiga pasó una vez por una entrevista particularmente difícil y fue rechazada para un empleo que realmente deseaba. Dos días después recibió una llamada telefónica. El empleador había tenido tiempo para reflexionar sobre la entrevista y le preguntó si ella podría volver y conversar con él nuevamente. Estaba de mucho mejor humor esta vez y le ofreció el empleo. El ejecutivo simplemente había cambiado de idea. Los empleadores también son seres humanos; tienen sus días buenos y malos, exactamente como usted.

Recientemente, estuve buscando un agente comercial para mi oficina. Había dos candidatos que realmente me agradaban. Pasé un momento difícil tratando de ordenar mis ideas. Una vez resuelto el asunto, la persona que contraté tuvo que abandonar el puesto después de tres meses debido a ciertos problemas personales. Enseguida llamé a Linda, la segunda candidata, y le ofrecí el puesto.

De modo que no tome la negativa como un rechazo alarmante y permanente, o como un indicio de las cosas que pueden sobrevenir. Afronte cada situación sintiéndose seguro de sí mismo y con entusiasmo por el puesto, pero no se desespere por eso. El comprador siempre sospecha de un vendedor que trata desesperadamente de hacer una venta. Incluso si usted hubiera agotado sus últimos dólares, jamás actúe por necesidad. Cada vez que procure *concretar una venta*, recuerde que usted es un individuo único y especial, con mucho talento y una verdadera contribución que hacer.

Pero antes, una palabra sobre la competencia

En la búsqueda de empleo o de oportunidades laborales, a menudo se sugiere tener en cuenta la dura competencia y cómo destacarse de la multitud para lograr una ventaja competitiva.

Siempre existirá una cierta cantidad de gente que solicita el mismo empleo que usted –o que desea hacer lo mismo que usted. Algunas veces esa multitud puede llegar a ser numerosa. Ocasionalmente usted se puede sentir desalentado y comenzar a pensar que no ha logrado lo que necesita.

Puede empezar a medirse con las personas que le rodean, considerar a los otros más valiosos, o inteligentes, o mejores que usted. Podría llegar a sentirse inferior y por lo tanto no digno o merecedor de éxito. Quizás ha tenido fracasos en el pasado, repara en ellos y se dice: "La experiencia me indica que no soy capaz". Aun así, es importante considerar la situación con perspectiva. Usted puede sentirse incapaz, pero recuerde que esa *no es la realidad*. Es sólo un estado de ánimo. La mayoría de la gente ha experimentado este tipo de sentimiento en uno u otro momento de la vida.

Tenga presente uno de los principios más importantes de la venta y la mercadotecnia: *Si usted no cree en el valor de su producto, nadie más creerá.*

Esto no significa que a usted no le importe la competencia. Le importa. Pero la competencia por la que tiene que preocuparse es la que viene desde adentro. Según Joe Girard, que figura en el libro *Guinness* de los récords mundiales como el "Mejor vendedor de automóviles del mundo", "Antes de poder venderse con éxito a los demás –y con eso vender sus ideas, sus ambiciones, sus necesidades, sus habilidades, su experiencia, sus productos y servicios– usted debe estar absolutamente convencido de sí mismo: un 100%".

No permita que sus actitudes negativas neutralicen su talento y habilidades. Usted puede obtener una ventaja competitiva sobre esas actitudes que le inducen a pensar que es incapaz de hacer esto o aquello, que no es creativo, que no tiene destreza para las matemáticas o que no puede hablar frente al público.

Esas voces interiores pueden ser muy persuasivas. Y usted las puede dar por ciertas. A veces le inducen a pensar: "No tengo habilidad para las matemáticas", y renuncia a hacer un balance. Albert Einstein fue suspendido en Algebra en el colegio secundario. ¿Acaso eso demuestra que no tenía habilidades matemáticas? Si él hubiera dado eso por cierto, jamás habría existido la Teoría de la Relatividad.

Philip, un amigo, vino a verme una vez en un estado de pánico. Su jefe había dimitido y él tenía la posibilidad de aspirar al puesto. Esta era la oportunidad que había estado esperando. Sin embargo, existía un impedimento. Como responsable del departamento, le pedirían que presentara un informe semestral a la junta directiva. Philip siempre había admirado las disertaciones de su jefe y pensaba que "jamás podría presentarse ante esas personas y hablarles de la manera que su jefe lo hacía". Philip no pensaba que pudiera *promocionarse* para ese puesto.

Vino a pedirme ayuda para disertar en público. Yo sabía que podía ayudarle, conseguir que hiciera ejercicios orales y de retórica, y desarrollar su confianza en sí mismo. Pero también sabía que jamás estaría en condiciones de *venderse* mientras pensara que tenía que "hablar de la manera que su jefe lo hacía". Philip competía con una exagerada imagen de alguien cuyas habilidades él admiraba. Hasta que no remplazara esa imagen por una fe en su propia capacidad, jamás lograría sus espectativas.

Usted actuará sobre la base de sus creencias. Si está convencido de que no puede lograr algo, no lo logrará. No es necesario ser Einstein para apreciar la simplicidad de esta ecuación.

Cuando introduje a Philip en esta idea, su imagen de sí mismo cambió. Estaba en condiciones de *concretar la venta* porque sus creencias se habían modificado. Y para el momento en que asistió a su primera reunión de la junta directiva, estaba en condiciones de ofrecer una disertación segura y persuasiva. "Pensar que tenía miedo de asumir esa responsabilidad", me dijo más tarde.

Todos tenemos conflictos entre nuestras aspiraciones y nuestros temores. En su libro, *How to Master the Art of Selling* (*Cómo dominar el Arte de Vender*), Tom Hopkins dice: "Quizá no podamos eliminar ese conflicto permanente. Pero podemos decidir si perderemos todo el tiempo, o si ganaremos siempre o habitualmente. Desde luego no podemos lograr todas las ventas... Eso está bien. Pero lo que no está bien es ceder constantemente ante nuestros temores y ansiedades no resueltas".

No se deje dominar por experiencias pasadas. Recoja lo positivo y aplíquelo en su búsqueda de un nuevo empleo y deje lo negativo atrás. No hay motivo para preocuparse acerca de cómo actuará en el futuro. Si usted desarrolla su confianza en la habilidad para actuar en el momento presente, el futuro no le sorprenderá.

CREALO O NO, EL EMPLEADOR LE BUSCA A USTED

Usted puede no creerlo, pero la mayoría de los clientes pretenden un vendedor de éxito. Como ya veremos en el Capítulo 28, incluso cuando se dice "No puedo darme el lujo de adquirir su producto", lo que se pretende expresar es: "Por favor, demuéstreme el valor real de su producto, de modo que pueda justificar el gasto".

El mismo principio se aplica a su campaña de *marketing* en la búsqueda de empleo. El cliente potencial desea que usted concrete la venta. Desea terminar con la búsqueda del candidato. Quizás ha cometido un error en el pasado; no desea repetir esa experiencia. Puede haber entrevistado una gran cantidad de gente y empezar a perder la esperanza de encontrar a la persona que necesita.

No sólo usted está nervioso

El entrevistador a menudo está tan nervioso como usted. Sam Feinberg, un reportero del *Women's Wear Daily,* informó que el 95% de los entrevistadores no saben cómo manejar la entrevista. Es probable que usted se pueda desenvolver mejor que ellos.

El entrevistador tiene más que arriesgar que usted. Consideremos un posible cliente: Juan, un vicepresidente de un banco a cargo del desarrollo profesional y la formación permanente. Ha tenido un empleo vacante para un nuevo gerente de entrenamiento durante casi tres meses. Su superior está impaciente y lo presiona para que emplee lo antes posible a alguien. El resto del personal del departamento se queja del exceso de trabajo que tiene. Juan se siente presionado porque no pudo conservar al anterior empleado, y además, debe soportar las exigencias de su jefe y de la oficina de personal. Desea cubrir el puesto rápidamente, pero pretende tomar una decisión correcta. ¡Y usted cree que está nervioso!

Considere la búsqueda laboral desde el punto de vista del empleador. Usted logrará ser un mejor vendedor una vez que se ponga en la posición de su cliente.

Juan fue incorporado al banco por sus habilidades y su experiencia en la formación de personal, no por su destreza para las entrevistas. Como muchos empleadores, Juan no tiene completamente claro qué es lo que desea. La mayoría de los jefes tienen una idea general sobre la materia –alguien que sea comprometido, un individuo con resolución, responsable, dinámico– pero no han formulado verdaderamente un plan. Al mantenerse calmado, y seguro de sí mismo, y formular las preguntas pertinentes, usted puede ayudar a un empleador desorientado a obtener un panorama más claro de lo que necesita.

El empleador también desea causar una buena impresión frente a usted. Después de todo, si usted fuera un excelente candidato, tendría unos cuantos ofrecimientos de empleo entre los cuales escoger. Y él pretende que usted opte por ese puesto. Los empleadores también padecen a causa del temor o el rechazo. De modo que participe en la entrevista con empatía y comprensión. Reafirme al empleador que usted es el mejor candidato para el puesto. Todo lo que pueda hacer para mitigar la ansiedad del entrevistador facilitará la respuesta favorable para usted.

En un plano de igualdad

Algunos vendedores vacilan en establecer un contacto con un cliente potencial porque sienten que podrían molestarle o imponerle un gran esfuerzo. En mis seminarios de ventas, siempre recuerdo a los participantes que ellos están allí para ofrecer un servicio útil al cliente. Si ellos no tuvieran algo para ofrecer, que el cliente deseara o necesitara, no estarían allí. Ningún vendedor debe sentirse un intruso o un ser inferior.

Recuerde que usted y su posible empleador están en un plano de igualdad. El hecho de que usted no tenga un empleo y que el entrevistador lo tenga no significa nada más que eso. Jamás se sienta menos importante porque está en busca de un empleo. Usted tiene algo de valor que ofrecer; ese es el motivo por el cual está allí. Si el entrevistador no le tratara en un plano de igualdad usted debería tener serias dudas respecto al hecho de trabajar para él.

Tenga en cuenta que el empleador, como un cliente, es un individuo con un problema que tiene que resolver, y usted está allí para ofrecerle una solución. Usted está allí para *venderse* como la persona que puede satisfacer sus necesidades mejor que cualquier otra.

SUSTITUIR LOS VALORES Y LA ETICA LABORAL

¿Por qué nos preocupamos por anticiparnos a las necesidades de los demás? ¿Por qué trabajamos con empeño? He escuchado a mucha gente decir que el verdadero motivo por el cual trabaja es para ganar mucho dinero. Sin embargo, si usted les describiera un empleo que realmente no les interesara, esas mismas personas a menudo le dirían: "¡No podrían pagarme lo suficiente para hacer ese trabajo!". Los esfuerzos de *marketing* en la búsqueda laboral deberían reflejar sus metas personales y sus motivaciones para el puesto.

Las metas que nos fijamos abarcan algo más que los símbolos de la posición social y el éxito financiero. En esta época no sólo analizamos cómo, cuándo y dónde trabajar; también consideramos por qué hacerlo.

Hace algunos años me encontré con mi vecino, George, que cargaba unas cuantas cajas en el ascensor de nuestro edificio. George había sido contador de una gran empresa durante más de doce años y a menudo se quejaba a voz en grito de su empleo. Le pregunté cómo iban las cosas en el trabajo.

"Odio el trabajo", me dijo. "Supongo que soy esencialmente perezoso. No me gusta levantarme por la mañana. Trabajo con números toda la jornada. Vuelvo a casa y me instalo frente al televisor. El trabajo simplemente es tedioso. Pero gano el suficiente dinero como para construirme un presente", declaró, señalando las cajas colocadas sobre el piso detrás de él. Contenían un sofisticado sistema estereofónico, me explicó, y empezó a describirme las características asombrosas del mismo. Le pregunté quién iba a instalarle el sistema.

"Yo mismo lo haré", me dijo, y comenzaron a brillarle los ojos. Su voz se hizo más animada y toda su expresión cobró vida mientras describía con cuanto empeño había escogido cada uno de los componentes y que no podía esperar para armar el complicado sistema. Eso le llevaría horas me dijo.

"Eso representa mucho trabajo", le dije.

"¿Qué quieres decir?" me preguntó. "Simplemente considera lo que consigo mientras estoy agotado: un maravilloso sistema de sonido como el que siempre había soñado, sin mencionar la sensación de orgullo y realización por el hecho de armarlo yo mismo. ¿Trabajo? ¡Eso no es trabajo!".

El diccionario Webster define la palabra "trabajo" como "el esfuerzo mental o físico sostenido a fin de superar los obstáculos y alcanzar un objetivo o resultado". De acuerdo con esta definición, instalar el sistema estereofónico era "trabajo". Instalar semejante equipo electrónico y obtener un resultado preciso requería un esfuerzo físico y mental. Pero George no lo veía de esa manera.

¿Acaso George no le recuerda a alguien que usted conoce? ¿Se siente como él cada vez que se levanta por las mañanas? ¿El trabajo significa lo mismo para usted? ¿Hay algo que le interese? ¿O empieza la semana desanimado? ¿Está satisfecho con su empleo actual?

Si bien la gente pasa más de 96.000 horas de su vida trabajando, sólo una minoría experimenta satisfacción y entusiasmo por su tarea. El término medio se resigna a la idea de tener que trabajar y espera a la jubilación para hacer lo que realmente le gusta. La gente busca satisfacción y realización fuera del ámbito laboral; existe una clara división entre el trabajo y lo que está al margen del mismo.

Pero hoy en día los empleadores han comprendido que el personal que siente entusiasmo por su tarea es más productivo, más creativo y más dedicado. Le pregunté a Robert Blinder, primer vicepresidente y director de recursos empresariales de *Prudential-Bache,* qué es lo que exige en sus empleados. "Busco personal inteligente, trabajador y bien informado", dijo. "Empleados a quienes les agrade tanto lo que hacen que se sientan a gusto invirtiendo su tiempo en la tarea".

Estamos menos dispuestos a invertir 96.000 horas de infelicidad en el trabajo a fin de ganarnos *una vida* en un tiempo futuro —somos capaces de trabajar con empeño, siempre y cuando también podamos tener la calidad de vida que deseamos.

Mi vecino George lo comprobó. Cuando su empresa contable fue adquirida por otra aún más importante, le ofrecieron un retiro voluntario. Aceptó un generoso acuerdo y se asoció a una pequeña empresa de servicios electrónicos, especializada en sistemas estereofónicos, televisores y videograbadores. El negocio marcha bien y George tiene una nueva actitud hacia el trabajo. Ahora, cuando me encuentro con él en el ascensor, me dice que está "exhausto pero feliz". Utilizó el *conocimiento que ya tenía* –aun cuando era algo que él siempre había considerado un pasatiempo– para asumir una actitud positiva hacia su trabajo, como una parte integral y satisfactoria de su vida. Esta es la nueva ética laboral.

¿Qué es lo que obtenemos de esta nueva ética laboral? Por optimista que pueda parecer, lo que logramos es mucho más de y para nosotros mismos.

Ha sido demostrado que el estrés laboral puede conducir al extenuamiento, la enfermedad y la alteración de las relaciones personales. Socialmente, calculamos el éxito en términos de dinero, poder y posesiones. Sin embargo, muchas personas *de éxito* no están satisfechas ni felices. Los *yuppies* que trabajaban setenta horas semanales por el dinero y la posición social se extinguieron rápidamente porque equiparaban la independencia con el dinero, no con el trabajo en sí.

En la era industrial, nuestros padres y abuelos trabajaron largas horas en tareas sin interés o poco gratificantes. Tenían poca independencia o responsabilidad. Iban a trabajar, cobraban sus salarios y regresaban al hogar. Todavía existe gente como esta, que parece tener todo fuera de su alcance y control. Pero si está interesado en llegar a ser un trabajador más feliz, más productivo y mejor remunerado, entonces le estoy hablando a usted. La nueva ética laboral le suministra los elementos para establecer una relación positiva *entre su trabajo y su sentido de la autoestima.*

En este capítulo hemos analizado algunos temas importantes:

- *Para venderse usted tiene que tener confianza en sí mismo.* Si usted confía en sí mismo, los otros confiarán en usted. Usted no puede destacarse de los demás hasta que no se destaca para sí mismo. El rechazo es un hecho normal dentro del proceso de búsqueda laboral, no un juicio personal. Aprender de los errores y experiencias es una parte importante del proceso de venta.

- *El éxito se alcanza al establecer metas y proseguir su acción.* A veces tememos fijar metas importantes porque nos parecen distantes e inalcanzables. No piense en partir del punto A para llegar mágicamente al punto B. En lugar de eso, prevea avanzar paso a paso, aprendiendo de los errores, y sobre todas las cosas, procure *disfrutar del proceso.*

- *Cuando su trabajo es más valioso para usted, usted es más valioso en su trabajo.* La nueva ética laboral nos sugiere buscar un empleo que acreciente nuestro sentido de la autoestima. Cuando el trabajo se convierte en algo más que el hecho de ganar dinero, expresa de qué manera valoramos nuestro tiempo y esfuerzo.

- *Jamás se resigne si usted se guía por sus instintos y tiene fe en sus aspiraciones. Promoverse* ante los otros sólo demuestra que usted tiene confianza en sí mismo, y que está dispuesto a perseguir sus metas. Si usted no creyera en sí mismo, se estaría *vendiendo al descubierto*.

SEGUNDA PARTE

Los factores de éxito

Las diez habilidades más vendibles

¿Sabe qué es lo que los empleadores buscan en la actualidad? ¿Qué es lo que realmente pretenden? ¿Qué tipo de persona consideran como el empleado ideal?

Si usted intentara promoverse como un artículo valioso en el mercado laboral, debería desarrollar los factores de éxito que encontrará en los siguientes diez capítulos de este libro. Dichos factores constituyen las habilidades y características personales que le permitirán destacarse sobre la competencia, desarrollar su poder de negociación y obtener el puesto de su preferencia.

Usted es el recurso más importante que una compañía pueda tener, la inversión más significativa que pueda hacer. Cada decisión de incorporar un nuevo empleado le cuesta a una compañía tiempo y dinero –y una decisión equivocada puede hacerle perder clientes, afectar al espíritu de equipo y la imagen pública de la empresa–. De modo que, si usted pretende un empleo fascinante y con oportunidades de progreso, tendrá que demostrar a la compañía que está tomando la decisión correcta al elegirle a usted.

Cada puesto tiene particulares requerimientos de destreza. Ingenieros, químicos, técnicos, investigadores, docentes, redactores, vendedores, médicos, abogados, asesores financieros –cualquier profesión en la que usted actúe tiene requisitos previos de entrenamiento y formación específica–. Suponiendo que usted posee las habilidades necesarias, ¿qué puede inducir a una compañía a emplearle a usted antes que a otra persona que tiene la misma formación, entrenamiento y experiencia?

EL PRINCIPIO DE LA ASOCIACION

Ser un socio igualitario significa compartir las responsabilidades como así también las compensaciones. Significa respetar el trabajo que uno realiza y exigir respeto por la tarea bien hecha. Usted asume una responsabilidad por su trabajo, la compañía asume una responsabilidad por usted, y todos asumen una responsabilidad por la calidad del servicio. Es una situación donde todos ganan.

Los empleadores no buscan empleados autómatas. Para eso pueden emplear directamente a las máquinas. Buscan personas, con habilidades genuinas e interés en formar parte de un equipo. La vieja actitud de "nosotros contra ellos" dentro de las estructuras empresariales jerárquicas no puede subsistir frente a las nuevas tecnologías. La informática y las telecomunicaciones les han permitido a muchos trabajadores un acceso igualitario a la información y las mismas oportunidades para ser altamente productivos.

Usted puede constatar por qué las compañías seleccionan los candidatos por algo más que su destreza y experiencia. Seleccionan los factores de éxito, las diez habilidades y características personales que analizaremos a continuación y que le traerán éxito en cualquier carrera o empleo que elija. Cuanto más consistentes sean sus factores de éxito, más fácil le resultará *venderse* a sus potenciales empleadores.

He incluido algunas sugerencias para desarrollar dichos factores de éxito a fin de adquirir ese conocimiento y transformarlo en una acción positiva. La mayor parte de estas sugerencias incluyen reconsiderar sus actitudes hacia el trabajo –y para con usted mismo.

4

Primer Factor de Exito

La adaptabilidad

4º Principio de las Ventas y Mercadotecnia
Un vendedor eficiente no se resiste al cambio, sino que lo considera como un desafío y una oportunidad.

TENGA LOS OJOS PUESTOS EN EL CAMALEON

Quizá la cualidad personal más importante y necesaria para el éxito sea la adaptabilidad: la capacidad para acomodarse fácil y espontáneamente a las diferentes condiciones. Su actitud hacia el cambio puede significar la diferencia entre ganar la delantera y quedar atrás.

Si usted considera el cambio como un desafío –un cambio para ponerse a prueba– su valor para el potencial empleador aumentará significativamente. Susan Boren, vicepresidente de Recursos Humanos de Dayton Hudson Corporation, ha dicho lo siguiente acerca de la adaptabilidad: "La adaptabilidad personal es esencial para nosotros. En la medida que la empresa cambia, también necesitamos empleados que puedan cambiar. Y ellos deben ver el cambio como una oportunidad".

El cambio como una oportunidad debería ser el secreto del éxito en los años venideros. Myra y Joan son dos jóvenes ejecutivas en ascenso dentro de la XYZ Corporation. Ambas han recibido memorandos en los que se informa que la dirección ha resuelto instalar un nuevo sistema informatizado, que se supone todo el personal debe aprender a manejar, para poder acceder a la información cada vez que sea necesario.

Myra se entusiasma ante la perspectiva. Ella se ha sentido incómoda al tener que esperar que alguien le trajera la información que necesitaba. Ahora estará en condiciones de hacerlo ella misma. Ve esto no solo como un medio para ser más productiva, sino además como una oportunidad para aprender una nueva habilidad que pueda sumar a su creciente lista de logros.

Joan, por otro lado, piensa: "Nunca tengo tiempo para aprender este sistema y probablemente no lo utilice nunca. Cuando necesito algún dato simplemente pido a alguien que me traiga la información". Ha pasado varias noches en vela preocupada y cayó enferma el día de la programada instalación. Cuando llegó el momento de la promoción, Joan no podía entender por qué Myra fue elegida antes que ella, cuando había dedicado más horas que Myra y producido todo su trabajo en término.

He observado esta situación una y otra vez a medida que los nuevos sistemas y tecnologías se incorporan. Joan recibiría una baja calificación en este importante factor de éxito. Ella es inflexible. Tiene una visión limitada del futuro. ¿Usted se parece más a Joan o a Myra? ¿Se siente fácilmente amenazado/a por todo lo que parezca poner en peligro su situación actual?

Desde luego, algunas profesiones exigen más flexibilidad que otras. Por ejemplo, los contables, que tendrán una gran demanda en los próximos años, a menudo se entrevistan con diferentes clientes en el transcurso de una semana. Habitualmente se establecen en un área de trabajo cedida o provisional. Mi contable Beth, también trabaja para una gasolinera donde, por lo general, tiene que compartir una mesa con los repuestos y las latas de aceite lubricante. En el siguiente cliente que visita, puede instalar su área de trabajo en la oficina del vicepresidente o en un rincón del depósito. Ella tiene que aprender a adaptar su estilo de trabajo a la modalidad de los clientes y a los ambientes físicos a fin de cumplir su tarea.

CONQUISTAR LO DESCONOCIDO

Todos tenemos nuestros propios modos de trabajar que nos permiten comodidad y seguridad. Cuando enfrentamos un problema inesperado, solemos reaccionar de acuerdo con nuestros patrones habituales. ¿Por qué a veces resulta tan difícil apartarse de dichas normas del modo que sabemos que surte efecto? Eso, por lo general, tiene que ver con el *temor a lo desconocido*. ¿Quién sabe lo que podría suceder si lo intentáramos de otro modo? Nos imaginamos todo tipo de consecuencias trágicas y humillantes. Pero la realidad es que los resultados pueden no ser exactamente como los imaginamos. Una vez que uno comienza a hacer una evaluación más objetiva de una serie particular de circunstancias, puede empezar a cambiar sus reacciones habituales y emprender la acción más adecuada.

Cada vez que usted enfrente un problema, haga un ejercicio como el que sigue y conteste a estas preguntas.

¿De qué manera esta situación es única? _____
_____
_____

¿Cuál es la mejor manera de manejar esta situación (o persona) en particular? _____
_____
_____

¿Cuál es mi manera habitual de tratar los problemas? ___
_____
_____

¿Qué es lo que da resultado? _____
_____
_____

¿Qué es lo que no da resultado? _____
_____
_____

¿Cuándo fue la última vez que traté algo de un modo innovador? _____
_____
_____

¿En relación con mi objetivo final, cómo me gustaría que esta situación resultara? _____
_____
_____

¿Cómo puedo apartarme de mi forma de ver las cosas y hacer que eso suceda? _____
_____
_____

Si usted fuera por naturaleza excesivamente renuente al cambio, sería importante que analizara su conducta cuando se introducen los cambios. Aprenda a reconocer su resistencia y pregúntese por qué le resulta tan imprescindible aferrarse a su modo habitual de hacer las cosas. No es necesario que siga la corriente a todo, pero usted debería considerar lo nuevo y lo viejo con un criterio de imparcialidad.

La adaptabilidad le beneficiará tanto a usted como a la compañía. Supongamos que usted pierde inesperadamente su empleo. Si fuera una persona adaptable, sería una ofensa para su *ego*, pero estaría en condiciones de aprender de su experiencia, evaluar sus habilidades, crear un plan de *marketing* y buscar una mejor oportunidad.

Tendrá una estrategia práctica y se sentirá bien con su habilidad para progresar. Y si usted se siente bien consigo mismo, no se verá perturbado por los cambios imprevistos en su vida.

LIBERESE DE SUS TEMORES

¿Puede despojarse de sus temores y hacer que el cambio se vuelva a su favor? Responda al siguiente cuestionario y compruebe cómo se siente frente al cambio.

Cuando contempla la posibilidad de cambios en su trabajo o en su vida personal, usted:

1. Piensa que tiene que renunciar a lo que sabe y comenzar todo de nuevo.

   Verdadero_____   Falso_____
2. Piensa que se ve forzado a aceptar cosas que usted no desea hacer.

   Verdadero_____   Falso_____
3. Se considera a sí mismo un individuo inclinado a los hábitos y cree que no se le pueden enseñar nuevas tretas a un viejo zorro.

   Verdadero_____   Falso_____
4. Cree que si probara algo nuevo podría cometer un error.

   Verdadero_____   Falso_____
5. Piensa que el cambio significa fatiga y esfuerzo.

   Verdadero_____   Falso_____

Si usted ha respondido "Verdadero" a alguna de estas preguntas, probablemente sea un individuo resistente al cambio y deba hacer algún esfuerzo para cambiar de actitud. Estos son algunos consejos útiles para combatir los mitos en el cuestionario que acaba de hacer:

1. *Piensa que tiene que renunciar a lo que sabe y comenzar todo de nuevo.* No es cierto. Cuando usted adapta una cosa a otra, escoge lo que es útil de la primera y lo aplica a la segunda. No tiene que volver a inventar la rueda. Concéntrese en desarrollar las habilidades transferibles –como los diez factores de éxito–, de modo que pueda aplicar las habilidades que ya posee en las diferentes áreas.

2. *Piensa que se ve forzado a aceptar cosas que usted no desea hacer.* Si está siempre esperando que algo suceda, sucederá. ¿Qué es lo que usted piensa que es una experiencia lamentable: ser desalojado de un piso que no puede pagar o tratar de buscar un apartamento más pequeño y menos costoso? ¿Alterar por completo su estilo de vida después de haber sufrido un ataque cardíaco, o comenzar un programa moderado de ejercicios y comida sana cuando todavía está perfectamente saludable?

El último año hubo un gran revuelo en la televisión norteamericana cuando se incorporó Deborah Norville en sustitución de Jane Pauley en el programa televisivo *Today Show*. En el transcurso de una entrevista, Pauley dijo que si bien al principio se había sentido trastornada y atemorizada por el cambio, pronto empezó a verlo como una oportunidad para iniciar una nueva etapa de su vida. A partir de ese momento, tuvo una posibilidad de explorar nuevas alternativas que de otra manera no podría haber abordado. Se sintió verdaderamente feliz de que la situación la hubiera obligado al cambio.

Siempre es más difícil aceptar los cambios cuando estos nos son impuestos por circunstancias ajenas a nosotros. Piense en el cambio como en un catalizador para mejorar su vida, no como un esfuerzo impuesto por las circunstancias.

3. *Se considera a sí mismo como un individuo inclinado a los hábitos y cree que no se le pueden enseñar nuevas tretas a un viejo zorro.* Hugo fue siempre un individuo extremadamente previsible. Sus compañeros de oficina decían: "Puedes ajustar tu reloj de acuerdo con Hugo". A menudo lo hacían. Llegaba a la oficina cada mañana a las nueve menos cinco, se servía el mismo café negro y la misma tarta de cerezas, que consumía exactamente en cinco minutos, y enseguida comenzaba su jornada. Salía a almorzar a las doce en punto y regresaba a la una. Dejaba de trabajar exactamente a las cinco.

Hugo tenía cuarenta y nueve años cuando la compañía fue adquirida por otra más importante. La nueva dirección tenía intenciones de promoverle, pero Hugo no deseaba un nuevo cargo. Se sentía cómodo con la función que cumplía, de modo que, ¿por qué cambiar? Pero las cosas habían cambiado en torno a él, y finalmente se vio obligado a abandonar la compañía. Esto hizo que Hugo reflexionara profunda y extensamente sobre sus hábitos y actitudes.

Los cambios rápidos y constantes han alcanzado a las empresas de todo el mundo. Los empleadores buscan personal que pueda manejarse frente al cambio con desenvoltura y entusiasmo. Cuando llegue el momento de desarrollar su adaptabilidad no piense en cambiar sus viejos hábitos, sino en crear otros nuevos. Cada día haga un trayecto diferente de su hogar al trabajo y a la inversa. Almuerce en un restaurante diferente y pida algo que nunca antes ha probado. Lea un libro acerca de un tema sobre el cual jamás haya oído hablar. Los pequeños cambios a veces traen grandes sorpresas. Y antes de que se dé cuenta, estará en *la expectativa del cambio*.

4. *Cree que si probara algo nuevo podría cometer un error.* Es posible. Todo el mundo comete errores. A través de nuestros errores aprendemos a analizar en qué nos equivocamos y a progresar de allí en adelante. Aun cuando pueda parecer trivial, aquellos que manejan el cambio con éxito aprenden a aceptar sus errores, a enmendarse y a comenzar todo de nuevo.

5. *Piensa que el cambio significa fatiga y esfuerzo.* Puede ser. Eso depende de su actitud. Es posible que le resulte difícil aceptar

algunas de las ideas y sugerencias que se plantean en este libro. Pero el mayor interrogante es este: ¿Se siente infeliz? Porque si lo fuera, ¿qué coste tendría su felicidad? ¿Vale la pena cierta incomodidad temporal mientras usted atraviesa un período de transición? ¿El resultado merece el esfuerzo? Esto es algo que usted debe responderse a sí mismo.

¿Qué acciones positivas puedo emprender hoy para mejorar mi primer factor de éxito: la adaptabilidad? _____

_____

_____

5

Segundo Factor de Exito

El compromiso

5º Principio de las Ventas y Mercadotecnia
Con tantos productos y servicios similares que compiten en la actualidad por los mismos mercados, el compromiso del vendedor es a menudo el factor decisivo.

EL COMPROMISO CONSIGO MISMO

El tema de la lealtad y el compromiso se aborda con frecuencia en mis seminarios sobre gestión empresarial. Un gerente me expresó la opinión de la mayoría de los altos ejecutivos: "Prefiero un individuo trabajador, comprometido, que permanece en la compañía durante dos años, antes que un empleado complaciente e inmotivado que haya tenido una larga trayectoria en la misma".

Nuestra definición de compromiso con la función laboral se está modificando a medida que entramos en un nuevo siglo y surgen diferentes modalidades de trabajo. Arthur Denny Scott, de Goldman, Sachs & Company observa como una característica del futuro "la disminución de la lealtad empresarial". Scott, que trabajó para IBM durante veintiocho años, afirma: "Cada vez más, la lealtad es hacia el interés personal, por la profesión o la carrera. Por ejemplo, los ingenieros pueden seguir diseñando, pero se trasladan de un lugar a otro. Ir a trabajar a IBM solía ser como contraer matrimonio, y ese tipo de relación ya no existirá".

A medida que salimos de la era del *matrimonio empresarial* y entramos en la *edad del divorcio*, las compañías y los empleados están llegando a estar menos dispuestos a establecer semejantes compromisos a largo plazo. Hace algunos años, cuando usted se incorporaba a una compañía esperaba un apoyo duradero (financiero y de otro tipo) por parte de la empresa. El cambio tecnológico, así como la tendencia a las adquisiciones y fusiones empresariales, han hecho del compromiso a largo plazo algo bastante excepcional.

Pero el hecho de que el compromiso a largo plazo se haya modificado no quiere decir que no haya compromiso en absoluto. Esto significa que, si bien podemos no estar en condiciones de garantizar que permaneceremos en una compañía en particular durante los próximos veinte años, tenemos que estar comprometidos con nuestra tarea inmediata, y poner en ella todo nuestro esfuerzo. El énfasis ha pasado de la cantidad a la calidad.

LOS BUENOS HABITOS SE FORMAN TEMPRANAMENTE

El compromiso es un hábito que se puede desarrollar en cualquier etapa de la vida. Si usted estuviera todavía en el colegio, su compromiso podría ser hacia sus tareas escolares, o el trabajo posterior al mismo (aun cuando fuera por escaso o ningún salario). El compañero de mi hijo, Howard, trabajaba los veranos, y durante toda su etapa de estudiante secundario y universitario realizó trabajos de jornada parcial en varias empresas –y después de su graduación recibió numerosas ofertas de empleo de esas mismas compañías–. ¿Por qué lo hizo? Porque él estaba comprometido con lo que hacía, dondequiera que fuera, y los empleadores interpretan esto como una disposición al trabajo y un interés por el beneficio de la compañía, asi como un interés propio.

Tanto las grandes como las pequeñas empresas aprecian esta actitud. En mi propia organización, tengo una empleada que trabaja a tiempo parcial, Lisa, que tuvo que ausentarse de la ciudad algunas semanas. Estaba tan preocupada que arregló su propia sustitución, trajo una persona la semana antes de ausentarse y la preparó ella misma. De más está decir que este esfuerzo extra fue muy apreciado, y me expresó mucho acerca de los factores de éxito de Lisa.

Las grandes compañías también valoran este sentido del compromiso. Uno de los cambios significativos que observamos en la mano de obra actual es el empleo creciente de los *trabajadores temporales*. El motivo principal por el cual estos *empleos* se han vuelto tan populares es que los trabajadores temporales están sumamente comprometidos con el hecho de cumplir eficazmente su tarea, sin importar que estén en la compañía un día, una semana o un mes. La mayoría del personal que trabaja como *temporal* opta por esta modalidad, porque eso se adecua a su estilo de vida y a sus necesidades del momento. Saben que la agencia de empleo les llamará con frecuencia si actúan con responsabilidad y rinden satisfactoriamente en cada destino.

Por ejemplo, consideremos un caso hipotético. Allen trabajó como empleado temporal para una gran casa editorial. La compañía tenía un manual de procedimientos y manejaba todas sus operaciones estrictamente de acuerdo con el mismo. Una de dichas normas establecía que la empresa nunca tomaría empleados de jornada parcial sobre una base permanente. Allen era un individuo muy trabajador y se comprometió a cumplir eficazmente su tarea mientras estuviera en esa compañía. Incluso hizo algunas sugerencias para mejorar los procedimientos de los otros empleados temporales. La empresa tenía intenciones de emplearlo por tiempo completo, pero Allen estudiaba al mismo tiempo y no podía aceptar un puesto de jornada completa. Sin embargo, en vista del compromiso de Allen para producir un trabajo de calidad, esta compañía conservadora *dirigida según normas estrictas,* finalmente lo incorporó de forma permanente, algo que él pensaba que jamás podría ocurrir.

Allen se convirtió en un recurso valioso para su departamento. Cuando finalizó sus estudios y reflexionó sobre sus logros, descubrió muchos otros acontecimientos de su vida que demostraban un alto nivel de compromiso. Esta habilidad valiosa y *vendible* le dio a Allen una seguridad adicional, y se constituyó en un sólido argumento de venta para sus potenciales empleadores.

Todas las industrias se han visto afectadas por los cambios en cuanto a las definiciones de lealtad y compromiso. De acuerdo con el Dr. Richard E. Emmert, director ejecutivo del Instituto Norteamericano de Ingenieros Químicos: "La gente cambia de empleo varias veces a lo largo de su carrera; las compañías son menos paternalistas y los empleados menos leales. Hay más gente que trabaja en las empresas de servicios y como contratista independiente, que directamente para la compañía que requiere el servicio".

En el futuro, muchas compañías consistirán en una amplia red de consultores y trabajadores sin relación de dependencia –individuos y pequeños grupos que trabajarán independientemente en pos de un objetivo común–. Ya sea que usted trabaje dentro de la estructura de una compañía o emprenda un negocio por cuenta propia, su supervivencia dependerá de su compromiso con la tarea.

INVIERTA EN SU COMPROMISO

¿Cuál es su compromiso con el trabajo? Piense en cómo su actitud afecta a su rendimiento ¿Qué puede hacer para mejorar su situación actual? Trate de ver cómo el hecho de comprometerse con su trabajo le puede retribuir dividendos. Si no pudiera comprometerse con lo que hace en el presente, sería oportuno afrontar un cambio.

Analice sus responsabilidades actuales en el hogar, en sus estudios o en el empleo:

¿Se consagra a ellas con tesón, o a medias? _____
_____
_____

¿Cómo podrían contestar a esta pregunta su jefe, sus familiares o sus profesores? _____
_____
_____

¿Cuándo fue la última vez que realmente se esforzó? ____
_____
_____

¿Cómo se sintió cuando lo hizo? _____
_____
_____

Aun cuando nadie más reconozca la diferencia en su actitud, eso puede significar un cambio para usted.

¿Usted tiene dificultades para asumir compromisos? Venza su resistencia y trate de hacer las cosas de forma gradual. Es posible hacer durante una hora o un día algo que no se puede hacer siempre. Puede asumir un compromiso a fin de contribuir con su mayor esfuerzo y tener la disciplina para hacer lo necesario en una situación inmediata. Por ejemplo, una tarea en un momento dado. Necesita tener metas y hacer planes para el futuro, pero nadie le pide que las cumpla todas a la vez.

HAGA UN ANALISIS DE LA SITUACION

Otro aspecto del compromiso en el ámbito laboral está relacionado con la confiabilidad y la responsabilidad. Usted debe mantener el compromiso consigo mismo, así como con los demás. La gente no le pide que sea perfecto, pero espera concentración y puntualidad de su parte. Si usted es desorganizado y caótico, trate de administrar su tiempo de modo que las tareas no se tornen agobiantes. Lleve siempre con usted una agenda o memorando y anote en el mismo las ideas en el momento que surgen para no pasar nada por alto. Alguna que otra vez, haga un análisis de la situación para asegurarse de que no ha prometido algo que no está en condiciones de cumplir y de que no ha asumido demasiados proyectos a la vez.

Steve, un compañero de promoción en la universidad, era un individuo brillante, aplicado y creativo. Preparaba trabajos interesantes y originales para los exámenes trimestrales. Su extremado entusiasmo por un nuevo deporte o pasatiempo era contagioso. Lograba comprometer a todos sus amigos. Pero luego sus intereses se desplazaban, y abandonaba a sus compañeros de equipo que se preguntaban extrañados qué le había sucedido a su firme promotor.

Cada semestre, Steve hacía la lista del decano. En su segundo año de la universidad, logró concertar entrevistas con cinco de las principales empresas del país para seguir programas de entrenamiento interno en el verano –pero llegó tarde a tres de las citas, anotó mal las señas de la cuarta y se olvidó completamente de la quinta–. Este problema ha persistido a lo largo de toda la vida laboral de Steve. Hoy es un abogado de relativo éxito, pero nunca aprovechará todo su potencial porque no es responsable.

Todas las acciones y decisiones tienen sus correspondientes consecuencias. El compromiso incluye la aceptación de esas consecuencias. "La falta de responsabilidad en la toma de decisiones es un gran problema en el ámbito de los servicios financieros", afirma James B. Clemence, director de desarrollo gerencial en Peat Marwick. "Este problema ha surgido porque se les han asignado puestos clave (con generosos salarios) a los jóvenes graduados universitarios sin experiencia, que todavía no pueden comprender el concepto de responsabilidad. Y tampoco han aprendido a aceptar la responsabilidad por ellos mismos y sus acciones".

Ser un trabajador responsable y comprometido significa responder por sus acciones. Estamos entrando en una *etapa adulta* en el ámbito laboral, donde cada individuo debe mostrarse responsable.

LA ETAPA DE CRECIMIENTO

Estados Unidos nació como una sociedad agrícola. Era necesario responder a las necesidades básicas de supervivencia cuando cortamos el cordón umbilical con la metrópoli. La era industrial nos hizo llegar a una etapa de crecimiento en nuestro desarrollo laboral. Eramos un curioso pueblo, que experimentaba y se expandía, pero en el trabajo, en los talleres y las fábricas se nos decía qué teníamos que hacer y cómo, y en la mayoría de los casos no emitíamos opinión al respecto. La compañía era nuestro hogar y los gerentes nuestras niñeras.

Ahora estamos saliendo de la etapa *adolescente*, un período lamentablemente familiar para la mayoría de nosotros. Esto es comparable a aquel período de su vida en que usted recurre asiduamente a sus padres: quiere tomar prestado el automóvil, pero ellos no se lo permiten.

"Pero papá", alega usted exasperado, "siempre has dicho que esperabas que actuara como un adulto, pero todavía no confías lo suficiente en mí para darme ninguna responsabilidad". Usted reitera este argumento con bastante frecuencia hasta que por último sus padres admiten que tiene razón y le dan las llaves del automóvil. Si usted es astuto, será cauteloso y les mostrará que su confianza está justificada.

En el ámbito laboral esta etapa significa que las compañías esperan cada vez más de sus trabajadores, pero todavía no están dispuestas a darles la autoridad (excepto en las empresas más progresistas) para asumir una acción independiente.

El trabajo, en algunas naciones, está entrando en una etapa más fascinante y desafiante. Las empresas en Estados Unidos están empezando a tratar a sus empleados como adultos, a confiar en ellos y respetar sus talentos y habilidades. Walter F. Whitt, primer vicepresidente de Recursos Humanos en McGraw-Hill, expresa que "las compañías han comenzado a permitir que sus empleados sean más autónomos y que asuman un más amplio espectro de responsabilidades. Tenía que ponerse menos énfasis en la tarea rutinaria y mucho más en la capacidad de reflexión y en la toma de decisiones".

El nuevo ideal para las organizaciones empresariales es que las ideas generadas en todos los sectores lleguen a los niveles más altos –donde la dirección escogerá las mejores propuestas. Esto remplazará al viejo estilo de la transmisión gradual, según el cual la solución a un problema, buena o mala, era planteada por el alto nivel gerencial y transmitida a los cuadros inferiores.

Susan Boren, vicepresidente de Recursos Humanos de la Dayton Hudson Corporation, afirma que su compañía "está asignando cada vez más valor a la comunicación genuina con nuestros empleados. Hudson ha sido durante largo tiempo una empresa paternalista, y se pensaba que teníamos que proteger a nuestros trabajadores, pero ahora éstos son más bien socios que personal dependiente. Escuchamos sus ideas y los tratamos con más respeto, como adultos que deben velar por sí mismos".

Tal como sucede en una situación familiar, esta confianza y respeto no se otorga incondicional, ni indiscriminadamente. Se concede sólo a aquellos que la saben ganar.

Las compañías que tradicionalmente han asignado responsabilidades solamente a sus altos ejecutivos han comprendido que para ofrecer un mejor servicio a sus clientes deben descentralizar la responsabilidad, la autoridad y la toma de decisiones. Susan Boren piensa que Dayton Hudson continuará abrazando esta filosofía: "En los próximos veinte años, seguiremos capacitando al personal de los niveles inferiores, a fin de darles suficiente información para que puedan tomar decisiones acertadas con vistas a obtener un mejor servicio".

NO SE PREGUNTE "POR QUE", SINO "COMO"

El empleado abnegado de la era industrial, que acataba todas las normas de la compañía y hacía exactamente lo que se le pedía y nada más que eso, no estaba dispuesto a asumir ninguna responsabilidad por sí mismo, ni por sus acciones. En cambio, el personal adaptable, creativo e independiente está en condiciones de asumir mayores riesgos –y hacerse cargo de las consecuencias.

¿Usted tiene una actitud paranoica? ¿Cree que es desafortunado y que los acontecimientos desagradables sólo le ocurren a usted? De ser así, necesitaría un cambio de actitud para tener éxito en el futuro. En lugar de concentrar su atención en el "por qué" debería pensar en el "cómo". No piense "¿Por qué actúo siempre de esta manera?" sino más bien, "¿Cómo puedo hacer las cosas de diferente manera esta vez?".

Janet era empleada de un laboratorio médico y había escuchado un rumor en torno a que su campo de especialización sería suprimido. Había estado trabajando para este laboratorio durante ocho años, había aceptado las órdenes de sus jefes y jamás había dicho una palabra. No había sido tomada en cuenta para los ascensos, pero no se había quejado porque no estaba segura si podría supervisar a los seis restantes empleados de su departamento.

Janet comenzó a analizar la situación con Marie, una colega. "¿No estás preocupada?", le preguntó a Marie. "He oído que van a cerrar el laboratorio, y sabes que no encontraremos otro trabajo parecido. No sé que haría si perdiera mi empleo ¿Por qué tenía que sucederme esto a mí?".

"Al principio me preocupé", expresó Marie. "Pero luego fui a conversar con los ejecutivos. Me informaron que estaban reacondicionando el laboratorio con equipos de alta tecnología para la investigación del SIDA. Esa especialidad me interesaba de todos modos, y les pregunté qué había que hacer para integrarse en el nuevo equipo. Me dijeron que me podría preparar en uno de los otros laboratorios al norte del Estado, donde ya se están utilizando los nuevos equipos. Después, cuando vuelvan a abrir el laboratorio en este lugar, me trasladarían nuevamente".

Marie deseaba tener una oportunidad y conversar con sus jefes. Les hizo saber que estaba dispuesta a aprender algo nuevo y aceptar el desafío. Estaba en condiciones de asumir la responsabilidad por sí misma –no sólo reaccionar ante los acontecimientos, sino actuar sobre los mismos.

En ciertas especialidades, como los servicios médicos y de investigación, la responsabilidad es una cualidad mucho más necesaria que antes. Estas son áreas en rápido desarrollo, y los candidatos con antecedentes que muestran un gran sentido de la responsabilidad son más buscados y requeridos.

¿Qué acciones positivas puedo emprender hoy para mejorar mi capacidad de compromiso? _____

6

Tercer Factor de Exito

La comunicación

6º Principio de las Ventas y Mercadotecnia
Aumente su poder de persuasión mejorando su comunicación: Asegúrese de que su mensaje sea recibido e interpretado de la manera en que usted lo envía.

LOS PRINCIPIOS DE LA COMUNICACION PERSUASIVA

Hoy todo el mundo en el ámbito empresarial es en realidad un vendedor. Ya sea que usted se *venda* a su empleador potencial, a su jefe, sus clientes o consumidores, los fundamentos de la venta siguen siendo los mismos. Los mejores vendedores son aquellos que utilizan la comunicación persuasiva para ayudar al comprador a descubrir la relación entre sus necesidades y el producto que le ofrecen. Esto es tan importante para promoverse usted mismo, como para vender cualquier producto. He aquí cuatro principios básicos de la comunicación persuasiva.

1. *Nos comunicamos de muchas maneras diferentes.* Lo que usted dice es importante, pero también *cómo* lo expresa. Su tono de voz dice mucho acerca de su persona. Cuando necesité un ayudante con jornada parcial para mi oficina, hice por teléfono una serie de entrevistas preliminares. La calidad de la voz era un factor decisivo en mi elección desde el momento en que la persona requerida contestaba a mi llamada telefónica. El primer día llamaron dos mujeres. Ambas parecían ser simpáticas e inteligentes, y podían manejar fácilmente las tareas que tenía en mente para ese puesto. Pero la segunda mujer que llamó tenía muy poca energía en su voz. Dos veces tuve que pedirle que hablara más alto. Me agradaba lo que decía y estaba convencida de que podría haber cumplido con su función, pero no podía emplearla por la calidad de su voz.

También nos comunicamos a través del lenguaje gestual. ¿Tiene tics nerviosos como morderse las uñas o hacer sonar los nudos de sus dedos? ¿Adopta una postura correcta o un aire desgarbado con la cabeza baja y los hombros caídos?

Los expertos en mercadotecnia gastan millones de dólares por año en el diseño y la presentación de los productos. Saben que la forma de presentación del producto tiene mucho que ver con su aceptación. Lo mismo es válido para usted. Cuando intenta vender sus servicios a un empleador potencial, ¿es consciente de la impresión que causa, física y verbalmente?

Si usted se presentara a una entrevista con el cabello despeinado, una postura desgarbada y arrastrando los pies, tendría que hacer un gran esfuerzo para lograr que el empleador viera más allá de las apariencias. Pídale a sus amigos o familiares una opinión sobre cómo se presenta y cómo perciben su lenguaje corporal y su postura.

2. *La gente responde desde su punto de vista y sobre la base de su experiencia pasada.* Los lenguajes se desarrollan de manera particular en las diferentes partes del mundo como consecuencia de las condiciones culturales únicas. Por ejemplo, los esquimales utilizan más de cien palabras que significan "nieve". Hay una que significa "nieve para agua potable", otra que quiere decir "nieve que se esparce sobre la tierra", otra "nieve que acaba de caer", y 97 formas más para expresar otras cosas. La nieve es de importancia crucial en la vida de los esquimales, y su lenguaje lo refleja.

Toda comunicación depende de su punto de vista.

Las palabras significan cosas diferentes para las distintas personas. He aquí una lista de palabras que pueden tener un fuerte impacto emocional. Escriba sus impresiones acerca de cada término:

Criminal: _____

Abogado: _____

Jefe: _____

Televisión: _____

Trabajo: _____

Religión: _____

Dinero: _____

Ahora pida a otras dos personas que anoten sus respuestas y compárelas. Comprobará que los tres grupos de "respuestas" son muy diferentes entre sí.

La venta efectiva requiere una comunicación eficiente, de modo que asegúrese de comunicarse de la manera que pretende. Por ejemplo, si usted se describiera como un trabajador compulsivo, un empleador potencial podría ver eso como un rasgo positivo, mientras otro podría considerarlo negativo. Asegúrese de expresarse con claridad y precisión –y pídale a su empleador que le aclare cualquier cosa que le haya parecido ambigua.

3. *La gente responde de acuerdo con sus necesidades, no con las suyas.* Esta es una regla básica para tener éxito con la venta. Cuando usted va a comprar un automóvil, lo hace porque lo necesita o lo desea, no porque el vendedor pretende vendérselo. Si usted no quisiera ese automóvil, resultaría una venta muy difícil.

Si usted pidiera un aumento a su jefe, lo conseguiría porque éste le necesita, no porque usted necesita el dinero extra. Y si usted consiguiera el empleo, sería porque la compañía le necesita, no porque usted necesita el empleo.

Como ya hemos visto en el Capítulo I, usted consigue el empleo porque satisface las necesidades del empleador, no las suyas. Usted no podrá *venderse* diciendo: "Empléeme. Necesito un trabajo". Debería decir: "Empléeme. Puedo ayudarle a resolver su problema".

4. *La única manera de averiguar quién es su empleador y cuáles son sus necesidades consiste en preparar una serie de preguntas y escuchar con atención.* Formular las preguntas adecuadas y saber cómo escuchar son dos de los recursos de comunicación más eficaces. La pregunta adecuada le brindará la información que usted necesita en el momento preciso. ¿Por qué? Porque a la gente le encanta responder a las preguntas. Se sienten obligados a responderlas. La gente espontáneamente presta más atención a una pregunta que a una declaración.

Las preguntas tienen gran impacto. Incluso la persona más reservada responderá a una pregunta directamente formulada.

¡Haga la pregunta adecuada y se sorprenderá de saber por qué era tímido!

El hecho de saber escuchar le permitirá recibir la información tal como se pretende comunicar. El filósofo griego Epicteto dijo en una ocasión: "Dios nos ha dado sabiamente dos orejas y una boca para que podamos escuchar el doble de lo que decimos".

He aquí un simple cuestionario que le ayudará a mejorar su capacidad para escuchar:

LA PRUEBA DE RENDIMIENTO

	Habitualmente	A veces	Rara vez
Cuando habla con la gente usted:			
1. ¿Se prepara físicamente ante el interlocutor y se asegura de que usted puede oírle?	____	____	____
2. ¿Está atento al interlocutor además de escucharle?	____	____	____
3. ¿Juzga a su interlocutor a través de su apariencia y presentación, ya sea importante o no lo que está diciendo?	____	____	____
4. ¿Presta atención especialmente a las ideas y actitudes implícitas?	____	____	____
5. ¿Determina su propia preferencia, si la tiene, y trata de tenerla en cuenta?	____	____	____
6. ¿Presta atención a lo que el interlocutor dice?	____	____	____
7. ¿Interrumpe de inmediato si escucha			

una declaración que
usted juzga errónea?   ____   ____   ____
8. ¿Antes de responder
se asegura de haber
considerado el asunto
desde el punto de
vista de la otra
persona?   ____   ____   ____
9. ¿Trata de tener la
última palabra?   ____   ____   ____
10. ¿Hace un esfuerzo
consciente para
evaluar el
razonamiento y la
credibilidad de lo que
acaba de oír?   ____   ____   ____

Calificación por las preguntas 1, 2, 4, 5, 6, 8, 10: 10 puntos por la respuesta "habitualmente", 5 puntos por "a veces", y 0 puntos por "rara vez". Calificación por las preguntas 3, 7, 9: 0 puntos por la respuesta "habitualmente", 5 puntos por "a veces", 10 puntos por "rara vez".

Si su puntuación es inferior a 70, ha desarrollado algunos malos hábitos para escuchar a su interlocutor; si obtuvo entre 70 y 85 puntos usted sabe escuchar, aunque podría mejorar; si ha superado los 90 puntos, usted ha aprendido muy bien a escuchar.

LA FALTA DE COMUNICACION

En la era de los servicios, trabajar eficientemente con otras personas es la mejor manera de alcanzar el éxito. Y para lograr ese objetivo se requiere un 100% de comunicación. ¿Acaso puede imaginarse una tarea cumplida en total aislamiento?

La comunicación con el personal con el cual trabajamos es tan importante como la tarea misma. "Usted puede tener una personalidad huraña y trabajar en una línea de montaje", asegura Arthur Denny Scott de Goldman, Sachs & Company. "Pero en una empresa de servicios las relaciones personales llegan a ser mucho más importantes. Si usted sólo aprecia las habilidades físicas, se verá en problemas. Tiene que ser capaz de proyectarse en las tendencias y hábitos de la otra persona y ver las cosas desde su perspectiva".

La comunicación cubre un amplio espectro, pero la habilidad básica incluye transmitir sus pensamientos o ideas a la otra parte –sobre una base personal, a diez o doce personas en una sala de reuniones, o a millones de espectadores a través de una pantalla de televisión–. La manera con que se comunica dice mucho acerca de usted, particularmente cuando usted se encuentra en el proceso de *promocionarse*. Nos comunicamos de algunas maneras evidentes y otras que no son tan obvias; todas esas modalidades se pueden analizar, adoptar y conocer a fondo.

Si usted le enviara a un empleador potencial una carta llena de errores gramaticales y faltas de ortografía, seguramente no obtendría una respuesta favorable. Si acudiera a una entrevista y se presentara con un débil apretón de manos y se sentara luego en el borde de la silla haciendo sonar nerviosamente sus nudillos, sus antecedentes y su pasada experiencia serían de escaso valor para usted.

En cambio, si usted se expresara bien, inspirara confianza y escribiera con agudeza, se podría pasar por alto una cierta falta de experiencia.

En una situación de búsqueda laboral a menudo sucede que su primer contacto con un empleador potencial es con el destinatario de su carta de postulación (ver Capítulo 23). El hecho de expresarse con claridad, precisión y corrección puede crear una favorable primera impresión, y hace de usted un serio competidor para cualquier puesto. Póngase en la posición del empleador. Suponga que ha recibido una carta que comienza de esta manera:

Estimado Señor:
    Estoy en busca de un empleo como secretaria.
¿Usted tiene una vacante?

No creo que usted leyera algo más. Seguramente no le importaría la experiencia previa de la persona que solicita el empleo, y se preguntaría qué motivación puede tener esta persona por el empleo si no puede tomarse el tiempo para corregir una carta introductoria.

En este caso, no es el razonamiento lo que importa. La gente tiene en cuenta incluso los más insignificantes errores, de modo que hacer un esfuerzo adicional en la comunicación escrita bien vale la pena.

La práctica, como siempre, rinde sus frutos, por eso escriba y reescriba hasta estar persuadido de que no hay errores. Utilice un diccionario y un manual sobre estilo y gramática. Una propuesta original no es buena para nadie si usted es la única persona que puede comprender lo que ha escrito.

La comunicación oral es igualmente importante. ¿Cuántas veces usted se ha forjado una idea acerca de una persona sobre la base de las expresiones que ha escuchado por el teléfono? No es necesario convertirse en un conferenciante para tener éxito en los negocios, pero el hecho de expresarse con una voz firme inspira confianza y refleja seguridad y competencia.

No se puede subestimar la importancia de la capacidad de comunicación. Casi todos los puestos más requeridos enumerados en el Capítulo 20 incluyen esta capacidad de comunicación como uno de los requisitos para el éxito.

¿Qué medidas positivas puedo tomar ahora para mejorar mi capacidad de comunicación? _____

_____

_____

7

Cuarto Factor de Exito

La creatividad

7º Principio de las Ventas y Mercadotecnia
*La venta es un problema de índole creativa
—consiste en lograr lo que usted desea
ofreciéndole al cliente lo que él necesita.*

DIVIERTASE CON SERIEDAD

Una amiga, gerente de una pequeña clínica odontológica, me dijo en una oportunidad: "No me considero una persona muy creativa". Sin embargo, yo siempre la había admirado por su ingenio y habilidad. Frente a dificultades aparentemente insuperables siempre lograba encontrar una solución eficaz. Se quedó sorprendida cuando le dije que pensaba que eso demostraba un gran talento creativo.

¿Qué piensa de la creatividad? Sólo porque usted piense que no es Picasso o Hemingway eso no quiere decir que no sea creativo. La creatividad consiste realmente en una manera diferente de ver las cosas. Picasso tenía una visión particular del mundo y la expresaba a través de su arte; Hemingway expresaba su visión por medio de la palabra escrita; Beethoven y Bruce Springsteen utilizaban la música para comunicar sus puntos de vista. Albert Einstein y Madame Curie expresaron su creatividad en términos científicos. Afortunadamente para el resto de los mortales, la creatividad no requiere genialidad. Comienza con la observación objetiva de un problema o dificultad, y la combinación de la imaginación y el razonamiento, a fin de dar con una solución.

La mayoría de las personas no creen ser creativas en el trabajo. Como consultora, cuando les pregunto a los gerentes qué es lo que hacen, me responden que planifican, controlan, organizan, seleccionan el personal y dirigen. Cuando les pregunto si su tarea es creativa, dicen que no lo es. Pero la principal tarea de un gerente es salir adelante con los problemas, y la creatividad se aplica a cada tipo de problema que surge. Cada vez que usted encuentra una nueva manera de resolver algo, aplica la creatividad, sea o no gerente.

No se requiere demasiada creatividad para una tarea en una línea de montaje. Pero a medida que avanzamos cada vez más en una sociedad de servicios, la necesidad de la creatividad en el mundo laboral aumenta. Walter F. Whitt, vicepresidente de Recursos Humanos de McGraw-Hill, considera que la gestión empresarial es cada vez más creativa, "es más emprendedora y está más dispuesta a asumir riesgos calculados –no está limitada por una visión estrecha y es capaz de pensar conceptualmente".

DESARROLLE SU CAUDAL CREATIVO

En el cuestionario que sigue no hay respuestas correctas o erróneas. Estas 25 preguntas le darán una idea de cómo usted se considera a sí mismo y su creatividad.

1. ¿Disfruta del *proceso creativo*, experimenta con nuevas ideas o maneras de hacer las cosas?
2. ¿Acepta las cosas como son porque piensa que "siempre se han hecho de esta manera?".
3. ¿Piensa que seguir las normas es más importante que terminar el trabajo, o está dispuesto a hacer concesiones?
4. ¿Qué hace cuando no le agrada algo, o tiene que esperar demasiado tiempo, o piensa que se va a desperdiciar

tiempo o materiales? ¿Se lamenta? ¿O busca el modo de resolverlo?

5. ¿Es naturalmente curioso?

6. ¿Cuando considera que algo es particularmente útil o ingenioso, piensa de qué manera puede adaptarlo a su vida laboral o personal?

7. ¿Cuando enfrenta un problema, insiste hasta resolverlo?

8. ¿Considera diferentes opciones antes de tomar una medida?

9. ¿Cuál fue la última buena idea que tuvo? ¿Qué logró con eso?

10. ¿Se sienta simplemente y sueña despierto, o hace un bosquejo en una hoja de papel? ¿Disfruta con eso, o piensa que está perdiendo el tiempo?

11. ¿Hace una evaluación de sus esfuerzos antes de concluir un proyecto?

12. ¿Se frustra si no puede resolver un problema de inmediato? ¿O se da la posibilidad de dar con una solución mejor?

13. ¿Ha encontrado maneras innovadoras e interesantes de estimular su creatividad? ¿Sale a dar un paseo? ¿Se da un baño de espuma? ¿Medita?

14. ¿Lee en sus ratos de ocio? ¿Qué es lo que lee?

15. ¿Está al tanto de los recursos materiales y los equipos? ¿Sabe dónde está la biblioteca? ¿La universidad local? ¿Lee las revistas de la industria o las publicaciones empresariales?

16. ¿Prefiere observar las reglas?

17. ¿Qué piensa acerca de la tarea que cumple? ¿Ve oportunidades creativas en su trabajo?

18. ¿Acepta las nuevas ideas y sugerencias de los otros –sin importarle quiénes puedan ser?

19. ¿Apoya a alguien que da con una buena idea?

20. ¿Cuál es su mayor problema en el trabajo en este momento?

21. ¿Ha tratado de resolver ese problema descomponiéndolo en elementos más fáciles de manejar?

22. ¿Conoce a alguien que tenga un problema similar y pueda estar en condiciones de ayudarle?

23. ¿Suele pensar que la creatividad está reservada a los "artistas" y que no se puede aplicar a usted?

24. ¿Qué hace cuando un problema le acosa? ¿Se da por vencido fácilmente?
25. ¿Le entusiasma resolver un problema?

CONSIDERE LOS PROBLEMAS DESDE OTRO ANGULO

La próxima vez que usted tenga que resolver un problema, trate de considerarlo como un ejercicio de creatividad. Reflexione y analícelo con objetividad sin emitir juicios. Pregúntese: "¿Qué tiene de interesante este problema?". Considérelo desde ese ángulo y contemple cuáles son las soluciones. Luego haga la prueba desde otro ángulo. Inténtelo desde el ángulo que primero se le ocurra, el que haya desechado porque parecía demasiado simple. O demasiado difícil. O absurdo.

No se preocupe por los detalles ni trate de imaginar cuánto le costará. Considere sólo el cuadro general y adopte un criterio conceptual amplio. No rechace ninguna posibilidad sólo porque es imperfecta. La creatividad implica la destreza de ir más allá de las soluciones de rutina para dar con una nueva idea o una nueva aplicación de un viejo concepto.

Cuanto más creativo sea, más valioso será para cualquier organización. Considere cualquier problema como una invitación a poner a prueba su capacidad creativa. Usted –y su empleador– quedarán favorablemente impresionados.

¿Qué acciones positivas puedo emprender hoy para mejorar mi capacidad creativa? _____
_____
_____

8

Quinto Factor de Exito

La toma de decisiones

8º Principio de las Ventas y Mercadotecnia
La venta exige a menudo decisiones rápidas y seguras. Eso no quiere decir que usted acierte todo el tiempo, aprendemos de todas nuestras elecciones.

LA FORMULA DECISIVA: BUSQUEDA, ANALISIS... Y CONFIANZA EN SI MISMO

Jaime pasaba por un período que él denominaba "entre dos estilos de vida". Había estado trabajando como ayudante de fotografía durante muchos años, pensando que algún día se instalaría por su cuenta. Pero estaba desalentado y pensaba que no había progresado con suficiente rapidez, que la fotografía ya no era su principal interés. Quería casarse y comenzar a formar una familia (y su novia pretendía ser ama de casa). Sin embargo, no estaba muy seguro de poder mantener una familia con un sueldo de ayudante. Jaime decidió cambiar de carrera.

Un amigo le ofreció un empleo como vendedor de joyería.

Jaime aceptó el ofrecimiento, y pasó un año y medio tratando de convencerse a sí mismo de que había tomado la decisión correcta, aun cuando su empleo le hacía cada vez más infeliz. Se sentía obligado con su amigo y temía tomar otra medida errónea. Finalmente comprendió que se había equivocado con respecto a la fotografía. Esta vez Jaime fue mucho más cauteloso en su proceso para tomar una decisión. Hizo una lista de todas las cosas que más le atraían de la fotografía, así como de los motivos por los cuales había abandonado su oficio hacía un año y medio. Luego confeccionó una lista de las cosas que le agradaban y desagradaban de su empleo como vendedor de joyería.

Comprobó que había aprendido mucho acerca de la venta, pero no tanto de la joyería (no tenía un verdadero interés en la misma). Sin embargo, estaba profundamente interesado en las cámaras fotográficas. Reunió su predilección por las ventas y su afición por las cámaras, y ahora es uno de los vendedores de equipos fotográficos más reconocidos de su empresa. Y disfruta con su trabajo.

La decisión original de Jaime de cambiar de empleo se tomó precipitada y emocionalmente. Su segunda decisión fue bien meditada, sobre la base de un análisis de los hechos, teniendo en cuenta las futuras opciones, y con una mayor responsabilidad en la toma de decisión.

Piense en cuántas decisiones usted toma en el transcurso de una jornada. Algunas personas son muy eficaces para eso, y toman decisiones con seguridad y sin inconvenientes. Pero muchas otras no. Nuestra capacidad para tomar decisiones tiene que ver con nuestra disposición para confiar en nosotros mismos y en nuestro propio juicio.

Cuantas más decisiones tome, más aprenderá al respecto. En medio de la incertidumbre y el cambio constante con los que tenemos que manejarnos, es más necesaria que nunca la firme capacidad para la toma de decisiones. Aven Kerr, vicepresidente de Recursos Humanos de The Prudential, expresa que la toma de decisiones es una capacidad sumamente apreciada porque "todo en las empresas ocurre con creciente rapidez. La información llega a raudales y ya no hay tanto tiempo para tomar decisiones como solía haber".

Su valor en el mercado aumentará en directa proporción con su capacidad para tomar decisiones.

NUEVE PASOS PARA TOMAR UNA BUENA DECISION

Tomar una buena decisión significa asumir riesgos. Nunca puede estar seguro del resultado, pero en un momento dado usted puede tomar la mejor decisión posible.

1. *Identifique con precisión la decisión que necesita tomar.* Asegúrese de haber definido el problema de modo que pueda dividirlo en cuestiones específicas que determinen la decisión final.

2. *Trate de obtener tanta información como le sea posible.* Aun así, tenga en cuenta que usted no puede obtener toda la información existente, en cierto momento tendrá que tomarla con los datos que posee.

3. *Asegúrese de que su información es confiable.* Verifique los hechos y utilice la imaginación cada vez que sea posible.

4. *Pida sugerencias y consejos.* No tiene que seguirlos necesariamente, pero puede descubrir algunas cosas que desconocía.

5. *Establezca el pro y el contra, y vea hacia dónde se inclina la balanza.* Cuando Benjamin Franklin –el inventor y diplomático estadounidense– tenía que resolver un problema o tomar una decisión, dividía con un trazo una hoja de papel. A la izquierda de la línea escribía "Sí" y a la derecha "No". En la primera columna, anotaba todos los motivos para tomar una medida determinada. En la otra columna (del "No") anotaba todas las razones para no hacerlo. Después se dejaba llevar por la lista que fuera más larga –la lista del "Sí" o la del "No"–. Tomaba su decisión de acuerdo con los resultados.

6. *Pregúntese cuál podría ser el mejor resultado posible de su decisión.* Y cuál podría ser el peor. Qué es lo más probable que suceda, Qué ocurriría si usted no lo hiciera. Anote todas las soluciones posibles a su problema y sus probables consecuencias.

7. *Determine el valor de cada una de las seis soluciones previas y sus consecuencias.* Anote los puntos débiles y fuertes de cada una; luego compárelas para dar con la mejor solución desde su punto de vista. Si usted tomara esta decisión, ¿qué lograría dentro de seis meses? ¿Dentro de un año? ¿Dentro de cinco años?

8. *Confíe en su intuición.* Pregúntese por qué esto le "parece correcto" o aquello "erróneo". Aprenda a guiarse por su intuición más profunda en lugar de seguir sus impulsos inmediatos.

9. *Reconozca los errores y utilícelos para mejorar su capacidad para la toma de decisiones.*

Cuando Jaime optó por cambiar de carrera, tomó una decisión precipitada y emocional que le condujo a un empleo para el cual no estaba bien dispuesto. Pero el año y medio que pasó en el negocio de la joyería no fue una pérdida de tiempo. Jaime descubrió que era un vendedor nato, y toda su experiencia en la joyería le sirvió para el trabajo que ahora ha elegido.

¿Qué acciones positivas puedo emprender hoy a fin de mejorar mi capacidad para la toma de decisiones? _____
_____
_____

9

Sexto Factor de Exito

La evaluación

9º Principio de las Ventas y Mercadotecnia
*La mejor pregunta que usted puede plantearse a
sí mismo en torno a las ventas es: "¿Cómo
puedo hacerlo mejor la próxima vez?"*

COMO TOMAR DECISIONES CORRECTAS

Si usted estuviera solo en la oficina trabajando con el tiempo limitado y el ordenador o la computadora fallara, ¿qué haría? ¿Pensaría que no hay nada que usted pudiera hacer? ¿Entraría en pánico, tendría miedo de perder su empleo y comenzaría a lamentarse? ¿O sería capaz de considerar el trabajo, fijar prioridades y encontrar las maneras de resolver los problemas más inmediatos?

Es evidente que los empleadores buscan el personal que encaja en esta última categoría. La capacidad para tomar decisiones razonables y evaluar las situaciones imprevistas, es de gran valor en cualquier empleo. En eso consiste la capacidad de evaluación, y usted se vale de ella en toda ocasión y en cada aspecto de su vida.

Un simple acto como cruzar la calle requiere una evaluación de los riesgos que eso significa: ¿Viene un automóvil? ¿Con qué velocidad viene? ¿Podrá cruzar a salvo hacia la otra acera? Usted evalúa los riesgos, luego toma su decisión. Utiliza la capacidad de evaluación cada vez que hace una compra, cada vez que traba conocimiento con alguien.

El mismo tipo de evaluación se necesita en el trabajo. Le pueden pedir que evalúe situaciones (como el fallo del ordenador mencionado antes), adquisiciones (de suministros para su compañía), y personal (colegas, personal de plantilla y supervisores).

HACER MEJORES EVALUACIONES

Las evaluaciones que usted hace en su vida cotidiana están a menudo influidas por opiniones subjetivas y sentimientos elementales. Sin embargo, hacer una evaluación en el trabajo exige algo más que sentimientos elementales. Requiere una opinión objetiva sobre la base de una serie de normas formales. La mayoría de la gente confía en las impresiones superficiales y el instinto. Un buen evaluador escucha al instinto, pero no depende del mismo.

La evaluación formal consiste en un proceso de tres fases:

1. *Describa el objeto de su evaluación.* ¿Es una persona, un lugar o situación? ¿Una tarea que alguien está realizando? ¿Una adquisición que va a hacer?

2. *Haga una lista de pautas o requisitos.* Supongamos que usted es el encargado de encontrar un nuevo proveedor de lápices para su oficina. ¿Qué requisitos tendrá que reunir esa persona para que usted tome una decisión favorable? Su lista podría incluir:

- Alta calidad
- Bajo coste
- Disponibilidad para entregar grandes cantidades
- Disponibilidad para entregar dentro de la semana en que se ha recibido el pedido
- Calidad de las gomas de borrar

3. *Compare el objeto de su evaluación con la lista de pautas o requisitos.* Usted ha encontrado cuatro proveedores de lápices. Solamente uno responde a los cinco requisitos establecidos. Usted es-

coge a ese proveedor. En caso de que dos proveedores respondieran a las pautas, usted agregaría más requisitos para decidir la elección entre ambos.

Estas tres fases o etapas se utilizan en cualquier evaluación que usted haga. El método se puede aplicar a las decisiones únicas, como la elección de un proveedor, o en un proceso progresivo (como evaluar el nivel de rendimiento de su plantilla de trabajadores).

LA EVALUACION DE RENDIMIENTO: UNA ESTIMACION JUSTA Y EFICAZ

La evaluación de rendimiento no es un concepto nuevo. Consideremos la carta siguiente:

Palacio de Gobierno
Washington
26 de enero de 1863

General de División Hooker
General:

Le he colocado al frente del Ejército de Potomac. Desde luego, he tomado esta decisión porque pensé que existían sobrados motivos. Sin embargo, me ha parecido mejor ponerle al tanto de que hay ciertas cosas con respecto a las cuales no me encuentro del todo satisfecho con usted. Creo que usted es un valeroso y diestro militar que, desde luego, me gustaría... Tiene confianza en sí mismo, lo cual es una cualidad valiosa, si no indispensable. Es ambicioso, lo cual dentro de límites razonables es más beneficioso que perjudicial. Pero pienso que durante la comandancia del Gral. Burnside, usted se dejó llevar por su ambición, y le contrarió tanto como pudo, con lo cual fue injusto con el país y con uno de sus más meritorios y honorables compañeros de armas... Mucho me temo que el espíritu que ha contribuido a infundir en el ejército, de criticar a su comandante y negarse a confiar en él, ahora se vuelve contra usted. Le ayudaré tanto como pueda, a fin de sofocar....

Y ahora cuídese de la imprudencia. Guárdese de ello, pero hágalo con energía, y con desvelo. Siga adelante y dénos victorias.

Sinceramente suyo
Abraham Lincoln

Si usted fuera el General Hooker, ¿cómo habría reaccionado ante esta carta? Contiene tanto críticas como elogios, lo cual expresa la manera con que se estructuran la mayoría de las evaluaciones de rendimiento. Se requiere práctica para producir una evaluación que sea un balance constructivo de ambas opiniones.

Para hacer una evaluación justa, siga las tres etapas mencionadas antes. Es importante atenerse a los informes de rendimiento de un empleado –en caso de que un empleado complete los informes mensualmente, ¿estos se han entregado bien y puntualmente? Usted puede pretender redactar una nota cada mes para tener un cuadro general a fin de año.

Entre 500 participantes de un seminario sobre gestión, solamente el 5% respondió que había recibido una "justa y correcta evaluación" de sus superiores. Muchos gerentes me han dicho que hacer evaluaciones de rendimiento es el aspecto más dificultoso de su función. Por eso la mayoría del personal piensa que no hace ni recibe una evaluación satisfactoria del rendimiento laboral.

Usted puede mejorar su destreza para la evaluación aplicando el método de las tres etapas en la evaluación de situaciones cotidianas. La próxima vez que tenga que hacer una adquisición, calcular un riesgo o una oportunidad, o evaluar el rendimiento de un producto o una persona, trate de describir el objeto de su evaluación, estableciendo una lista de normas o requisitos, y luego compare el objeto con dicha lista.

Antes de pasar al próximo capítulo, haga una lista de las acciones positivas que puede emprender para mejorar su capacidad de evaluación.

10

Séptimo Factor de Exito

La previsión

10º Principio de las Ventas y Mercadotecnia
La venta de un producto o servicio debe estar firmemente orientada al futuro, a fin de sobrevivir en un mundo en rápido cambio.

EN BUSCA DE LA FORTUNA

Desde que se descubrió el concepto del "mañana", el hombre ha intentado indagar en el futuro. Pero la previsión no se obtiene a través de una bola de cristal o una baraja de cartas. Se logra después de un cuidadoso análisis de las condiciones presentes, junto con una proyección realista de las tendencias futuras.

Cuando usted observa que surgen nuevas tendencias en el mundo laboral, o que las nuevas tecnologías traen consigo ventajas o dificultades imprevistas, piense cómo le pueden afectar, tanto ahora como mañana. La idea predominante, en esta era de cambios constantes, no sólo es competir o luchar por tener tanto o más que los otros, sino también ganarles la delantera. Anticiparse a los cambios del futuro es algo indispensable, tanto para los individuos como para las compañías en las cuales trabajan.

Toda empresa cree en su propio desarrollo potencial. Por eso todos los empleadores buscan personal con visión de futuro, personas dinámicas que puedan pensar en ampliar sus mercados, crear nuevas aplicaciones para sus productos o encontrar variantes para los servicios vigentes. Si usted puede demostrar a un potencial empleador que ha logrado algo de esto en el pasado, tendrá un punto de venta a su favor.

Por ejemplo, en el ámbito médico, la previsión es quizá la cualidad más apreciada que una persona en busca de empleo puede ofrecer. La biotecnología es una especialidad en expansión, en la cual la investigación y el desarrollo producen casi diariamente interesantes descubrimientos médicos. Los empleadores en ese medio buscan candidatos que puedan tener visión de futuro.

No sólo las industrias de alta tecnología dependen de la previsión para sobrevivir. Por ejemplo, las industrias del vestido y la moda siempre han confiado en la previsión para anticiparse a lo que el inconstante público comprador usará en la "próxima temporada". El comercio minorista tiene que adelantarse constantemente y tener sus estanterías bien provistas para sacar provecho de las repentinas tendencias compradoras. Las instituciones financieras tratan de predecir las tendencias económicas, en el orden nacional e internacional; los productores de bienes raíces buscan áreas donde el crecimiento potencial pueda ser mayor. Casi todas las ocupaciones necesitan personal con capacidad para prever el futuro.

PREVER LO QUE VENDRA

Si usted puede prever el cambio, o la posibilidad del mismo, podría empezar a prepararse antes de que el cambio realmente ocurra. La resolución de problemas no es sólo un ejercicio de creatividad, también es una prueba de previsión. La previsión cumple la misma función que una medicina preventiva. Cuando usted opta por una dieta o un programa de salud ahora, está tratando de lograr un beneficio más adelante.

La previsión es algo valioso para usted en muchos órdenes. A medida que usted desarrolle su plan de *marketing* laboral, la previsión le ayudará a avanzar en una dirección favorable. Necesita de la previsión para evaluar sus propios intereses, talento y habilidades, y compararlos con las oportunidades que ofrece el mercado laboral.

¿Se ha visto en alguna situación en la cual se haya dicho a sí mismo: "Debería haberlo previsto?". A menudo vemos lo que puede llegar a ocurrir, pero no le prestamos atención, o permitimos que el temor y la obstinación se conviertan en un obstáculo.

Por ejemplo, durante más de un año habían circulado rumores de que una fábrica se iba a cerrar. Antonio y Georgina eran ambos jefes, Georgina en el primer turno y Antonio en el segundo. Georgina prefirió ignorar los rumores. Había trabajado en la planta durante doce años y pensaba que "eso no podía ocurrir allí".

El punto de vista de Antonio era diferente. Tan pronto como se iniciaron los rumores, Antonio comenzó a hacer planes. Siguió cursos en la universidad local para perfeccionarse en su especialidad, mejorar su capacidad de comunicación y completar su graduación. No esperó hasta que la planta cerrara. Hizo un plan por su cuenta y empezó a buscar empleo de inmediato.

Cuando las puertas de la fábrica finalmente se cerraron, Georgina se quedó sin trabajo –y Antonio se presentó el lunes siguiente en un empleo mejor en un distrito vecino.

AUNQUE NO PUEDA VER LA META FINAL, ESE NO ES UN MOTIVO PARA DETENERSE

¿Es posible desarrollar la capacidad de previsión? ¿No es algo que sólo algunas personas poseen y la mayoría carece? De ningún modo. La previsión, como las otras habilidades o capacidades más *vendibles*, es una cuestión de actitud. Requiere una mente abierta a todas las posibilidades, una mente capaz de imaginar lo que se desconoce. Las personas con previsión siempre pueden imaginarse a sí mismas en una situación de éxito.

Usted puede desarrollar la previsión al sentirse motivado por el progreso, aun cuando no esté bastante seguro hacia dónde se dirige. Charles Garfield, en su libro *Peak Performers: The New Heroes of American Business* (*Profesionales Encumbrados: Los Nuevos Héroes de los Negocios de América*), describe a los individuos de éxito como personas siempre dispuestas a mirar hacia adelante. "Los individuos de alto rendimiento pretenden algo más que ganar el próximo partido. Todo el tiempo apuntan al campeonato". Por eso mantenga su mente abierta y vaya en busca de la fortuna.

¿Qué acciones positivas puedo emprender para mejorar mi capacidad de predicción? _____
_____
_____

11

Octavo Factor de Exito

La independencia

11º Principio de las Ventas y Mercadotecnia
*Cuanto más nos atengamos a nuestras
habilidades de marketing y ventas, más seguros
estaremos de nosotros mismos.*

BAJO SU PROPIA RESPONSABILIDAD

A medida que las empresas se van reestructurando, la capacidad para trabajar por cuenta propia se vuelve una necesidad –particularmente si usted opta, como cada día lo hace más gente, por trabajar en su hogar u oficina como un consultor o un trabajador sin relación de dependencia. Aun así, incluso en un ámbito laboral más convencional, probablemente se encontrará con una situación menos estructurada. El ámbito laboral se está volviendo más orientado al proyecto que a la tarea; hoy usted hace un *contrato* con su empleador para un proyecto en particular, y decide cómo le gustaría relacionarse con el mismo.

Las pautas de la jornada laboral solían consistir (y en algunos casos todavía es así) en presentarse en su puesto, que le dijeran lo que tenía que hacer y cómo hacerlo, llevarlo a cabo y volver al hogar. La mitad de los empleos en el futuro no impondrán este tipo de estructuras rígidas. Se le dará una tarea específica a realizar, pero usted tendrá mucho más libertad sobre cómo empezar a hacerla. Usted decidirá (por usted mismo o con un grupo de colegas) la mejor manera de llevar a cabo una tarea, a fin de completarla dentro de un cierto plazo de tiempo. Le corresponderá a usted cómo distribuir su jornada de trabajo.

EL FANTASMA DEL PASADO

El antiguo ámbito laboral podría haber sido como este: El lunes por la mañana Kevin Stanley se adelanta en el garaje. Estaciona en el primer espacio disponible. Llega hasta el edificio, sabiendo que su jefe controla el reloj y echa una mirada a su escritorio vacío. Kevin está colgando su abrigo precisamente cuando entra el señor Price.

"Necesito tener listo hoy este informe sobre el programa de distribución", le dice a Kevin, "de modo que pueda enviarlo al despacho para su aprobación. Ellos me lo mandarán de vuelta mañana para las correcciones y luego lo enviaremos al sector Producción de donde emanó. Cuando termine eso, vaya a ver a James para su siguiente encargo; él está sobrecargado de tarea".

"Sin falta, señor Price," mascula Kevin, pensando que James no sabe lo sobrecargado que está. Trabaja en el informe toda la mañana, sale a almorzar exactamente a las doce y media, regresa a su despacho, y termina su parte del informe a las 15:30. Obtiene su siguiente encargo de James, y trabaja hasta las cinco, ordena su escritorio y rápidamente parte con su automóvil para evitar el embotellamiento en la autopista.

EL ESPIRITU DEL FUTURO

El nuevo escenario se parece más a este: El lunes por la mañana Kevin estaciona su automóvil en el garaje pensando en el informe que hoy empezará a redactar. Se reunirá con otras dos personas esta mañana, una del área de Distribución y otra de Producción, y juntos trabajarán en los nuevos programas de distribución.

Kevin convocó a la reunión de esta mañana cuando le dieron el encargo de coordinar el proyecto, que debe ser completado y entregado al jefe el día viernes. Los tres hombres se reúnen hasta la una, encargan el almuerzo, y dejan de trabajar alrededor de las tres. Kevin baja hasta el gimnasio de la compañía en el sótano del edificio y hace ejercicio durante un rato, luego sale con su autómovil, recoge a su hijo de la escuela y llega a su casa en media hora, después de evitar el embotellamiento del tránsito.

Al conducir rumbo a su casa, piensa cómo llevar a cabo algunas de las sugerencias que le hicieron los otros dos hombres acerca de modificar las rutas de algunos de los camiones. Después de la cena, Kevin trabaja en el informe cerca de una hora en su ordenador personal, y espera con interés compartir sus propuestas con los otros hombres al día siguiente.

Esta *situación nueva* ha comenzado a ser frecuente en el ámbito empresarial. Si usted quiere llegar a ser más independiente, no tenga reparos en formular preguntas. Es importante conocer todos los hechos relevantes a fin de comprender el significado de la tarea que está realizando, y cómo la misma se relaciona con el proyecto en su conjunto.

Usted puede tener que definir toda su tarea, cuando resulte más difícil la descripción tradicional. Las funciones se estructuran en torno a resultados claves. La descripción de su función debe incluir ciertas metas a alcanzar a través de ese puesto, pero el modo como escoja alcanzar dichas metas será una decisión suya. Eso no quiere decir que no contará con ayuda. Ser independiente no significa hacerlo todo por sí mismo; quiere decir ser capaz de seleccionar los individuos que puedan ayudarle, y estar dispuesto a utilizar y compatibilizar sus talentos en conjunción con el suyo.

Por ejemplo, los técnicos en informática (una carrera en rápido crecimiento), se supone que hacen casi todo su trabajo por sí mismos. Pueden trabajar para una gran compañía de servicios responsable del mantenimiento y reparación de las máquinas de varios clientes. Cuando un cliente llama, se envían los técnicos que deben determinar por sí mismos el problema con el sistema o el *hardware*. Tienen que establecer cuál es el fallo, corregirla, o saber cuándo pedir ayuda. En este sector de la industria los empleadores están ansiosos de personal que pueda demostrar su capacidad para trabajar de forma independiente.

¿Qué acciones positivas puedo emprender a fin de mejorar mi capacidad para trabajar de forma independiente?`_____
_____
_____

12

Noveno Factor de Exito

El trabajo en equipo

12º Principio de las Ventas y Mercadotecnia
*La confianza y la dependencia recíproca son
esenciales para desarrollar la relación.*

TENGA UNA PARTICIPACION JUSTA

Según Casey Stengel, el trabajo en equipo consiste en evitar el encuentro de cinco individuos que detestan sus agallas con cuatro que son indecisos. Personalmente considero el trabajo en equipo como un esfuerzo cooperativo y coordinado por parte de un grupo –y los individuos que lo integran– en pos de un objetivo común.

Como quiera que se defina, el trabajo en equipo es un requisito necesario para muchas de las carreras de actualidad.

Ernesto, un ingeniero aeronáutico, trabajó en diferentes divisiones de una gran compañía internacional. Era un brillante técnico, y el hecho de que hablara varios idiomas le hacía doblemente valioso para la empresa. Las pautas laborales en esta organización (como en muchas otras industrias de alta tecnología) estaban orientadas a los proyectos. A cada empleado se le asignaba un determinado proyecto, y una vez que éste se completaba (o a veces incluso antes), se le encargaba otro.

El problema era que Ernesto, si bien sobresalía en su especialidad, no era apto para el trabajo en equipo. Prefería trabajar solo y no sabía como brindar o recibir ayuda de los otros. Sus méritos para la compañía disminuyeron considerablemente al negarse a cambiar de actitud hacia el trabajo con los demás.

No sólo las grandes compañías o las industrias de alta tecnología exigen esta orientación hacia el trabajo en equipo. Esta modalidad también es un pilar para la pequeña empresa. Ana, una joven que conocí en mis seminarios, consiguió recientemente un empleo como secretaria en una pequeña organización con una dotación de siete empleados. Las siete personas compartían una amplia oficina. ¡Qué incómoda podría haber sido la jornada de trabajo si esas siete personas no se hubieran integrado en un equipo!

UNIR FUERZAS PARA EL EXITO

Dondequiera que usted vaya en el mundo empresarial, existen ciertas palabras y frases que puede escuchar una y otra vez: círculo de calidad, grupo de tarea, grupo de participación, comisión conjunta gremial-gerencial, grupo de proyecto, equipos de autogestión.

¿Qué significa esta jerga? Es un indicador de la corriente de cambio en las estructuras empresariales. Tradicionalmente, las compañías norteamericanas alcanzaron su poderío económico sobre la base de un estilo de dirección jerárquico. Un individuo se sentaba en el *trono* gerencial e impartía sus directivas a todos los niveles subalternos.

Sin embargo, la eficiencia no es suficiente para competir con los adelantos tecnológicos a nivel mundial. A fin de no quedar rezagadas y sacar ventaja de la competencia, muchas compañías van en busca de ideas innovadoras y nuevos métodos para resolver sus problemas. Y la mayor parte de esas empresas han comprobado que los pequeños grupos o equipos de trabajo son la solución. La pirámide jerárquica ha dado paso a una estructura orientada al trabajo en equipo para motivar y alentar al personal, permitirle una mayor participación en la toma de decisiones y recuperar el sentido de *familia* y compromiso que una vez hicieron pujantes a las empresas norteamericanas.

A todo el personal, en todos los niveles, se le pide esta clase de compromiso. Los tiempos en que los directivos rivales se trababan en duras batallas por el poder han quedado atrás. En un artículo publicado en el *Training and Development Journal* de febrero de 1990, Gregory E. Huszczo declara que "las personas que hoy ocupan posiciones de liderazgo unen fuerzas con sus colegas en lugar de competir en los típicos 'campos de batalla' dentro de las organizaciones". Para alcanzar el éxito en el mundo empresarial del futuro, usted tendrá que integrarse en un equipo.

EL TODO ES MAS QUE LA SUMA DE LAS PARTES

¿Qué es lo que hace que un equipo tenga éxito? Un equipo es algo más que un grupo de individuos que trabajan juntos. Por ejemplo, consideremos un equipo de fútbol. Sólo porque usted cuente con los once mejores jugadores del país, eso no significa que tenga el mejor equipo. El éxito del equipo también depende de cómo colaboren entre sí los once jugadores. Un buen equipo de fútbol es mucho más que un conjunto de talentos individuales. El todo es más que la suma de las partes.

¿Qué se necesita para ser un miembro de un equipo de éxito? He aquí ocho sugerencias:

1. Reconozca que su contribución personal y la del equipo son de igual valor.
2. Esté dispuesto a ayudar a los otros cuando se lo requieran; y a pedir ayuda cuando usted la necesite.
3. Asegúrese de comprender los objetivos del equipo y su función dentro del mismo.
4. Exprese abiertamente sus ideas, sugerencias, desacuerdos y dudas a los otros miembros del equipo.
5. Esté dispuesto a aceptar los comentarios y las propuestas de otros miembros del equipo; trate de comprender sus puntos de vista.
6. Tenga en cuenta que todo equipo atraviesa conflictos; trate de resolver los conflictos de manera rápida y constructiva.
7. Participe en las decisiones del equipo, pero tenga presente que el líder del mismo tiene la autoridad final.
8. Enorgullézcase del éxito de su equipo tanto como de sus propios logros.

El miembro de un equipo debe contribuir con su mayor esfuerzo al mismo, al mismo tiempo que permite que los otros contribuyan. Los equipos no pueden tener éxito con participantes *estrellas* que piensan sólo para sí mismos. Convertirse en miembro de un equipo significa desarrollar sus habilidades interpersonales.

- ¿Conoce la diferencia entre tener autoridad y ser autoritario?
- ¿Puede criticar a los otros de una manera constructiva?
- ¿Puede aceptar las críticas sin sentirse destruido por las mismas?
- ¿Sabe cómo ser firme sin resultar agresivo?

Estas son preguntas que usted necesita responderse a sí mismo mientras analiza sus aptitudes como miembro de un equipo.

¿SE ELEGIRIA USTED?

Los mejores equipos en cualquier deporte son aquellos que respetan y utilizan el talento de todos sus jugadores. Cada miembro del equipo tiene su propia función que cumplir –pero también sabe que la victoria depende del trabajo conjunto–. Un jugador estrella no puede ganar si nadie más juega.

El primer paso para desarrollar su capacidad de trabajo en equipo es prestar atención a su entorno y observar a las otras personas. ¿Quién tiene un verdadero espíritu de equipo? ¿Si usted tuviera que formar un equipo a quién elegiría? ¿Se elegiría a sí mismo para estar en un equipo? ¿O usted es como Groucho Marx, que decía: "No quiero pertenecer a ningún club que pretenda tenerme como miembro?".

EVALUE SUS APTITUDES PARA EL TRABAJO EN EQUIPO

Recuerde su libreta de calificaciones escolar: "¿Coopera con los demás?" Eso era importante en el jardín de infancia, y es imprescindible también ahora. Como un director de equipo deportivo, un empleador busca los jugadores que tengan las mejores aptitudes –los que puedan cooperar y ayudarse mutuamente.

A continuación se transcribe un breve cuestionario que puede darle una idea de sus aptitudes para el trabajo en equipo. No hay respuestas correctas o erróneas.

1. ¿Qué pienso acerca de los equipos en general?
   A. Me agrada sentirme parte de un grupo
   B. Habitualmente me siento ambivalente acerca de las actividades grupales –a veces me agradan, a veces no
   C. Por lo general, me siento como un extraño, no como parte del grupo
2. ¿Me siento cómodo en un ambiente organizado en equipos?
   A. Casi todo el tiempo
   B. A menudo siento la necesidad de ser cauteloso acerca de lo que digo
   C. Jamás podría verme al frente de un grupo
3. ¿Contribuyo a los esfuerzos del grupo?
   A. Contribuyo con mi parte de sugerencias
   B. Expreso mis opiniones cuando me las piden
   C. Opino solamente cuando es absolutamente necesario
4. ¿Cómo me siento con respecto a los líderes del equipo?
   A. Respeto su autoridad pero les hago saber cuando no estoy de acuerdo con sus decisiones
   B. Los líderes me intimidan, y a menudo pretendo saber cosas sobre las que tendría que formular preguntas
   C. Me resisto a su autoridad y trato de resolver los problemas a mi manera
5. ¿Qué pienso acerca de los miembros del equipo?
   A. Habitualmente me preocupo por el bienestar de los otros
   B. A veces me intereso por el bienestar de los otros
   C. Rara vez hago un esfuerzo por los demás
6. ¿Qué pienso acerca de las opiniones de los demás?
   A. Respeto sus puntos de vista, aun cuando difieran del mío
   B. Habitualmente escucho lo que los otros pretenden decir
   C. Soy intolerante con respecto a los puntos de vista de los otros

7. ¿Cómo reacciono ante las críticas?
  A. Las recibo bien
  B. Me ponen nervioso, pero estoy dispuesto a escucharlas
  C. Las evito en lo posible
8. ¿Cómo reacciono ante los conflictos dentro del grupo?
  A. Pienso que son saludables y trato de utilizarlos constructivamente
  B. Me hacen sentir incómodo, pero soy capaz de afrontarlos
  C. Hago todo lo posible por evitarlos
9. ¿Cómo me adapto a la *dinámica grupal*?
  A. Soy un participante activo, pero permito que los otros trabajen de la manera que prefieran
  B. Me gusta que las cosas se hagan de determinadas maneras, pero escucho las ideas y opiniones de los demás
  C. Suelo inducir a los otros a hacer las cosas a mi manera
10. ¿Cómo influye en mí el equipo?
  A. Soy consciente de mis méritos personales
  B. Dudo de mis méritos personales cuando los otros disienten de mí
  C. Las opiniones de los otros influyen considerablemente en mí.

Anótese 5 puntos por cada respuesta A, 2 puntos por cada respuesta B y 1 punto por cada respuesta C.

Si ha conseguido entre 35 y 50 puntos su cociente de aptitud es excelente. Tiene una buena respuesta hacia los conceptos de equipo, líderes y otros miembros del grupo. Si consiguió de 20 a 34 puntos, necesita mejorar su punto de vista hacia los grupos y la dinámica grupal y asumir un papel más activo en los esfuerzos del equipo. Si su puntuación está por debajo de los 20 puntos, usted probablemente rehuya demasiado la compañía de los demás. Necesita modificar un poco su estilo para integrarse en un ámbito orientado al trabajo en equipo.

¿Puede recordar algún ejemplo en su pasado donde usted trabajara como miembro de un equipo? Considere sus experiencias en empleos anteriores, en equipos deportivos, en organizaciones religiosas o en federaciones estudiantiles, en coros, clubes y agrupaciones de *scouts*. Incluso su familia constituye un equipo. He aquí algunas preguntas para que usted se formule acerca de sus antecedentes como miembro de un equipo:

¿Cuál fue su papel en el equipo? _____

_____

¿Qué cosas disfrutó por el hecho de formar parte de un equipo? _____

_____

¿Cómo se manejaba con el personal que no respondía de acuerdo con sus expectativas? _____

_____

¿Era capaz de ayudar a otras personas dentro de su equipo? _____

_____

¿Estaba dispuesto a aceptar la ayuda de los otros? _____

_____

_____

Tenga presente este importante factor de éxito cuando se presente a una entrevista. Por cada dos o tres logros individuales que mencione, cite uno en el cual haya formado parte de un equipo. No hable siempre en primera persona. Asegúrese de utilizar términos como, *nosotros, el equipo, la compañía*. Los empleadores quieren estar seguros de que usted puede valerse por sí mismo, pero también pretenden que encaje con el resto de la compañía.

¿Qué acciones positivas puedo emprender a fin de mejorar mis aptitudes para el trabajo en equipo? _____

_____

_____

13

Décimo Factor de Exito

El valor agregado

13º Principio de las Ventas y Mercadotecnia
El éxito del valor agregado estriba en saber qué es lo que la gente desea y darle más de lo que espera.

EL SERVICIO REPRESENTATIVO
DEL NUEVO CONSUMIDOR

Si bien podría parecer lo contrario en esta era de la electrónica, los sistemas de contestadores telefónicos, el correo informático y los aparatos de fax, todavía son manejados por seres humanos. Y muchas compañías han comprobado —como consecuencia de la profusión de aparatos— que mantener el contacto humano es lo más importante. Usted *es* la compañía. Los empleadores buscan personal que pueda reflejar y representar la imagen de sus compañías.

Cada vez más personal en las empresas actuales tiene contacto directo con el público. Cada empleado se convierte en un representante de la compañía. No sólo hemos ingresado en la era de la informática, también hemos entrado en la era de los representantes de servicios.

ESE PEQUEÑO ELEMENTO ADICIONAL

Este nuevo énfasis en el servicio al consumidor está llevando a los empleadores a seleccionar personal que pueda exceder lo absolutamente necesario en el cumplimiento de su función. Los empleadores quieren personal que rinda más de lo esperado –a la compañía, al consumidor y a sí mismos.

Hace poco tuve el placer de ser patrocinadora de un programa estudiantil de prácticas internas. Durante seis semanas una estudiante finlandesa, Victoria, se desempeñó como asistente de oficina con jornada parcial. Ella es la clase de persona que cualquier empleador seleccionaría. Llegaba todas las mañanas con una actitud emprendedora, y tan pronto como completaba una tarea preguntaba: "¿Qué más tengo que hacer?". Obtuvo mi más firme recomendación para cualquier puesto al que aspirara.

Todos hemos visto ejemplos que se destacan por un servicio excepcional. Mi barrio es bien conocido por la abundancia de restaurantes orientales (y no vivo en el Barrio Chino). Los he probado todos, y tienen menús similares con una cocina de alta calidad. ¿De modo que por qué un restaurante es mi favorito entre todos los demás? Por el servicio. Los camareros y las camareras son amables, corteses y se apresuran a recibirme en la puerta del local. No acudí al lugar cuando se inauguró porque parecía ser exactamente como los demás. Pero un mediodía cuando me detuve fuera del restaurante para leer el menú pegado al cristal, la camarera salió y me invitó a probar el almuerzo especial y tomar una copa de vino sin cargo.

Esta clase de servicio me hizo sentir que obtenía un valor adicional por mi dinero.

LA VENTA CON VALOR AGREGADO

Hoy en día las compañías buscan personal que:

1. Sepa qué es lo que la gente quiere
2. Les ofrezcan más de lo que esperan

Usted puede pensar que la venta incluye promover lo que es extraño y original en torno de su producto y *vender* esas cualidades al público comprador. En realidad, el éxito de la venta consiste en descubrir las necesidades del comprador e imaginar cómo su producto puede superarlas.

Como ya se definió en el Capítulo 1, la mercadotecnia abarca toda la actividad que transfiere un producto o servicio del vendedor al comprador. No obstante, en vista de que existe tanta competencia, se hace cada vez más difícil lograr que un producto o servicio se destaque del conjunto. Ese es el motivo por el cual comprender la importancia de la venta con valor agregado debería ser una prioridad, ya usted forme parte de una gran organización, tenga su propia empresa o esté en busca de un empleo.

Hoy todas las compañías, grandes o pequeñas, están a la caza de empleados que puedan ofrecer algo adicional, individuos que tengan una *actitud vendedora*, y que no se contenten con responder simplemente a las necesidades básicas de los consumidores.

Los vendedores de éxito son persuasivos, insistentes, entusiastas –son propiciadores y dinámicos. Poseen las nueve habilidades *vendibles* que hemos analizado hasta ahora, y saben cómo usarlas en beneficio de la compañía, así como en el suyo propio. Pero lo más importante, van más allá del cumplimiento de sus deberes en el servicio al consumidor.

Esta es la actitud de la sociedad de servicios en la década del noventa: su función es representar a su compañía, resolver los problemas de sus clientes y satisfacer sus necesidades. Esta es la descripción básica de su función, ya sea recepcionista o director ejecutivo. Y es esta actitud, junto con la *personalidad vendedora*, lo que los empleadores quieren encontrar.

Comprender los conceptos de venta y mercadotecnia es absolutamente necesario para todo empleado en la actualidad –no solo conseguir un nuevo empleo, sino además lograr éxito en el que usted tiene.

EL FACTOR VISIBILIDAD

Alcanzar el éxito en el empleo que usted tiene requiere algo más que hacer bien su trabajo. Se necesita la mercadotecnia –así como cualquier producto o servicio tiene que estar a la venta para que sea apreciado por la competencia.

Todos pretenden ganar la delantera, pero pocos están dispuestos a pagar el precio, lo cual incluye hacerse ver. La gente que prospera se formula constantemente esta pregunta: ¿Qué puedo hacer para destacarme?

Usted puede utilizar esta pregunta como un punto de partida donde quiera que se encuentre en la actualidad –ya esté en un puesto directivo, en el despacho, en la universidad, comprometido en una tarea voluntaria o en busca de su primer empleo. Tenga presente el concepto de valor agregado. No sólo rendirá más, sino que se agregará valor a sí mismo.

Saque ventaja de todas las oportunidades que se le presenten para hacerse notar. Eso significa destacarse del resto de la gente. Si le piden dirigir una comisión, unirse a un equipo u ofrecer una conferencia, hágalo. Si su organización necesitara un portavoz, ofrézcase voluntariamente. Si hubiera recibido un premio, obtenido un grado académico o un honor extraño, comuníquelo a la prensa local. Ponga al tanto a la gente. Para tener éxito usted tiene que ser visto.

Eso no quiere decir que usted tenga que hacer un despliegue publicitario o hacer que su nombre aparezca en los diarios sensacionalistas. Significa que la autopromoción debería ser parte de su plan general para el éxito.

Usted pretende dar a sus potenciales empleadores la idea de que comprende la importancia de la venta con valor agregado. Según Michael Le Boeuf, autor de *How to Win Customers and Keep Them for Life* (*Cómo ganar clientes y mantenerlos toda la vida*), la opinión que le merece la empresa o servicio al consumidor es lo que le induce a comprar. Si el consumidor presta una especial atención al mismo volverá a ocuparse de ello, e incluso pagará un precio más alto por el servicio o producto. Cuando un empleador potencial advierte que usted siente orgullo por su tarea y es capaz de ofrecer algo adicional, estará mucho más dispuesto a considerarle para el puesto y pagarle un sueldo mayor para retenerle.

Todo esto forma parte de su esfuerzo de *marketing*: cómo se presenta, la manera de hablar por teléfono, sus tarjetas comerciales, las cartas que escribe. Como expresé en mi libro *Smart Questions: A New Strategy for Successful Managers* (*Preguntas Hábiles: Una Nueva Estrategia para Directivos de Exito*): "Su imagen es una expresión de lo mejor de usted mismo. No es algo que se pone encima como un traje o un vestido. Su imagen debería respaldar todas sus mejores cualidades. Una imagen impactante casi siempre refleja confianza en sí mismo, y responsabilidad, además de una inconfundible aura de éxito".

Estas son algunas preguntas que usted debe formularse a fin de mejorar su imagen:

¿Cómo me percibe la gente en el presente? _____
_____
_____

¿Qué pienso acerca de esas opiniones? _____
_____
_____

¿Cómo me gustaría ser percibido? _____
_____
_____

Cuando hablo por teléfono o en una conferencia, o cuando escribo una carta o un informe, ¿Qué me gustaría que los otros pensaran de mí? _____
_____
_____

Si fuera un empleador potencial, ¿cómo me describiría? _
_____
_____

¿Qué tengo para ofrecer que sea único y especial? _____
_____
_____

¿Qué puedo hacer para mejorar mis mejores cualidades?
_____
_____

Nuestra cultura nos enseña a no pronunciar nuestras propias alabanzas. Usted no necesita ser arrogante para tener éxito, pero siempre se requiere un cierto grado de autopromoción. No se avergüence de sentir orgullo por sus logros, de decir "Esa fue idea mía", de presentarse con energía y entusiasmo. Recuerde la antigua copla que dice: "El bacalao pone 10.000 huevos, la gallina sólo uno/ el bacalao jamás cacarea para decirnos lo que puso/ Y por eso menospreciamos a este pez/ Mientras la insignificante gallina que tanto apreciamos/ ¡Hace ostentación de lo que ha puesto!".

SOY, POR LO TANTO VENDO

Estos diez factores de éxito son las aptitudes más importantes que usted necesita para llevar adelante el proceso de búsqueda laboral. En el resto de este libro usted continuará con el proceso de autodescubrimiento, incluso el manejo de las herramientas que necesita para salir adelante en su próximo empleo y a lo largo del resto de su vida laboral.

Usted pasará por muchos cambios en su trayectoria laboral. Puede decidir cambiar de empleo cada dos o tres años, pasar de una especialidad a otra. Puede decidir retirarse o trasladarse al Tibet. Pero cualquiera que sea su decisión, tendrá que contar con aptitudes para la venta y el *marketing* a fin de lograr que las posibilidades se conviertan en realidad.

¿Qué acciones positivas puedo emprender hoy a fin de mejorar mis habilidades para sumar valor a la venta? _____

_____

_____

¿Cuántos de estos diez factores de éxito usted ya posee? Probablemente más de los que piensa. Responda al siguiente cuestionario, y averígüelo.

14

Cuestionario

Calcule sus factores de éxito

14º Principio de las Ventas y Mercadotecnia
Cuanto más sepa sobre su producto, más fácil será venderlo.

¿Qué es lo que sabe acerca de sus posibilidades de éxito en el mercado laboral vigente? ¿Posee los factores de éxito? ¿Sabe cuáles son sus puntos fuertes? ¿Y sus puntos débiles?

Si bien es fácil ser objetivo acerca de los demás, es más difícil evaluarnos a nosotros mismos con objetividad. Este cuestionario le puede ayudar a hacer una honesta evaluación de sí mismo –no para cuestionarle sus deficiencias, sino para ayudarle a planear su futuro.

Antes de seguir adelante con su plan de *marketing*, considere dónde se encuentra usted ahora. Para obtener la mayor ventaja de las preguntas formuladas en el cuestionario, trate de no meditar sobre ellas; responda espontáneamente ante el primer impulso. Una vez más no responda lo que cree que es correcto –escoja la respuesta que mejor le describe como es usted ahora.

A fin de ayudarle a identificar las áreas donde necesita superarse, cada respuesta se inscribe dentro del factor de éxito específico al cual corresponde la pregunta. Cuando haya contestado todas las preguntas, sume los puntos y lea los resultados de sus calificaciones.

1. ¿Cómo toma las decisiones importantes?
   A. Tomo rápidamente las decisiones sobre la base de información disponible
   B. Las eludo postergándolas
   C. Me tomo tiempo para considerar las opciones y recibir otras opiniones

2. Tiene dificultades para crear un nuevo diseño con los gráficos de su ordenador. Y usted:
   A. Vuelve a estudiar el manual del programa
   B. Pide asistencia técnica
   C. Se da por vencido y vuelve al viejo diseño

3. Si usted tuviera que trabajar en su casa, tendría las mayores dificultades con:
   A. Evitar las distracciones
   B. Trabajar demasiadas horas
   C. La falta de apoyo –es decir, alguien que se ocupe de las copias, etc.

4. ¿Cómo planea su jornada?
   A. Simplemente se deja llevar por la corriente
   B. Lleva una lista de "cosas que hacer" y tacha los puntos a medida que los lleva a cabo
   C. Se concentra en las prioridades, y deja tiempo para los puntos más importantes

5. ¿Cómo describen su familia/clientes/compañeros de estudios sus aptitudes para la comunicación oral?
   A. Reservado pero bien informado
   B. Organizado, con gran cantidad de información
   C. Persuasivo y ameno

6. ¿Cómo describen su familia/clientes/compañeros de estudios sus habilidades para la escritura?
   A. Un redactor "creativo"
   B. Razonable pero redundante
   C. Va justo al grano

7. ¿Cómo describiría sus aptitudes para escuchar?
   A. Atento

B. Jamás escucha; siempre interrumpe

C. Presta atención, pero solamente a los hechos

8. ¿Cómo describiría sus aptitudes para el análisis?

A. ¿Qué aptitudes analíticas?

B. Reflexivo y multifacético .

C. Ve sólo un aspecto, y pasa a las conclusiones

9. Le han ofrecido un empleo por un salario más bajo del que pretende. Y usted:

A. Lo acepta y se imagina que trabajará bastante para conseguir rápidamente un aumento

B. Responde: "Es una oferta un poco baja", luego espera y ve qué sucede

C. Explica por qué necesita más dinero

10. Si tuviera tres lugares para sentarse en una entrevista laboral, ¿cuál elegiría?

A. Al otro lado del escritorio, frente al entrevistador

B. Al lado del escritorio

C. En un sillón cercano al entrevistador

11. Se ha mudado a una nueva ciudad y necesita un empleo. Usted opta por:

A. Hacer una llamada a los colegas que conoció en las conferencias a lo largo de los años

B. Buscar en los periódicos

C. Recurrir a una agencia

12. Usted es jefe y acaba de instituir un nuevo programa de trabajo para su plantilla de trabajadores, el cual ha incrementado su producción en un 25%, ¿cómo reacciona?

A. Redacta un informe y lo envía a su jefe de departamento

B. Lo acepta como parte de su tarea y no hace mención del hecho

C. Escribe un informe mostrando cómo eso se puede aplicar a otros departamentos, y concuerda una reunión con su jefe y otros responsables de áreas.

13. ¿Cuál es la primera pregunta que formula en una entrevista laboral?

A. "¿Cuáles son los beneficios?"

B. "¿Cuáles pueden ser mis perspectivas profesionales en esta empresa?"

C. "¿En qué consiste realmente la función?"

14. Usted piensa que trabaja por:

A. La seguridad y el dinero
B. El reconocimiento y el ascenso dentro de la organización
C. El desarrollo de una trayectoria profesional a través del tiempo

15. Si su jefe objetara su último informe que le llevó tres largos meses concluir, usted:
   A. Se defendería a voz en cuello porque trabajó esforzadamente en el mismo
   B. Lo aceptaría, pero se sentiría disgustado
   C. Después de reflexionar al respecto, comprende que las críticas son válidas e introduce los cambios

16. Ha planeado sus vacaciones con unos amigos, y estos en el último momento deciden ir a otra parte, ¿cómo reacciona?
   A. Insiste con el viaje que había planeado
   B. Está de acuerdo con los nuevos planes
   C. Busca otros amigos para ir a donde usted desea

17. En una fiesta, usted:
   A. Alterna con todos
   B. Conversa con uno o dos conocidos que le son familiares
   C. Charla con el camarero toda la noche

18. Usted rara vez se viste elegantemente, pero ha sido invitado a un almuerzo empresarial en un restaurante de lujo y debe ajustarse a una estricta etiqueta, ¿cuál es su respuesta?
   A. Decide que no desea amoldarse y cancela el compromiso
   B. Comprende que es un pequeño precio que tiene que pagar
   C. Se viste de acuerdo con las reglas pero detesta el compromiso

19. El análisis de sus votos muestra que:
   A. Usted vota por el candidato de su elección sin importarle el partido
   B. Usted sigue su línea de partido
   C. Usted no vota

20. Su automóvil se ha averiado y tiene que recoger a un amigo en el aeropuerto. No puede llegar allí a tiempo, ¿cómo reacciona?
   A. Llama al aeropuerto y hace localizar a su amigo

B. Deja su automóvil con una grúa remolque y pide que le lleve un amigo

C. Se imagina que su amigo se las arreglará y se ocupa de su automóvil

21. Si alguien se le adelantara en la línea jerárquica, usted:

   A. Hablaría claro

   B. Asumiría el papel de ofendido

   C. Se quejaría a su socio

22. Ha sido designado miembro de un equipo existente o grupo de proyecto, ¿cómo reacciona?

   A. Siente vergüenza de pedir ayuda a los demás

   B. Hace su parte solo pensando que su mejor contribución es hacer bien su propio trabajo

   C. Averigua cuáles son las otras áreas de especialización y cómo puede intercambiar la información que necesita

23. Le han pedido que disponga de más espacio para el trabajo en un área atestada, ¿cómo reacciona?

   A. Trae un diseñador de interiores

   B. Traza algunos planos de planta

   C. Encuentra a alguien que ha hecho algo similar y copia su diseño

24. Si usted estuviera en la universidad, ¿qué tipo de trabajo buscaría para el verano?

   A. Todo lo que pudiera conseguir

   B. Algo fácil y relajante

   C. Algo relacionado con su potencial carrera

25. Si su mejor amigo, que viste con elegancia, criticara su manera de vestir, usted:

   A. Se pondría a la defensiva y aduciría los méritos de su propio estilo personal

   B. Escucharía, pero de todos modos haría lo que le gusta

   C. Reconocería cierta verdad en el comentario y decidiría cambiar su estilo de vestir

CALIFIQUE SUS FACTORES DE EXITO

1. Toma de decisiones   A = 4   B = 0   C = 5

La mejor manera de tomar una decisión es darse tiempo para considerar varias opciones y pedir consejo a los expertos (C). En el futuro va a ser más importante buscar la ayuda de expertos, porque las funciones empresariales se volverán cada vez más especializadas. La respuesta también refleja que usted está dispuesto a comprometer a otras personas en el proceso de toma de decisiones. Algunas veces nos vemos obligados a tomar decisiones rápidas (A). Pero sería una buena idea reflexionar acerca de las posibles consecuencias. Usted no puede realmente eludir las decisiones postergándolas (B) –volverán a plantearse más tarde.

2. Independencia   A = 5   B = 4   C = 1

Requerir apoyo técnico (B) no es una mala idea cuando usted se ve en problemas. Si bien en la pregunta anterior pedir consejo era la mejor opción, en este caso es más apropiado recurrir al manual (A). Si usted estuviera realmente confundido, podría pedir ayuda. Volver al viejo diseño (C) puede ser más fácil –pero ha debido tener algún motivo para necesitar el cambio de diseño en un principio. Si usted se diera por vencido cada vez que encontrara un obstáculo, no podría ir muy lejos.

3. Independencia   A = 0   B = 3   C = 1

Si usted trabajara demasiadas horas (B), sería probablemente porque disfruta con lo que hace. Pero tiene que ser capaz de ponerse límites a sí mismo. No querrá trabajar todo el tiempo. Si usted necesitara ayuda y considerara que es muy difícil trabajar sin ella (C), no debería llevarse una tarea a su casa –o debería imaginar las maneras de conseguir la ayuda que necesita. Siempre van a surgir distracciones en el hogar (A). Si este fuera un inconveniente para usted, trabajar en el hogar podría no ser lo más adecuado a su personalidad.

4. Independencia   A = 1   B = 3   C = 5

Trabajar con autonomía, concentrarse sobre las prioridades e interpretarlas son habilidades fundamentales (C).

Llevar una lista de "cosas que hacer" es una buena idea (B), siempre y cuando usted verifique la lista. Dejarse llevar por la corriente puede ser agradable para un día de vacaciones, pero si hay una tarea que cumplir, usted necesita iniciativa y capacidad de planificación a fin de completar el trabajo.

5. Capacidad de comunicación A = 0   B = 3 C = 5

Si usted ha sido descrito como un narrador ameno y persuasivo (C), eso es exactamente lo que necesita un buen vendedor. También es conveniente ser organizado y contar con una gran cantidad de información (B), pero recuerde que el exceso de información puede resultar tedioso y desviar la atención de la gente. Si fuera muy tímido y nervioso (A), la gente no desearía escucharle, sin importar cuanto usted sepa. Desarrolle su capacidad de comunicación.

6. Capacidad de comunicación A = 0   B = 2 C = 5

Usted necesita ser claro y conciso e ir derecho al grano (C). Mucha gente escribe demasiado extensamente y eso resulta difícil de seguir. Es importante ser razonable, pero no sería fácil admitirlo si usted fuera demasiado verbal (B). Si usted fuera un redactor "creativo" (A), estudie por su cuenta o siga un curso que pueda ayudarle a corregir sus errores.

7. Capacidad de comunicación A = 5   B = 1 C = 3

En la era de la información, la disposición para escuchar es algo decisivo para obtener los datos que usted necesita. Ser atento (A) no sólo le proporcionará los datos: también mostrará que usted se interesa por las opiniones de la gente. Atenerse solamente a los hechos (C) significa que usted no presta atención a las opiniones o propósitos. Usted puede aprender a guiarse por indicios así como por palabras. Si usted no escucha e interrumpe (B), va a tener problemas. Vuelva atrás y estudie la diferencia entre el interlocutor pasivo y activo.

8. Capacidad de evaluación A = 0   B = 5   C = 2

Ser reflexivo (B) es de gran importancia para desarrollar su capacidad de evaluación. Usted necesita considerar todos los aspectos de un asunto, ser objetivo, y confiar en su propio juicio a fin de tomar las mejores decisiones. Pasar rápidamente a las conclusiones (C) jamás es una buena idea, y por lo general significa que está tratando de tomar una decisión sin tener bastante información. Si usted piensa que no tiene suficientes aptitudes para el análisis (A), indague en su propia vida y observe cómo evalúa a la gente y las situaciones en la actividad cotidiana.

9. Aptitudes para la venta y mercadotecnia
A = 0   B = 5   C = 3

La habilidad para negociar también es un elemento decisivo en la venta y el *marketing* de usted mismo. Usted cuenta con más poder cuando le han ofrecido un empleo –su futuro empleador está satisfecho de haber concluido la búsqueda–. El proceso de selección es arduo y lleva tiempo. En toda negociación es importante esperar después de una respuesta o una declaración decisiva (B). Este tipo de negociación puede ofrecer una gran ventaja. Si su explicación de por qué necesita el dinero es convincente, usted podría conseguirlo (C); pero al hablar demasiado también puede perder la oportunidad. Aceptar las condiciones y confiar en que logrará un aumento más tarde (A) puede ser arriesgado. Ahora está en una posición ventajosa, este es el momento de pedir lo que piensa que merece.

10. Capacidad de comunicación   A = 0   B = 3
C = 5

La capacidad de comunicarse incluye el lenguaje gestual y otros mensajes no verbales –incluso cómo y dónde nos situamos para una conversación. En una entrevista usted pretende crear un clima cordial. Los empleadores emplean al personal que parece sentirse cómodo en el lugar. El sillón contiguo al entrevistador es la mejor opción y la más informal (C). Sentarse en el sitio opuesto al escritorio (A) crea una barrera entre usted y el entrevistador, y le coloca en una posición menos ventajosa. Sentarse a un lado de la mesa (B) no contribuye a crear un clima de sinceridad, pero es mejor que tener el escritorio entre los dos.

11. Capacidad de comunicación   A = 5   B = 2
C = 3

Llamar a un colega que ha conocido en una conferencia profesional (A) es un buen ejemplo de contacto eficaz, una de las más poderosas armas de mercadotecnia en el arsenal de la persona que está en búsqueda de empleo. Recurrir a una agencia seleccionadora de personal (C) es una buena iniciativa si usted es exactamente la persona que necesitan. Es mejor emprender la acción por su cuenta. No hay ningún inconveniente en el hecho de buscar en los periódicos (B), pero todos los demás también buscan por ese medio. Recurrir a sus contactos probablemente le rendirá más que buscar en los anuncios clasificados.

12. Previsión   A = 3   B = 1   C = 5

Obtendrá más puntos a su favor si prevé las posibilidades de su proyecto, no solo para usted sino para la compañía (C). Las personas que pueden transformar la previsión en una acción provechosa podrán alcanzar fácilmente el éxito en casi todos los campos. Está bien encaminado al mostrar su informe a su jefe (A). Si él también ve las posibilidades, usted podría lograr cierto reconocimiento –¿pero por qué no ser más ambicioso? Si lo aceptara simplemente como parte de su tarea (B), estaría perdiendo una buena oportunidad de hacer valer sus méritos ante la compañía.

13. Capacidad de evaluación   A = 1   B = 3
C = 5

Cuando usted está en busca de empleo, hace una elección que puede afectar a su futuro. Necesita la información precisa para tomar la mejor decisión. Preguntar cuáles son las perspectivas profesionales (B) puede proporcionarle cierta información acerca de su futuro en la compañía. Pero muchos puestos, particularmente en las pequeñas empresas, pueden no tener pautas claras. Los beneficios son importantes (A), pero si esa fuera su principal preocupación usted probablemente se estaría engañando a sí mismo. Lo que usted busca es un empleo desafiante e interesante –por eso es tan importante formular preguntas y saber realmente en qué consiste la tarea (C).

14. Compromiso   A = 1   B = 3   C = 5

Interesarse por el desarrollo de su carrera a través del tiempo es el mejor objetivo para la realización personal y profesional (C). Si su principal motivo fuera el de lograr ascensos dentro de la organización (B), usted estaría dejando de lado la satisfacción más profunda de contribuir significativamente con una tarea con la cual verdaderamente disfruta. Ante la tendencia creciente de las fusiones y adquisiciones empresariales, trabajar solamente por el dinero y la seguridad (A) puede resultar frustrante.

15. Adaptabilidad   A = 1   B = 0   C = 5

En su vida laboral, usted probablemente forme parte de muchos equipos y necesite ser adaptable y abierto a las sugerencias. Si usted es capaz de manejar las críticas sin asumir una posición defensiva (C) progresará más rápidamente. El sentimiento de disgusto es autodestructivo (B) ¿Por qué aceptar la crítica si usted está en desacuerdo. Defenderse (A) revela que usted cree en su capacidad, pero debería tener claro si la crítica tiene alguna validez antes de defender su trabajo.

16. Independencia   A = 5   B = 1   C = 4

Ir por su cuenta (A) expresa que usted no depende de los otros para disfrutar. Merece todo el reconocimiento por ser capaz de disfrutar a pesar de los cambios de planes. No hay nada malo en tratar de compartir sus vacaciones o actividades con los demás; buscar otros amigos para que vayan con usted es otra buena opción (C). Usted desea estar con sus amigos (B), ¿pero qué pasó con sus planes? ¿Pensó con independencia o cedió a las presiones de sus compañeros?

17. Capacidad de comunicación   A = 5   B = 3   C = 1

Una fiesta es una excelente oportunidad para poner en práctica su capacidad de comunicación. Si usted hiciera un esfuerzo consciente para conocer y alternar con los demás (A), podría establecer contactos que jamás hubiera imaginado. Cultivar una estrecha relación con sólo dos o tres conocidos (B) también puede ser beneficioso, al menos para iniciar su red de contactos. Si el camarero tuviera un parecido con Tom Cruise o Kim Basinger, usted obtendría algunos puntos adicionales; de no ser así, esta no es una buena opción (C). No tengo nada contra los camareros, simplemente que permanecer en un solo lugar durante toda la velada no es la mejor manera de establecer contactos y cultivar amistades.

18. Adaptabilidad   A = 1   B = 5   C = 3

Amoldarse a la cultura empresarial todavía es una cuestión importante, y si usted estuviera interesado en promoverse debería asumir algunos pequeños compromisos. Una cosa es aferrarse a sus principios y otra muy diferente ser obstinado y huraño. Si usted cancelara el compromiso (A), estaría actuando con perjuicio de sí mismo. Si se vistiera apropiadamente pero a disgusto (C), se sentiría incómodo durante todo el almuerzo y con menos capacidad para la negociación. El hecho de comprender que este es un pequeño precio que hay que pagar (B) muestra que usted es capaz de evaluar cada situación cuando se presenta y hacer los ajustes necesarios.

19. Independencia   A = 5   B = 2   C = 0

Obtuvo dos puntos por seguir su línea partidaria (B). Eso revela un cierto grado de compromiso y de lealtad, pero significa que usted es propenso a dejar que los otros le digan qué es lo que tiene que hacer. Votar por el candidato de su elección (A) demuestra que usted toma las decisiones reflexivamente por sí mismo, y que no escoge la salida más fácil. Si usted se abstuviera de votar no obtendría ningún punto (C).

20. Responsabilidad   A = 5   B = 3   C = 0

Los accidentes ocurren. Lo importante es que no deje a su amigo plantado y aguardándole en el aeropuerto. Al llamar al aeropuerto y hacer localizar a su amigo (A), usted puede explicar la dificultad y hacer los arreglos para encontrarse en otra parte. En vista de que ya es demasiado tarde para recoger a su amigo, hacerse llevar por un tercero hasta el aeropuerto (B) no es una solución práctica. Pero eso demuestra que usted está preocupado y no quiere dejar a su amigo preguntándose qué es lo que le puede haber sucedido. Su amigo probablemente se las arreglará si usted no aparece (C), pero esta es una actitud egoísta e irresponsable.

21. Capacidad de comunicación   A = 5   B = 4
C = 2

Saber comunicarse con claridad, incluso cuando usted está molesto es una conducta apreciable. Si alguien se le adelantara, debería hacerle saber –con firmeza, no de manera agresiva– que está al tanto de lo que ha hecho y que está disgustado (A). Las acciones a menudo son más expresivas que las palabras (B) y asumir el papel de ofendido puede hacerle sentir mejor que permanecer pasivo. Si usted se quejara a su socio (C) eso puede ayudarle a descargar su ira, pero no le va a devolver su anterior posición.

22. Trabajo en equipo   A = 1   B = 3   C = 5

Es difícil adaptarse debidamente a un grupo ya existente. Pero si usted siente vergüenza de pedir ayuda (A), va a resultarle incluso más difícil lograr que todo salga bien. A la gente le agrada ayudar a los demás, particularmente si usted apela a sus áreas de especialización. Usted siempre pretende hacer bien su tarea (B), pero cuando usted trabaja como parte de un equipo todos deben contribuir al esfuerzo del grupo para lograr que tenga éxito. La mejor manera de llegar a integrarse en el equipo es averiguar cómo puede ayudar a los otros, y dar a entender cómo ellos le pueden ayudar a usted (C).

23. Creatividad   A = 3   B = 5   C = 3

Toda resolución de un problema requiere un pensamiento creativo. Trazar algunos planes (B) revela que usted puede ver los problemas desde diferentes ángulos y encontrarles una solución. Las respuestas (A) y (C) no son malas opciones, pero exigen recurrir a otros en busca de una solución. Pedir ayuda a los otros es mejor que darse por vencido, pero sólo cuando usted ha hecho antes el esfuerzo por su cuenta.

24. Previsión   A = 2   B = 1   C = 5

Todo el año usted ha hecho un gran esfuerzo en la universidad, por eso durante el verano desea hacer algo fácil y relajante (B). Si lo único que pretende además de un empleo es dinero, esta puede ser la elección adecuada para usted. Pero está perdiendo la oportunidad de desarrollar sus aptitudes profesionales. Elegir un empleo que esté relacionado con su carrera (C) significa que usted siempre busca las maneras de crecer y desarrollarse, y que tiene la mirada puesta en el futuro. Aceptar todo lo que pudiera conseguir puede ser la única opción posible (A); los puestos para los estudiantes universitarios no son siempre fáciles de encontrar.

25. Adaptabilidad   A = 0   B = 3   C = 5

Su manera de reaccionar ante las críticas revela bastante acerca de su capacidad de adaptación. Cuando alguien le critica, eso significa que le está pidiendo un cambio. Si usted considerara esto como un desafío, adoptaría una posición defensiva (A) y estaría poco dispuesto a introducir cambios, incluso aquellos que pudieran beneficiarle. Escuchar las sugerencias sin ponerse a la defensiva es mejor (B), aun cuando usted decida hacer lo que más le place. Si usted admira el buen gusto de su amigo para vestir y escucha las sugerencias (C), eso significa que tiene una mente abierta y está dispuesto a cambiar cuando alguien más le hace un comentario válido.

SU PUNTUACION

96 a 120 puntos

¡Felicidades! Usted es un candidato ideal para el empleo. Posee las principales cualidades que los empleadores buscan, y disfrutará del hecho de adaptarse a un mundo cambiante. Ahora todo lo que necesita es desarrollar su plan de *marketing* y elegir la carrera que a usted le agrada.

71 a 95 puntos

Usted lo ha hecho muy bien, y con sólo algunas mejoras no tendrá problemas en alcanzar sus metas. Siempre hay posibilidades de mejorar –pero usted es del tipo de personas que están dispuestas a hacer ese esfuerzo.

46 a 70 puntos

Usted suele emprender las cosas a su manera y está menos dispuesto a explorar nuevos terrenos. Si aspira al éxito, tiene que aprender a ser más receptivo a fin de incorporar nuevas habilidades. No obstante, el hecho de que esté leyendo este libro, significa que está dispuesto a hacer el intento. Necesita un poco más de práctica, pero no tenga miedo de perseguir su meta.

45 puntos o menos

Para alcanzar el éxito en el futuro, va a tener que comprender y aplicar los factores de éxito expuestos en los capítulos precedentes. Tiene tendencia a la pasividad, y deja que los otros elijan por usted. Utilice este libro como una guía para orientarle en su camino al éxito. Usted puede tomar la decisión de poner este conocimiento a su alcance y darle aplicación.

Habrá podido apreciar a través de este cuestionario que estar preparado para el éxito puede no ser siempre fácil. En el mismo figuran pocas respuestas absolutamente correctas o erróneas. Tampoco hay una perfecta respuesta para todas las situaciones complejas que se presentan en la vida diaria. Este libro le ayudará a desarrollar la respuesta que usted necesita para progresar en este intrincado mundo nuestro.

TERCERA PARTE

Conozca su producto

UNA REGLA FUNDAMENTAL PARA LA VENTA

En mis seminarios sobre mercadotecnia a menudo pido a los participantes que improvisen una lista de sus logros más destacables. Una mujer, Angela, me pareció que pasaba un momento particularmente difícil mientras trataba de hacer su lista, de modo que le hice algunas preguntas.

"¿Cuál es su ocupación?", le pregunté.

"Soy dibujante técnica en una pequeña empresa de diseño", me contestó.

"¿Le gusta lo que hace?", pregunté.

"Casi todo el tiempo. Pero muchas veces siento como si ellos no me valoraran demasiado".

"Dígame", le espeté, "¿puede pensar en un momento en el cual se haya sentido apreciada? Algo fuera de lo común?".

Angela reflexionó un momento y luego refirió que en una ocasión el director de arte cayó enfermo mientras se preparaba una

127

exhibición importante, ella ocupó su lugar y llevó el proyecto a término –puntualmente. El cliente quedó encantado y recomendó su compañía a otros tres clientes.

Después de algunos minutos más de sondeos y preguntas, Angela calculó que su compañía había recibido más de 1.600.000 dólares en operaciones adicionales, todo porque ella fue capaz de completar con éxito dicho proyecto. ¡Y ella casi se había olvidado de eso!

¿No es sorprendente? ¿Cómo una persona se puede olvidar de 1.600.000 dólares?

La respuesta de Angela no es única. Cada vez que pido un informe de los logros del pasado, la mayor parte de los asistentes me entregan una lista muy breve. Esto no se debe a una falta de logros, sino a que la gente a menudo olvida o subestima sus propios éxitos.

Angela pasaría un difícil trance intentando *venderse* a un empleador potencial, dado que no conoce su producto suficientemente, ¡aun cuando el producto sea ella misma! La regla fundamental para la venta estriba en que *usted tiene que estar al tanto de todo lo que es necesario saber acerca de su producto*. Todos los compradores pretenden averiguar lo mismo: "Por qué debería comprar su producto? ¿Qué puede ofrecer su producto que otro no tenga?".

¿Qué es lo que tiene de especial lo que usted le ofrece al *público comprador*? Usted debe saber todo acerca de ese producto que los demás buscan y necesitan –aun cuando ellos no se conozcan a sí mismos.

15

Su Carrera y su Inventario de Valores

15º Principio de las Ventas y Mercadotecnia
El éxito resulta de confiar en sus fuerzas, no de corregir sus debilidades.

EVALUESE USTED MISMO

Le voy a pedir que haga una tarea.

"¿Qué?", dirá usted, "¿Una tarea para hacer en casa? ¡Detesto los deberes! Sé lo que he hecho en el pasado –tengo mi *currículum vitae*–. Creo que he pasado por alto el capítulo de la habilidad para las entrevistas. Es allí donde siempre fallo."

Lo sé. Yo también detesto las tareas en casa. Pero quizás el motivo por el cual usted "falla" en las entrevistas es porque no ha hecho suficientes ejercicios en su casa. Es como rendir un examen de historia sin haber estudiado. Puede tener un conocimiento general del tema, pero los detalles se le van a escapar. Puede saber *qué* sucedió, pero también necesita saber qué significaron para el mundo esos acontecimientos –por qué son importantes.

El mismo concepto se puede aplicar a usted. Puede saber qué es lo que hizo, pero un empleador potencial querrá saber qué consecuencias tuvo esa acción –sobre su compañía, sobre sus estudios, o su vida personal. Y así como el profesor de Historia podría decirle cuando no ha estudiado, el entrevistador sabrá cuando usted no está completamente preparado.

Tiene que evaluarse a usted mismo. Retroceda en el tiempo y considere su pasado con nuevos ojos. No importa si usted tiene cuarenta años de experiencia laboral o si no tiene ninguno. En este sentido, cuenta todo lo que usted ha hecho en su vida –todo lo que usted es. Haga una lista de los logros de su vida. No se preocupe, nadie espera que incluya en la misma el Premio Nobel de la Paz. Quizás usted haya ganado un premio por haber vendido la mayor cantidad de galletitas en su escuela. O quizás haya diseñado un nuevo folleto para la empresa de su padre o haya sido campeón de natación en su universidad....

Inventariar la mercancía es un paso esencial para emprender una nueva campaña de venta o mercadotecnia. Este capítulo le ayudará a catalogar sus logros personales. He llamado a este capítulo *Su Carrera y su Inventario de Valores (IV)*.

DE QUE MODO SU IV PUEDE INCREMENTAR SU PODER DE VENTA

Su IV le permitirá averiguar exactamente qué es lo que ha hecho en el pasado a fin de obtener un mejor precio por sus servicios en el futuro. *Su Inventario de Valores es una lista organizada de todos sus logros.* Recopilar este material lleva su tiempo, pero es un tiempo bien invertido. Esta es la clave para su plan de *marketing*. Y es algo que deberá tener en cuenta y ampliar durante el resto de su vida.

Esta es la finalidad de su Inventario de valores:

1. Es una guía de orientación indispensable para utilizar en todos sus contactos con los empleadores potenciales.
2. Le ayudará a lograr reconocimiento y promociones en su actual empleo.
3. Es una base de referencia para sus cartas de *venta* y sus llamadas telefónicas.
4. Le ayudará a consolidar su confianza en sí mismo, recordándole lo que usted ha logrado y de qué es capaz.

DESCUBRA QUE ES LO QUE LE HACE
ENTRAR EN ACCION

Su IV le dirá una cantidad de cosas sobre usted mismo que los empleadores pretenden saber. Y no tendrá que preocuparse por tratar de encontrar historias impactantes. Después de haber efectuado sus ejercicios, estará mejor preparado para el *cuestionario*. Susan Boren de la compañía Dayton Hudson expresa que cuando entrevista al personal ella trata de averiguar qué es lo que le hace entrar en acción. Boren invierte su tiempo "conversando con los candidatos para determinar de qué manera han cambiado en su vida personal y laboral, y cómo han hecho sus elecciones... Todo esto se hace durante las entrevistas".

Imaginemos que Angela (a quien nos referimos en la introducción de la Tercera Parte) está siendo entrevistada para un nuevo empleo, y su potencial jefe le dice: "Estoy buscando una persona apta para el trabajo en equipo. ¿Puede decirme algo que pueda demostrar su habilidad para contribuir y ayudar?".

Si Angela no hubiera hecho sus ejercicios, no podría haber recordado la responsabilidad que le cupo en el episodio que significó para su compañía una ganancia de 1.600.000 dólares. No podría haber ofrecido ninguna prueba de sus habilidades. Pero como ella había hecho sus ejercicios, la cuestión no la tomó por sorpresa; tuvo una buena respuesta e impresionó favorablemente a su entrevistador.

LOS OBJETIVOS PROFESIONALES:
LA VENTAJA DE SU IV

La aplicación oportuna de su IV ofrece otra ventaja. A fin de obtener un máximo beneficio de los conceptos sobre mercadotecnia vertidos en este libro, usted necesitará tener un objetivo profesional claro y específico. En otras palabras, tiene que saber qué es lo que desea hacer. Así como usted no puede hacer una declaración vaga o general como "Quiero ir a California" (tiene que saber a qué lugar de California desea ir), tampoco puede decir "busco un empleo". Tiene que ser más específico y decir, por ejemplo, "Quiero trabajar con ordenadores".

Buena elección, esta carrera tiene una gran demanda en la actualidad; hay múltiples oportunidades. Pero eche un vistazo a esta lista parcial de especialidades dentro de la informática:

- Analista de sistemas
- Ingeniero consultor de informática
- Programador científico
- Programador de base de datos
- Ingeniero informático
- Diseñador de ordenadores
- Representante de ventas
- Operador
- Operador de Tratamiento de Textos

¡Y esta es sólo una lista parcial! Existen muchas más categorías y subcategorías dentro de las ramas de informática que se pueden elegir. Cuanto más específico sea usted en torno a lo que desea hacer, más fácil le resultará dirigir sus esfuerzos de *marketing* hacia los empleadores que necesitan de su talento especial.

No se preocupe si precisamente en este momento no tiene un objetivo profesional específico. Su Inventario de Valores le puede ayudar a desentrañar su objetivo laboral. Al recapacitar sobre sus experiencias y logros pasados, estará en condiciones de averiguar para qué sirve realmente.

COMENZAR DESDE EL PRINCIPIO...

Tómese un tiempo para pensar acerca de los acontecimientos de su vida. Redáctelos en forma de relato; no tienen que estar necesariamente en orden cronológico. Puede llegar tan atrás como quiera. Si usted no tuviera experiencia laboral, piense en cómo ha organizado su vida, cómo se ha manejado con un presupuesto limitado, y cómo ha tomado decisiones para las compras importantes o las elecciones de su vida. Quizás usted sea una joven madre que ha organizado un lugar de recreo para niños preescolares en su barrio. O quizás haya actuado como el brazo de sostén de una familia menos afortunada.

Si todavía estuviera en la universidad, piense en cómo organiza sus horas de estudio, en cómo equilibra sus actividades deportivas y académicas y cómo ha mejorado sus hábitos de estudio.

Si estuviera trabajando para una compañía piense en cómo usted ahorra dinero a la empresa, cómo ha reorganizado e incrementado la productividad, cómo se lleva con su jefe y compañeros de trabajo y de qué manera ha desarrollado nuevos sistemas o mejorado los vigentes.

No emita juicios de valor al respecto. No se preocupe por su estilo de redacción –este es un inventario personal, no un *currículum vitae* para presentar a los superiores. No sea tímido. Incluya los hechos importantes y los pequeños, y no se preocupe por la aplicabilidad. Por el momento, solamente debe interesarse en expresar todo por escrito.

Estas son algunas pautas para ayudarle a empezar, ejemplos de preguntas que usted debe formularse. Utilice dichas preguntas como una guía de orientación, luego profundice en el asunto y continúe por su cuenta:

Qué he logrado en mi formación

Cursos:
  ¿Cómo fueron mis años de estudios? _____
_____
  ¿Recibí algún comentario o elogio de mis profesores? ___
_____
_____
  ¿Cuál fue mi mejor asignatura? _____
_____
  ¿Qué tuvo de especial? _____
_____

Clubes o actividades:
  ¿Cumplí alguna función? _____
_____
  ¿Participé en alguna competición? _____
_____
  ¿Tuve alguna responsabilidad especial? _____
_____
  ¿Recibí algún premio o mención? _____
_____

Deportes:
  ¿En qué puesto jugué? _____
_____
  ¿Cuál fue mi rendimiento en la competición? _____
_____
  ¿Hubo algún partido descollante que pueda recordar? ___
_____

¿Cómo, cuándo y dónde practicaba? _____
_____

¿Recibí algún premio o mención? _____
_____

Trabajo a tiempo parcial:
¿Cómo, cuándo y dónde? _____
_____

¿Cómo equilibré mi empleo con el estudio? _____
_____
_____

¿Cómo me manejé con el dinero? _____
_____

Premios:
¿Académicos? _____
_____

¿Deportivos? _____
_____

¿Actividades extraescolares? _____
_____

¿Servicios a la comunidad? _____
_____

Intereses específicos:
¿Qué hice fuera de la universidad? _____
_____

¿Cómo, cuándo y dónde? _____
_____

¿Cómo equilibré dichos intereses con mis estudios? ____
_____
_____

¿Otros logros? _____
_____

¿Qué he logrado en el hogar?

Planificación y horarios:
¿De qué manera manejo mi jornada? _____
_____

¿Cómo logro hacer las cosas para mí mismo y para mi familia? _____

_____

¿Cómo me manejo con los horarios, las citas, y los acontecimientos sociales? _____

_____

Trabajo a tiempo parcial:
¿Cómo, cuándo y dónde? _____

_____

¿Cómo equilibro mi actividad laboral con mi vida familiar? _____

_____

¿Cómo me manejo con el dinero? _____

_____

Tarea voluntaria:
¿Cómo, cuándo y dónde? _____

_____

¿Cómo equilibro mi actividad laboral con mi vida familiar? _____

_____

¿He recibido algún premio o reconocimiento? _____

_____

Presupuesto:
¿De qué manera llevo mis "libros" o registro mis gastos? _

_____

¿Cómo he sido capaz de ahorrar dinero para mí mismo y mi familia? _____

_____

¿Cómo he podido para generar dinero extra? _____

_____

Prioridades:
¿De qué manera decido qué es lo más importante en cada jornada? ¿Semana? ¿Mes? _____

_____

¿Me fijo metas? _____

_____

¿Las alcanzo? _____
_____

Entretenimiento:
¿De qué manera planifico los acontecimientos sociales? _
_____

¿De qué manera organizo mi tiempo libre (y dinero extra)?
_____

¿Me ocupo de todo, o delego? _____

¿Planeo el menú, las compras, las comidas, contrato un servicio para banquetes, para la decoración? _____

Aficiones e intereses:
¿Cuáles son mis intereses específicos? _____

¿Cómo paso mis horas libres? ¿Leo, viajo, cocino, escribo, planifico, canto, construyo muebles, etcétera? _____

¿Otras habilidades? _____
_____

Qué he logrado en el trabajo

Organización:
¿He instituido métodos para hacer más eficiente mi tarea?
_____

¿Cómo organizo mi jornada de trabajo? _____

¿De qué manera he ayudado a los otros a organizarse? __
_____
_____

Nuevas ideas:
¿Con qué ideas innovadoras he contribuido a mi tarea o compañía? _____
_____

¿Cómo se llevaron a cabo? _____

_____

Dinero ahorrado a la compañía:
¿Qué hice exactamente al respecto? _____

_____

¿Cuánto dinero estaba envuelto? _____

_____

¿Fue una tarea asignada, o di con la idea yo mismo? _____

_____

¿Fue un hecho aislado o un logro permanente? _____

Trabajo en equipo:
¿Cómo se lleva con sus compañeros? _____

_____

¿Cómo se lleva con sus jefes y supervisores? _____

_____

¿He liderado algún equipo de proyecto? _____

_____

Mejoras:
¿Qué sugerencias he hecho para mi trabajo o compañía? _

_____

¿Cómo se me ocurrió la idea? _____

_____

¿A quién se la comuniqué y cómo lo hice? _____

_____

¿Cómo se llevó a cabo? _____

Afiliaciones, sociedades, asociaciones:
¿A qué organizaciones he pertenecido? _____

_____

¿Cuáles eran los requisitos para incorporarse? _____

_____

¿He participado o desempeñado algún cargo? _____

_____

¿He contribuido a alguna actividad voluntaria? _____

_____

¿He colaborado o aparecido en el boletín interno? _____

_____

_____

MANO DE OBRA ESPECIALIZADA Y NO ESPECIALIZADA

Muchas personas se consideran mano de obra no especializada porque no tienen bastante experiencia laboral, o porque "no saben hacer ninguna otra cosa". Lo que no saben es que ya poseen las habilidades más importantes que necesitan –habilidades que utilizan diariamente en sus empleos y en sus vidas, y que se están volviendo cada vez más valiosas a medida que la índole del trabajo cambia. Se supone que usted debe trabajar con menos supervisión, pero también se le pide que esté informado y que tome decisiones importantes.

Casi todos los empleos se ven afectados por la demanda de más altos niveles de destreza. Solía requerirse que el dependiente de una estación de servicio supiera cómo accionar los surtidores de gasolina, controlar el aceite y hacer las reposiciones correctas. Ahora el mismo dependiente jamás toca el surtidor, ni siquiera sale de la cabina protegida con cristales. Pero en cambio, tiene que saber cómo manejar las tarjetas de crédito, el ordenador, e incluso la pequeña tienda o almacén. Los puestos de compra de las gasolineras, han facilitado las cosas para el consumidor, pero son más exigentes para el empleado.

"Para mí es sorprendente", me dijo hace poco un gerente. "Esos jóvenes que salen de la universidad pensando que son tan diestros. Pero pídales que le escriban un simple informe o memorando –no saben cómo hacerlo". He escuchado otras quejas, como "Nadie tiene iniciativas hoy en día", o "No sé qué hacer con este individuo. En lo que respecta a la informática es un genio, pero no sabe cómo relacionarse con el personal". El subsecretario de Trabajo, Roberts T. Jones afirma que en el futuro habrá una definida falta de oportunidades para la mano de obra no especializada. "Para lograr el aumento de empleos que todos los norteamericanos pretenden", dice, "habría que invertir más en el desarrollo de las habilidades básicas".

Los trabajadores especializados se definen tradicionalmente como los que cuentan con una pericia técnica en un campo determinado (y limitado). Pero existen otras habilidades más básicas que la mayoría de la gente no toma en cuenta como requisitos para un empleo.

Dichas habilidades son universales; se aplican en todos los casos sin importar cuál sea la tarea que usted haga. Le permiten actuar con responsabilidad y destreza en cualquier situación laboral, y son habilidades cada vez más apreciadas.

¿Por qué? Porque son habilidades transferibles –le acompañan de una promoción a otra, de una compañía a otra, incluso de una carrera a otra. En la actualidad se consideran –y continuarán siéndolo– universalmente valiosas y aplicables.

IDENTIFIQUE SUS HABILIDADES BASICAS

Si bien en la Segunda Parte de este libro hemos considerado diez de las habilidades universalmente más vendibles, existen muchas más que también son aplicables a cualquier empleo o carrera que usted escoja.

Identifique esas habilidades básicas y transferibles cuando haga su lista de logros en el Inventario de Valores (IV). Anote las que se aplican a usted:

Analiza y edita material escrito   _____
Emprende trabajos de investigación y documentación   _____
Dirige encuestas y entrevistas   _____
Analiza y evalúa ideas e informes   _____
Viajes: se encuentra con colegas, con el público   _____
Identifica las áreas con problemas   _____
Desarrolla nuevos enfoques para los problemas   _____
Ayuda al personal con sus problemas   _____
Supervisa y dirige a otros   _____
Evalúa y valora a los otros   _____
Observa, examina y controla el trabajo de los otros   _____
Planifica, organiza, sistematiza y revisa   _____
Trabaja en proyectos a largo plazo   _____
Hace un trabajo minucioso y detallado   _____
Responde a los plazos de trabajo   _____
Inventa, imagina, crea, diseña   _____
Calcula, analiza, utiliza ordenadores   _____
Motiva a los otros   _____
Piensa con lógica   _____
Controla el tiempo   _____
Se fija metas   _____
Trabaja en más de una cosa a la vez   _____
Controla el estrés   _____
Delega   _____
Enseña o instruye   _____

Tiene paciencia ___
Muestra firmeza ___
Asume riesgos ___
Tiene buena disposición para aprender ___
Muestra entusiasmo ___
Prepara o entrena ___
Posee sentido del humor ___

LAS HERRAMIENTAS DE TRABAJO

En este sentido la palabra clave es *opciones*. Si usted cuenta con una serie de herramientas y sabe cómo utilizarlas, puede escoger las más adecuadas para la tarea que tiene entre manos. Si usted sabe qué es un destornillador y sabe cómo usarlo, no perderá el tiempo buscando un martillo. Su futuro laboral consiste simplemente en contar con una serie de herramientas de trabajo siempre disponibles.

Las habilidades que usted ha identificado como propias son su punto fuerte para la venta. Suponga que un empleador no desea seleccionarle porque usted no cuenta con la experiencia laboral directamente relacionada con el puesto vacante. Le puede decir: "Estoy buscando un ayudante administrativo con experiencia. Usted nunca ha hecho eso antes". ¿Qué le respondería?

Probablemente no tenga la experiencia, pero si usted ha hecho su inventario, sabe cuáles son las habilidades que posee. Sabe que puede organizar, establecer prioridades, planear con precisión y lógica. Es ingenioso y detallista; y tiene buena disposición para aprender. Estas son aptitudes importantes en cualquier empleo. Puede *venderse* al demostrar cómo ha utilizado esas aptitudes y habilidades en su pasado laboral.

Estas son habilidades que, juntas y por separado, le permitirán actuar confiada y eficazmente en cualquier situación. Ellas le hacen *valioso;* aumentan su actuación en el mundo laboral y le dan una ventaja competitiva.

Una habilidad se define como todo aquello que usted es capaz de aprender a realizar competentemente, una aptitud desarrollada. Cualquiera de las habilidades que acabamos de analizar se pueden aprender, aplicar y conocer a fondo. Cuanto más las utilicemos, más nos facilitarán las cosas. Además, usted puede aplicarlas en todas sus actividades diarias.

Identificar las aptitudes y habilidades que pueden ser transferidas de un empleo a otro, de una carrera a otra, es el principal motivo por el cual usted debe confeccionar su Inventario de Valores.

Marshall, un especialista en Ciencias Políticas que se desempeñó como experto investigador en la universidad, utilizó esta aptitud para la investigación a fin de obtener un puesto como ayudante de investigación en la Organización Norteamericana para los Derechos Civiles. Una madre soltera que diseñaba decoraciones navideñas en el hogar utilizó esta habilidad para colaborar en una importante revista femenina, donde llegó a ser redactora de la sección de manualidades. Y un individuo que durante años había trabajado como asesor vocacional en un colegio secundario, utilizó su experiencia para ayudar al personal en la elección de sus carreras como director de entrenamiento y desarrollo en una gran empresa de servicios. Todas estas personas identificaron sus habilidades transferibles después de haber confeccionado su Inventario de Valores.

Ahora que ya se ha forjado una idea de cuáles son las habilidades transferibles que posee, ¿está en condiciones de salir a venderlas a sus futuros empleadores? Aún no. No puede simplemente presentarse y entregarle a un empleador una lista de todas las habilidades que usted maneja. Tenga en cuenta este concepto de la mercadotecnia: Hay que saber qué es lo que el empleador busca y de qué manera su producto puede ayudarle a resolver sus problemas. El próximo capítulo le introducirá en uno de los secretos del éxito utilizado por todos los profesionales vendedores: el beneficio de la venta.

16

El beneficio de la venta

*Los verdaderos motivos por los cuales
los empleadores eligen*

16º Principio de las Ventas y Mercadotecnia
*La gente quiere conocer las características del
producto, pero decide la compra por los
beneficios.*

"Tengo un terreno pantanoso en Florida que deseo venderle," le digo.

Prudentemente, usted me responde, "No me interesa".

"Son más de veinte hectáreas, y están invadidas de mosquitos y caimanes," le aclaro.

"No me interesa," me contesta.

"Es muy barato," le digo.

"Aun así no me interesa," me dice usted.

"Lo vendo con un mapa," le aclaro.

"¿Y con eso qué?" me espeta.

"Bueno," le digo, "este mapa muestra el camino a la ~ Fuente de la Juventud, que queda en medio del pantano".

"¿Es cierto?" me pregunta.

"Lo es," le digo, "y esta Fuente de la Juventud no sólo le conservará joven y saludable, también le proporcionará millones de dólares".

"¿Le parece?" dice usted.

"Se lo garantizo," respondo. "Además, usted despertará la envidia de cuantos conozca. Será entrevistado por Bárbara Walters y ganará el Premio Nobel de la Paz al permitir que los jefes de Estado firmen un tratado mundial de paz para acceder a su fuente".

"Le compraré el terreno," me dice.

No ha sido una venta fácil, pero lo logré. ¿Y qué hizo que usted se decidiera a comprar? Obviamente no fueron las veinte hectáreas, ni los mosquitos, ni los caimanes. Tampoco fue el mapa, ni siquiera la fuente misma. Usted compró este terreno pantanoso porque hacía concebir esperanzas de salud, riqueza, fama y poder. No lo compró por lo que el pantano representaba en sí, sino por lo que podía significar para usted.

EL PRINCIPIO DEL BENEFICIO PERSONAL

La única razón por la que usted podría comprar ese terreno –o de hecho cualquier otra cosa– es porque *en eso hay un beneficio para usted*. El único motivo por el cual un empleador le seleccionará para un puesto es porque piensa que *en eso hay un beneficio para él*. Usted tiene que averiguar cuál es ese beneficio. Así es como se hace la venta.

Los vendedores de más éxito dependen de lo que en el intercambio comercial se conoce como *beneficio de la venta*. Ellos saben que todos los compradores se hacen una simple pregunta antes de adquirir nada. "¿Cuál es el beneficio que obtengo de esto?". Y los vendedores saben que tendrán que responder a esta pregunta antes de poder concretar la venta. El secreto del éxito para una venta estriba en conocer la diferencia entre características y beneficios.

Las características se utilizan para describir lo que un producto o servicio es. *Las características de un producto siguen siendo las mismas para todo el mundo*. Una camisa a cuadros verdes y azules que se abotona en la delantera es siempre una camisa a cuadros verdes y azules que se abotona en la delantera, sin importar quién la compre. Si usted detesta los cuadros, o prefiere las prendas que se ponen por la cabeza, probablemente no compraría esta camisa.

Pero si el verde de esta camisa destacara la tonalidad de sus ojos y combinara con el nuevo equipo que se compró la semana anterior, la venta se concretaría.

Las ventajas o beneficios de un producto cambian para cada persona que considere la compra. El consumidor quiere conocer las características, pero compra por las ventajas. La gente no compra un acondicionador de aire porque le gusta tener un aparato adosado a la ventana. Lo adquiere para sentirse más cómodo durante los meses del verano.

A mi esposo le encanta la pesca en sus ratos libres; yo disfruto con el *jogging* y los paseos en bicicleta. Hace algunos años, un agente de viajes estuvo tratando de convencernos para visitar un atractivo lugar de temporada que acababa de inaugurarse en las Bahamas. Describió todas sus mejores características: las habitaciones, el emplazamiento, los casinos y el precio razonable. Pero nosotros ya habíamos estado en las Bahamas. No nos gusta el juego, y por el mismo dinero podíamos ir a otro sitio donde no hubiéramos estado antes.

"La pesca es verdaderamente asombrosa en esa época del año," dijo el agente de viajes, y mi esposo estuvo dispuesto a ir. Yo todavía tenía mis dudas. El agente de viajes hizo una llamada telefónica. "La playa es perfecta para la práctica del *jogging*," dijo, "y el hotel alquila bicicletas a los huéspedes por una muy pequeña suma". Fuimos a ese lugar y ambos pasamos una muy agradable temporada, cada uno por diferentes motivos.

He aquí una breve lista de las características y ventajas. Observe si puede identificar cuál es cuál:

	Característica	Ventaja
1. La mesa tiene cuatro patas	____	____
2. La mesa es ligera por eso se puede mover fácilmente	____	____
3. La mesa es blanca con adornos oscuros	____	____
4. La mesa está revestida con fórmica	____	____
5. La mesa se puede limpiar fácilmente con toallitas de papel y limpiacristales.	____	____

Los puntos 1, 3 y 4 son características, el 2 es una ventaja y el 5 es tanto una ventaja como una característica. ¿Ha comprendido la idea? Inténtelo usted mismo. Considere cualquier objeto familiar en el hogar, y vea si puede describir sus características y ventajas.

CONCENTRESE EN EL COMPRADOR

Los empleadores tienen sus propios motivos para *comprar*. Tanto si le incorporan como un empleado con jornada completa, o si es un trabajador sin relación de dependencia, o un consultor externo, los empleadores potenciales *comprarán* sus servicios, y lo harán por sus razones, no por las suyas.

Supongamos que usted es un importador de perfumes franceses y está en busca de un auxiliar administrativo. Usted está fuera de la oficina con frecuencia, es un poco desorganizado, y necesita alguien que pueda manejar el ordenador.

Entrevista a unos cuantos candidatos que parecen todos responsables, organizados, y tienen buenos conocimientos del *software* que usted utiliza. Y todos ellos *aspiran al empleo*. ¿Qué puede hacerle preferir a uno sobre los demás? Dos de los candidatos hablan francés, lo cual representa una gran ventaja para usted. Esto limita las alternativas. Al fin y al cabo, opta por el candidato que puede comenzar el lunes, ya que para usted es importante contar con alguien ya mismo. No selecciona a este individuo porque necesite el empleo más que los otros. Lo elige porque satisface más que los otros sus necesidades.

Traducir sus esfuerzos de búsqueda laboral en términos de venta y mercadotecnia es la manera de desarrollar su estrategia profesional. Sus motivos para desear un nuevo empleo o carrera no son importantes para un empleador potencial. Usted será seleccionado solamente si satisface los requisitos del empleador y además de sus necesidades.

Cualquier entrevista que afronte, cualquier carta que envíe, cualquier llamada telefónica que haga, debe apuntar a las necesidades de su empleador y a los problemas que éste necesita resolver. Cuanto más se concentre en ello, más posibilidades tendrá de ser seleccionado.

Supongamos que usted lee en un anuncio publicitario:

ENTRE Y PRUEBESE MIS ZAPATOS
SON CAROS, PERO NECESITO SACAR
UNA GRAN GANANCIA
SI USTED COMPRA ESTOS ZAPATOS,
GANARE UN MILLON DE DOLARES

Usted nunca compraría zapatos sólo porque alguien pretenda ganar mucho dinero. Sin embargo, podría tener una mejor respuesta ante un anuncio que dijera:

ENTRE Y PRUEBESE MIS ZAPATOS
SON CAROS, PERO SON LOS ZAPATOS MAS COMODOS
QUE HAYA PODIDO USAR
SI USTED COMPRA ESTOS ZAPATOS,
SE SENTIRA COMO SI TUVIERA UN MILLON DE DOLARES

LOS MOTIVOS SECRETOS POR LOS CUALES SOMOS SELECCIONADOS

¿Sabe qué es lo que hace a los empleadores *comprar* o emplear? Ellos toman esta decisión por razones emotivas. Esto ha sido cierto y seguirá siéndolo, más allá de los adelantos tecnológicos que el futuro pueda deparar. Las necesidades emocionales no van a cambiar, incluso si el mundo lo hiciera. Por eso, mientras usted puede tener que modificar sus actitudes y aprender nuevas habilidades para seguir siendo un producto *vendible*, las estrategias de venta continúan siendo las mismas. Los empleadores toman personal por los mismos motivos de orden emocional que siempre han tenido. Hay muchas razones por las cuales la gente compra (o acepta, o hace un compromiso), pero las principales se pueden agrupar en cuatro categorías:

1. *Dinero*. La gente siempre se preocupa por obtener una ganancia y/o evitar pérdidas. Todo el mundo pretende ganar dinero o ahorrarlo; este es el motivo por el cual se inventó el regateo. Pero lo más importante, esta es la razón por la cual –como se explicará en el próximo capítulo– es tan decisivo relacionar sus logros pasados con los resultados monetarios, ¿puede demostrar que ha sido capaz de ahorrar dinero en el pasado, ya sea para usted mismo, o

para alguien más? ¿Puede aplicar esta habilidad a las necesidades de un potencial empleador?

2. *El reconocimiento y la aceptación de los otros.* Siempre buscamos maneras de mejorar nuestra relación con los demás. Los empleadores necesitan creer que al emplearle a usted van a mejorar su reconocimiento y aceptación, dado que si usted resulta ser una decepción, eso repercutirá sobre ellos. ¿Será una iniciativa acertada (y popular) la decisión de emplearle a usted? ¿Se adaptará al resto del equipo?

Una de mis tareas como consultora me introdujo en la oficina de una gerente de mediano nivel en un gran consorcio financiero. Mientras conversábamos, su jefe que pasaba por allí asomó la cabeza.

"Perdone que le interrumpa, Mary," dijo, "pero sólo quería decirle que el nuevo empleado que usted seleccionó el mes pasado está haciendo un excelente trabajo. Estamos contentos de tenerlo con nosotros. Felicitaciones –ha escogido muy bien".

De más está decir que Mary quedó conmovida. Y en la próxima oportunidad que se evaluara su actuación, sin duda su decisión de incorporar al empleado sería recompensada.

3. *Buena disposición.* La aceptación física y mental de sí mismo es algo sumamente importante. El personal necesita sentirse bien consigo mismo para sentir orgullo por su tarea, su prestigio y su posición. ¿Puede estar seguro de que un empleador ha tomado una prudente decisión al seleccionarle a usted? ¿Puede demostrar que es capaz de aliviar ciertas ansiedades y resolver determinados problemas?

Un colega mío, consultor de gestión, es un individuo tranquilo y afable con un aura de autoridad en torno a él. Muchos ejecutivos sumamente estresados utilizan sus servicios en medio del caos porque, según dicen, "Con sólo tenerle cerca disminuyen las tensiones".

4. *Buena presencia.* En esta última década del siglo estamos más preocupados que nunca acerca de nuestra apariencia. Queremos comprar productos que mejoren nuestra imagen. La gente quiere relacionarse con personas que tengan buen aspecto. Los empleadores pretenden tomar personal que sienta orgullo de sí mismo y de su apariencia, y que tenga un estilo que se adapte al de la compañía. ¿Su apariencia y su comportamiento reflejan lo que usted piensa de sí mismo, y lo que desea que los otros vean en usted?

NUESTRAS NECESIDADES EMOCIONALES

Hace poco vi un anuncio en una revista sobre pañales para tirar, biodegradables. El anuncio mencionaba algunas de las características de los pañales –superabsorbentes, con elásticos y tiras de cierre para reiterados usos–, pero el encabezamiento del anuncio se refería a "una preocupación por el futuro de nuestros bebés". El verdadero motivo de orden emocional por el cual la gente compraría esta marca de pañales sería porque les haría sentir bien el hecho de contribuir al futuro del bebé al proteger el medio ambiente.

Esta es una lista de dieciocho de las principales razones por las cuales la gente estaría dispuesta a comprar o interesarse en algo o alguien. Si el producto en venta fuera usted mismo, pregúntese si lo que tiene para ofrecer satisface al menos una de estas necesidades emocionales:

1. Ganar dinero
2. Ahorrar dinero
3. Ahorrar tiempo
4. Evitar el esfuerzo
5. Ganar en comodidad
6. Ser popular
7. Obtener elogios y reconocimiento
8. Conservar nuestros recursos
9. Intensificar nuestro placer
10. Estar a la moda
11. Imitar a los demás
12. Evitar las críticas
13. Evitar los problemas
14. Aprovechar las oportunidades
15. Desarrollar nuestra individualidad
16. Defender nuestro prestigio
17. Lograr control sobre nuestras vidas
18. Estar a salvo y seguros

NO SUPONER JAMAS

A fin de apelar a las necesidades emocionales de un empleador potencial, es necesario saber cómo traducir las características de su producto –usted mismo– en ventajas. Jamás suponga que él podrá deducirlas por sí mismo. Establezca siempre la relación entre lo que usted puede hacer y de qué manera eso puede ayudarle al empleador. Un empleador potencial no pretende (ni necesita) saber con precisión qué es lo que usted hizo en sus empleos anteriores, a no ser que también conozca los resultados de lo que usted hizo. Necesita ver su pasado en relación con el futuro de su empresa, ver los resultados de sus logros para constatar si usted podría ser capaz de producir resultados similares en su compañía.

Imaginemos que usted ha trabajado recientemente para un fabricante de cepillos de dientes en el departamento de diseño. La compañía obtuvo un nuevo diseño revolucionario que no se ha vendido porque los cepillos no respondían a los criterios de los usuarios. Usted diseñó un adaptador de plástico que se pudo fabricar a bajo coste y permitió que los cepillos se pudieran colocar en las pequeñas repisas perforadas. De repente, esos cepillos (que previamente habían sido adquiridos sólo por unas pocas tiendas de novedades) se vendieron como pan caliente en un nuevo envase que incluía su mango plástico adaptador.

Su empleador potencial le pregunta cuál ha sido su contribuición más importante en su último empleo. Usted responde, "Diseñé un pequeño adaptador de plástico que permitió que los Cepillos Curvos Acme encajaran en las pequeñas repisas perforadas".

Es cierto, eso es lo que usted logró. Pero el empleador probablemente le dirá: "Muchas gracias, ha sido un placer conocerle", y eso será todo.

Usted hace otro intento. "Soy muy buen diseñador", declara. "Mis diseños son estéticamente agradables, así como prácticos y económicos".

La idea es mejor. Pero el empleador potencial todavía no está impresionado.

Sin embargo, si usted añadiera, "Mi diseño para el mango plástico adaptador permitió a la compañía empaquetar de nuevo el artículo y *vender tres veces la cantidad de cepillos* vendidos antes", el empleador potencial le tendría más en cuenta para el puesto.

No es suficiente describir meramente lo que usted hizo en ese empleo –o incluso tratar de convencer a alguien de su rendimiento en el mismo. Tiene que apelar a la necesidad básica de su empleador –el motivo por el cual emplearle a usted representaría una ventaja para él.

Ahora que usted está familiarizado con este importante concepto de la venta, ha llegado el momento de entrar en lo específico. Vamos a reconsiderar su Inventario de Valores (IV), seleccionar sus habilidades más *vendibles* y sus factores de éxito, y transformarlos en una eficaz herramienta de venta.

17

Su argumento de venta

17º Principio de las Ventas y Mercadotecnia
Venderá mejor su producto al especificar las ventajas y destacar selectivamente las características.

Usted entra en la oficina de un empleador potencial. Este le ofrece sentarse. Después de unos minutos de charla, le dice, "Hábleme de usted". ¿Qué le diría? ¿Le referiría toda la historia de su vida, desde su primera tarea en la escuela hasta sus más recientes logros?

No creo que sea una buena idea. Usted debe ser selectivo.

Si usted fuera a vender su biografía en un libro, tendría que resumir y destacar las partes importantes (y significativas) para presentarlas en las cubiertas del mismo. Eso es básicamente lo que usted hará ahora: Recorrer su Inventario de Valores y seleccionar las partes que puedan subrayar sus ventajas. Hará una síntesis de su vida, concentrándose en las características y las ventajas.

APRENDA SUS ARGUMENTOS DE VENTA

Recurra a su Inventario de Valores e identifique su primer logro anotado en el mismo. Luego divídalo en tres partes diferentes, de la siguiente manera:

- La misión o tarea que cumplió;
- La acción que emprendió;
- Los logros resultantes.

Consideremos un simple ejemplo. Juan era un estudiante becado en una universidad estatal. Necesitaba obtener por lo menos 3 puntos de media para poder mantener su beca. Durante su primer año, todos sus exámenes parciales entraban dentro de un periodo de dos días.

La *misión* de Juan fue rendir y aprobar todos sus exámenes. La *acción* que emprendió Juan (o cómo resolvió un problema o conflicto) fue elaborar un programa de prioridades que le permitiera saber exactamente cuánto tiempo tenía para cada asignatura, qué temas requerían más estudio, y qué puntos específicos necesitaba dominar dentro de cada tema.

Lo que Juan *logró* (o lo que sucedió realmente como consecuencia de la medida que tomó) fue no sólo aprobar todos sus exámenes, obtuvo 3,5 puntos de media para el semestre.

Aprender el ABC de la venta requiere práctica. Pero antes de seguir adelante con el tema, compartiré algunos otros ejemplos con el lector para darle una idea de cómo resultan:

EJEMPLO 1. Bernardo, un gerente de producción en una gran empresa de cosméticos tuvo que afrontar una escalada de precios en los envases plásticos que utilizaba su compañía. Su *misión* era encontrar una manera de reducir esos costes.

La *acción* que emprendió Bernardo fue organizar una reunión de negociación con los empresarios del plástico y en esa reunión propuso un acuerdo de compra a largo plazo con un plan de precios restructurado que redujo el coste por envase. Esta fue una solución donde no hubo ganadores ni perdedores, y los proveedores accedieron.

El *logro:* Bernardo ahorró más de 250.000 dólares a su compañía en el ejercicio fiscal siguiente.

EJEMPLO 2: A Diana, una estudiante de segundo año en una universidad de Michigan, le informaron que los fondos para una subvención con la que ella contaba no estaban disponibles. La *misión* de Diana era reunir la suma adicional de 5.000 dólares que ahora necesitaba para su derecho de matrícula.

Diana ya tenía un empleo a tiempo parcial en una pequeña oficina inmobiliaria de la ciudad. La *acción* que emprendió fue negociar un aumento de sueldo en su oficina. Además, hizo un acuerdo por una cantidad nominal (que cubría los costes de electricidad, etcétera) para poder utilizar el ordenador de la oficina los fines de semana a fin de pasar apuntes de la universidad por un dinero extra.

Su *logro* fue el hecho de obtener los 5.000 dólares que necesitaba, además de un dinero adicional para gastos.

EJEMPLO 3. La *misión* de Gregorio, jefe de un grupo de asistentes sociales, era resolver el problema de las necesarias pero costosas y prolongadas consultas personales.

La *acción* que emprendió fue establecer normas y entrenar a su equipo a fin de mejorar las encuestas y los métodos de consulta. Con eso *logró* reducir el tiempo de cada visita a casi un tercio, ahorrando aproximadamente 3.900 horas-hombre al año.

Prosiga con su propia evaluación. Anote sus logros: Piense en todos los diferentes tipos de problemas que ha resuelto y cómo dio con las soluciones.

Tenga en cuenta las habilidades transferibles y los factores de éxito *vendibles*. Para ayudarle a comenzar, he aquí catorce aspectos importantes que usted debe considerar:

1. *Dinero*. Los empleadores siempre buscan personal que sepa cómo ganar o ahorrar dinero. Piense en qué momento ahorró dinero para su compañía, familia, u organización

¿Cómo lo hizo? _____

_____

¿Cuándo? _____

¿Dónde? _____

¿En algún momento ganó dinero para su compañía, familia u organización? ¿De qué manera? _____

_____

¿Cuándo? _____

¿Dónde? _____

2. *Tiempo.* Después del dinero, el tiempo es la principal preocupación para todo empleador potencial. ¿Ha tenido alguna iniciativa que haya incrementado la productividad o ahorrado tiempo a su compañía, familia u organización? _____

_____

¿Cuándo? _____
¿Dónde? _____

3. *Eficiencia.* Los empleadores quieren estar seguros de emplear a alguien que puede trabajar con precisión, lógica y rapidez. ¿Puede recordar algún problema que haya resuelto de esta manera? _____

_____

¿Cómo se las arregló? _____

_____

4. *Organización.* Muchos empleadores, en particular aquellos que son un poco desorganizados, quieren personal que pueda ocuparse de una tarea desde el principio hasta el fin, y seguir con atención todas las fases. ¿Qué hecho, actividad o proyecto ha planificado y llevado a cabo desde el principio hasta el fin? _____

_____
_____

¿Cómo lo organizó? _____
_____

¿Cómo resultó? _____
_____

5. *Mejoramiento.* Sólo porque algo "se haya hecho siempre" de la misma manera, eso no significa que no exista una mejor manera de hacerlo. Los empleadores prefieren candidatos que puedan reconocer las áreas donde es posible introducir mejoras. ¿Ha observado alguna vez la manera con que se hace algo e imaginado una manera mejor de hacerlo?

_____
_____

¿Cuál era la vieja manera de hacerlo? _____
_____

¿Qué mejoras introdujo? _____
_____

¿Cuáles fueron los resultados? _____
_____

6. *Trabajo en equipo.* Este es uno de los factores de éxito más *vendibles*. Los empleadores quieren estar seguros de que usted puede trabajar bien con los otros. ¿Ha formado alguna vez parte de

algún equipo de proyecto, deportivo o en otras actividades de grupo? _____

¿Cuál fue su puesto o función dentro del equipo? _____

_____

¿Cómo resolvieron su equipo y usted algún problema en particular? _____

_____

¿Cuáles fueron los resultados? _____

_____

7. *Innovación.* Una mente creativa es una valiosa aptitud en una sociedad de servicios. La única manera de no quedar atrás en la competencia es salir al paso con nuevas ideas. ¿Ha dado alguna vez con una idea nueva para su compañía, familia u organización?

_____

_____

¿Cómo dio con la idea? _____

_____

¿Sirvió para resolver algún problema en particular? _____

_____

¿Cuáles fueron los resultados? _____

_____

8. *Selección e incorporación.* Como ya hemos visto antes, la mayoría de la gente carece de aptitudes en este sentido. Si usted tuviera experiencia en la materia, podría ser un sólido argumento de venta a su favor para los puestos gerenciales o directivos. ¿Alguna vez ha seleccionado o tomado personal para su compañía u organización? __

_____

¿Cómo trató el asunto? _____

_____

¿Cuáles fueron los resultados? _____

_____

9. *Hablar en público.* La capacidad de comunicación es un factor de éxito muy valorado y *vendible.* ¿Ha tenido alguna vez ocasión de hablar en público? _____

_____

¿Por qué motivo? _____

_____

¿Cómo se preparó para la ocasión? _____

_____

¿Cuáles fueron los resultados? _____

_____

10. *Expresión escrita*. La capacidad para expresarse por escrito también es un valioso factor de éxito. Muchos puestos requieren aptitudes para la escritura, por ejemplo, para redactar informes o enviar memorandos. ¿Ha utilizado alguna vez esta habilidad en la universidad, en un empleo anterior, o en algún otro medio?

_____

¿Cuál fue el propósito? _____

¿Cuáles fueron los resultados? _____

_____

11. *Asumir riesgos*. Esto no significa que los empleadores busquen personal que esté dispuesto a saltar un precipicio de buenas a primeras. A veces, asumir un riesgo puede significar aceptar un puesto en una empresa pequeña pero próspera antes que en una gran compañía de larga trayectoria. Los empleadores de las compañías más nuevas y pequeñas buscan personal emprendedor para darle una oportunidad. ¿Cuál ha sido la última situación "de riesgo" en la que se ha visto envuelto? _____

¿Porqué se decidió a asumir el riesgo? _____

¿Cuáles fueron los resultados? _____

_____

12. *Adaptabilidad*. El cambio se observa por doquier en estos días, y los empleadores necesitan saber que usted es capaz de manejarse frente a varios tipos de situaciones. Piense en alguna circunstancia que le haya reclamado ser flexible o adaptarse a una nueva situación _____

¿Cómo la afrontó? _____

¿Cuáles fueron los resultados? _____

_____

13. *Disposición para ayudar a los demás*. Algunas especialidades en expansión, como los servicios de salud, la asistencia legal y médica, requieren personal capaz de interesarse por el bienestar

de los otros. Piense en alguna circunstancia en la cual haya tenido que ayudar a alguien en su compañía, familia u organización ____

¿Por qué necesitaban su ayuda? ____

¿Cómo les ayudó? ____

¿Cuáles fueron los resultados? ____

14. *Perseverancia.* Los empleadores potenciales quieren estar seguros de que usted es capaz de manejar una tarea desde el principio hasta el fin. Piense en una circunstancia en que usted haya completado una tarea o misión particularmente dificultosa ____

¿Cuáles fueron sus desafíos u obstáculos? ____

¿De qué manera los manejó? ____

¿Cuáles fueron los resultados? ____

La misión

A fin de lograr que un empleador potencial tenga en cuenta el valor de sus logros, usted debe ponerle al tanto de cuál fue el problema de origen –cómo encaró la "misión imposible", cómo respondió al desafío y abordó la tarea.

Emprendemos la acción como consecuencia de un problema, necesidad o deseo específico. ¿Por qué una compañía va a mostrar repentinamente interés en el servicio al consumidor? No porque quiera que todos sus clientes tengan un "buen día", sino porque está perdiendo negocios como consecuencia de un servicio ineficiente. ¿Por qué una secretaria va a desarrollar un nuevo sistema de archivos para ella y su jefe? No porque no tenga otra cosa que hacer, sino porque pierde demasiado tiempo buscando documentos perdidos o mal archivados. De modo que cuando aluda a la misión o tarea, relaciónela con el problema específico.

La tarea no siempre se origina en una decisión de otro. Con frecuencia puede ser iniciativa propia. Surge de una situación, condición o problema –algo que usted ha observado y en lo cual nadie más ha reparado, algo que debe ser agregado, corregido o eliminado. Los altos ejecutivos empresariales buscan personal que advierta las necesidades que nadie más ha detectado.

La acción: Cómo hacer su parte

El propósito de la acción es establecer concisamente cuáles son las etapas que usted tiene que emprender para cumplir con su misión. El propósito es tratar de que el empleador potencial quiera saber más, que tenga interés en conversar con usted.

Utilice verbos de acción y palabras contundentes. No diga o escriba "Me ocupé de ese programa". Es mucho mejor decir "Llevé a cabo (u organicé) ese proyecto". Es mejor expresar "analicé" que "vi", y "he diseñado o creado", antes que "redacté" o "hice". "Instruí al personal" es mejor que "le mostré" o "le expliqué". Utilice un buen diccionario para encontrar los verbos que puedan expresar más acción. Esta es una lista de verbos que pueden utilizarse en tales circunstancias:

acelerar	eliminar	persuadir
adaptar	establecer	planificar
dirigir	exceder	presentar
analizar	ejecutar	procurar
asumir	expandir	proponer
acordar	entrenar	suministrar
adquirir	facilitar	proveer
alentar	formular	programar
		presupuestar
compilar	ilustrar	
completar	realizar	reducir
concebir	incrementar	renovar
concluir	informar	reorganizar
construir	investigar	reubicar
contratar	iniciar	restructurar
contribuir	innovar	revisar
controlar	instruir	revitalizar
coordinar	inventar	resolver
corregir		resumir
crear	manejar	
	maximizar	simplificar
demostrar	mejorar	supervisar
desarrollar	minimizar	sistematizar
diagramar	motivar	
dirigir		terminar
diseñar	negociar	
documentar		vender
	obtener	
examinar	organizar	
estimular	optimizar	

Concéntrese en sus propios esfuerzos y contribuiciones. Su acción debe haber afectado a la situación: Puede haber resuelto el problema, curado la enfermedad o corregido el sistema ineficiente.

Aun así, atribúyase los méritos sólo donde corresponda. Si usted hubiera contribuido al esfuerzo de un equipo, incluya dicha información, pero hágale saber al empleador de qué manera usted contribuyó personalmente al logro. En vista de que tener espíritu de equipo es un factor de éxito fundamental, usted deberá dar al menos un ejemplo de esa disposición.

El logro:
El resultado financiero

Cualquier compañía que decida emplearle está haciendo una inversión en usted. Es una inversión de tiempo y dinero. Pero esta compañía, como todo inversor potencial, querrá saber cuánto puede retribuirle la inversión que va a hacer.

En vista de que todas las empresas muestran interés por los resultados económicos, intente mostrar sus logros en términos financieros –dólares o porcentajes. Eso demuestra su criterio comercial y su preocupación por los costes y los gastos. ¿Alguna vez ha incrementado las ganancias de su compañía? ¿Incrementó las ventas o la productividad? Póngalo todo por escrito.

Tenga en cuenta que el tiempo también vale dinero, y la capacidad de organización es un bien valioso. Una amiga mía, Natalia, ama de casa en Connecticut, dirigió una campaña telefónica para un político local, un demócrata que se postulaba en un distrito republicano. Ella seleccionó y reunió un pequeño grupo de amigas y vecinas, y creó un sistema eficiente y organizado que cubría todo el distrito. El candidato ganó –la primera victoria demócrata en cuarenta años. Al año siguiente, cuando Natalia iba a iniciar de nuevo su actividad laboral, pudo utilizar esta Misión-Acción-Logro como un importante argumento de venta.

- *Misión*: Establecer contacto telefónico con todos los electores del partido de mi candidato.
- *Acción*: Seleccionar y reunir un equipo de voluntarias dedicadas, y crear un sistema que abarcara el distrito completo.
- *Logro*: Mi equipo y yo incrementamos los contactos con el electorado en más de un 40% sobre las campañas anteriores. El candidato ganó por un margen del 10%.

Lautaro es un ambicioso estudiante universitario que utilizó su capacidad de organización para conseguir dos interesantes ofertas de empleo en verano después de su primer año en la universidad. Mientras estaba en el último año de la escuela secundaria, Lautaro había trabajado como auxiliar en una oficina administrativa. Su tarea consistía en programar todos los horarios de los estudiantes para el año siguiente. Lautaro ideó un sistema sencillo y eficaz que eliminó las repeticiones y los errores y ahorró a la escuela muchas horas de trabajo extra. El director quedó sumamente satisfecho con los logros de Lautaro y le escribió una elogiosa carta de recomendación, gracias a la cual obtuvo dos ofertas de empleo. Su argumento de venta podría haber sido este:

- *Misión*: Programar todos los horarios de los estudiantes para el próximo año lectivo dentro de un presupuesto y un plazo de tiempo restringidos.
- *Acción*: Crear y llevar a cabo un programa eficiente, libre de errores.
- *Logro*: Ahorró a la escuela los costes de una programación computarizada, redujo la cantidad de horas-hombre necesarias para este proyecto en un 50%, y el proyecto se completó una semana antes de la iniciación de las clases.

PENSAR EN TERMINOS DE DOLARES Y PORCENTAJES

Usted podría encontrar difícil pensar en términos de dólares y porcentajes acerca de sus logros. Considerar el beneficio directo de sus esfuerzos puede ser fácil para los vendedores o cobradores. Pero todos los empleados, directa o indirectamente influyen sobre el dinero y los porcentajes. Descubra cómo sus esfuerzos afectan a los resultados. De ser posible, establezca un método de cálculo con el equipo financiero de su compañía. Esto puede ser importante, aun cuando usted disfrute de una brillante trayectoria: todos los aumentos, ascensos y sueldos están relacionados con el valor de sus resultados financieros.

Comience a vincular sus logros con las ganancias de su compañía. En ciertas áreas, como las relaciones públicas, la publicidad, el entrenamiento y la gestión, esto puede resultar más difícil –pero conviértase en un detective y encuentre las conexiones. Sara, una redactora de textos publicitarios, creó un excelente nuevo eslogan para un antiguo cliente y como resultado de ello el cliente firmó un contrato por dos años más. Sara comprobó que la renovación del contrato había incrementado las ganancias de la compañía en 820.000 dólares.

Este esfuerzo adicional, esta pequeña indagación, puede hacer la diferencia –de modo que usted no solo consiga una entrevista, sino además una oferta de empleo.

Asegúrese de haber anotado todos sus logros en los términos más claros. Usted debe mostrarse bajo la mejor luz. Eso no quiere decir que se aparte de la verdad. Sólo pretendo significar que debe seleccionar y destacar los aspectos más positivos de sus experiencias pasadas. Usted pretende mostrarle a los empleadores que la *inversión* se justifica.

Sus logros pueden representar una modesta suma. Por ejemplo, usted puede haberle ahorrado a su compañía solamente 100 dólares –pero si su límite de gasto era de 200 dólares, le habría ahorrado el 50% de su presupuesto. Alfredo contaba con 200 dólares para gastar en libros para la universidad. Empeñosamente, buscó libros usados e intercambió otros, y gastó menos de 100 dólares. Su argumento de *venta* podría haber sido como el que sigue:

- *Misión:* obtener el material de información necesario sobre la base de un presupuesto limitado.
- *Acción*: emprender una búsqueda organizada de los materiales menos costosos.
- *Logro*: encontrar todos los materiales necesarios, y adquirirlos por un 50% del presupuesto.

En este caso, Alfredo utilizó el porcentaje en lugar de la suma en dólares. Como dijo la actriz Mae West en los años treinta, "No importa lo que usted dice, sino cómo lo dice".

CINCO MANERAS DE CREAR UN BUEN ARGUMENTO DE VENTA

Estos son los cinco secretos para redactar un argumento de venta:

1. Anotar una misión o tarea, un logro, y no más de dos verbos para expresar la acción.

2. Utilizar verbos persuasivos, descriptivos que demuestren acción.
3. Su misión (o tarea) y su logro deben corresponderse y complementarse mutuamente –el resultado debe solucionar o resolver la misión.
4. Despierte la curiosidad del empleador omitiendo el exceso de detalles.
5. Donde pueda incluya su logro para los resultados financieros de la compañía, utilizando porcentajes y cifras en dólares cada vez que sea posible.

LA NOTA FALSA

Evite emitir juicios cuando escriba su argumento de venta. Vuelque todo sobre el papel –inspírese. Ninguna idea tendrá éxito si usted emite juicios. Los juicios limitan el libre flujo de ideas. Más tarde podrá priorizar y pulir la redacción.

Otro error frecuente es describir un gran logro con una misión inconexa, de modo que el problema y el resultado no guardan relación alguna. Por ejemplo: su misión puede haber sido promover tres líneas de productos con un presupuesto mínimo. Su acción fue consolidar el equipo y reestructurar los planes publicitarios. Su logro expresa que usted incrementó las ventas. Si bien este fue un significativo logro, no se relaciona con el problema de manejarse con un presupuesto restringido. Una mejor manera de definir su logro podría haber sido decir que usted promovió con éxito las tres líneas de productos, utilizando solamente el 80% de su presupuesto habitual –con un 15% de aumento en las ventas.

Muchas personas que buscan empleo y tratan de resumir su vida profesional en un argumento de venta lo hacen de forma demasiado detallada y redundante. Este argumento, presentado en uno de mis talleres, es un ejemplo de lo que no se debe hacer:

Nuestra compañía contaba con poco personal y la moral había decaído. Nadie había sido capaz de resolver el problema durante el último año. Además el personal se marchaba.

Creé y organicé una serie de reuniones para resolver los problemas de personal donde cada empleado podía ser oído. En cada reunión participaban quince empleados. Además, logré el compromiso del equipo directivo, y un vicepresidente asistía a las reuniones donde se intentaba resolver por lo menos un problema por vez.

Este sistema contribuyó a elevar la moral, nadie más se marchó y la tarea llegó a ser más satisfactoria para todo el personal.

Trate de volver a redactar este argumento de venta, en términos simples, claros y eficaces. Utilice palabras que expresen acción, y relacione el problema con los logros:

Misión: _____
_____
_____

Acción: _____
_____
_____

Logro: _____
_____
_____

Esta es mi propuesta para el ejemplo que acaba de plantearse:

- *Misión:* Durante más de un año, la moral del personal ha sido un problema creciente y no resuelto, lo cual causó una alta rotación del mismo, además de absentismo.
- *Acción:* Organicé y conduje una serie de reuniones entre el personal y la gerencia para tratar de resolver el problema.
- *Logro:* En tres semanas el absentismo disminuyó en un 25%. En seis meses ya no hubo rotación de personal y el absentismo había disminuido más del 40%.

Compare esta propuesta con la suya. ¿La suya es breve y concisa? ¿Ha incluido cifras y porcentajes? ¿Ha referido demasiado? ¿Despertaría la curiosidad de un empleador de saber más? Sea breve y conciso –no escriba de más.

Esto se relaciona con la mayor dificultad al escribir su argumento de venta: la modestia –la renuencia a mostrarse bajo el mejor ángulo. El economista estadounidense John Kenneth Galbraith dijo: "La modestia es una virtud demasiado sobrestimada". En su búsqueda de empleo usted debe actuar como su propio agente de relaciones públicas. El magnate de la publicidad, Stuart Henderson Britt declaró: "Hacer negocios sin publicidad es como guiñarle a alguien el ojo en medio de la oscuridad. Usted sabe lo que está haciendo pero el otro lo ignora".

ADAPTE SU ARGUMENTO DE VENTA

Si usted intentara vender automóviles deportivos a un corredor profesional, ¿pondría el acento sobre el ahorro de combustible? Seguramente no. En vista de que el corredor está mucho más interesado en la velocidad y los caballos de potencia, usted se concentraría en estas últimas ventajas cuando intentara venderle el automóvil.

Si usted procurara conseguir un empleo como programador de informática, lo cual requiere paciencia y capacidad analítica y lógica, no debería destacar factores de éxito, como el espíritu de equipo y la habilidad para hablar en público.

Ya bien redacte su argumento de venta, envíe una carta o se encuentre en una entrevista, es importante hacer la distinción entre las características de sus experiencias pasadas y las ventajas para su empleador potencial. La tendencia de muchas personas es detenerse en la acción que han emprendido, mientras suponen que las ventajas se explican por sí mismas.

Seleccione las ventajas que concuerdan con el empleo. Usted puede replantear su argumento de venta a fin de enfatizar las habilidades que pueden ser valiosas para un empleador en particular.

Recurramos a un ejemplo utilizado previamente en este capítulo: el de Bernardo y sus envases de plástico. Su compañía enfrentaba una escalada de precios en los envases para sus cosméticos. Su misión era dar con una manera de reducir dichos costes. Tuvo que emprender una doble acción:

1. Organizar una reunión de negociación con los fabricantes de plásticos
2. Proponer un acuerdo a largo plazo con una nueva escala de precios

Estos son los hechos que siguen siendo constantes. Si Bernardo hubiera buscado un nuevo empleo como gerente de producción para otra compañía, debería haber sido perspicaz para describir su logro, o beneficio, como el hecho de haberle ahorrado a su compañía más de 250.000 dólares. Pero supongamos que Bernardo ha contemplado cambiar de carrera, y pretende pasar a las relaciones laborales. Debería replantear su argumento de venta, agregando que su misión fue reducir los costes manteniendo buenas relaciones con los proveedores. Su logro en este caso sería el de haber logrado una negociación ventajosa para ambas partes al reducir los costes, a la vez que ambas compañías conseguían un acuerdo a largo plazo. Para este empleo, Bernardo debería destacar su capacidad para la negociación en la descripción de sus logros. La acción sigue siendo la misma, los beneficios o logros cambian.

Ahora, volvamos a su propio argumento de venta. Traduzca sus acciones en tantos logros como sea posible.

Hoja de antecedentes

MISION: _____
_____
_____

ACCION: _____
_____
_____

BENEFICIOS (De qué manera su acción le afecta a usted y a su compañía) _____
 1. _____
 2. _____
 3. _____

Utilice este formato para cada uno de sus argumentos de venta. Es importante conocer a fondo esta lista. Usted necesita contar con tantos logros como le sea posible. Nunca sabrá exactamente qué es lo que el empleador potencial busca hasta que esté frente a frente con él. Mientras tanto, confeccione un inventario de logros o beneficios.

Debería contar siempre con una lista de diez argumentos de venta disponibles para poder escoger el apropiado cuando lo necesite. Cada misión y acción que usted haya emprendido ha dado por resultado un logro que demuestra su habilidad en determinada área. Un argumento de venta puede mostrar su capacidad para la organización, en tanto otro puede reflejar su creatividad para resolver problemas.

Tenga en cuenta la confianza con la cual debe afrontar cualquier entrevista laboral, considere todos los métodos con que usted cuenta para resolver los problemas del empleador potencial.

CUARTA PARTE

Conozca su mercado

Ahora que ya conoce todo acerca de su producto, necesita familiarizarse con su comprador.

¿Quiénes son las personas que están a cargo de la selección, y cómo usted puede influir en ellas?

Comience con su plan de *marketing*. Toda empresa tiene un plan, un programa para conseguir clientes. Su plan de *marketing* le ayudará a orientarse en la búsqueda de empleo y a precisar su objetivo, de modo que pueda actuar directamente en pos de sus metas.

Conocer su mercado también significa familiarizarse con lo que está ocurriendo en la economía en su conjunto –qué tendencias y factores sociales están tomando cuerpo en su sociedad, y cómo dichas tendencias le afectan en su búsqueda de empleo.

Nadie puede saber lo que nos depara el futuro, pero sabemos que va a empezar un nuevo siglo, y que esta será una era de cambio y opciones. Es posible que pueda ocupar diferentes puestos –incluso tener diferentes carreras– durante su vida laboral. La tecnología ya le está ofreciendo nuevas e inesperadas alternativas sobre cómo, dónde y cuándo elegir un trabajo.

Las modernas tecnologías nos han llevado de la era industrial a la era de la informática y de la sociedad de servicios. De acuerdo con lo que expresan William B. Johnston y Arnold H. Packer en *Workforce 2000: Work and Workers for the 21st Century* (*Mano de obra del 2000: Trabajo y Trabajadores para el siglo XXI*), una investigación encargada por el Ministerio de Trabajo de Estados Unidos, "La industria de los servicios generará todos los nuevos puestos, y la mayor parte de la riqueza, durante los próximos 13 años".

En todo caso, ¿qué es una industria de servicios? ¿Esta industria no produce bienes de la manera que lo hacen la industria fabril o agrícola? El producto final no es un objeto tangible, que se pueda manejar o saborear, sino un valor económico.

Las industrias de servicios cubren una amplia gama que va de los empleos mínimamente remunerados, como el de vendedores y cajeros de supermercados, a los altamente remunerados que requieren conocimientos y tecnologías avanzadas, como en la ingeniería genética y la informática.

La producción en masa en el siglo XX ha cambiado de los bienes manufacturados a la información. Desde 1986 hasta el 2000, el empleo en la producción habrá declinado en más de 800.000 puestos, mientras las industrias como las finanzas, los seguros y los bienes raíces generarán más de 1.600.000 puestos nuevos.

La tecnología ha influido en los cambios en todas las industrias y ocupaciones imaginables –de la agricultura a la zoología, de las bellas artes al envasado de comestibles, de las instalaciones sanitarias a la cría de lombrices. Por ejemplo, un maestro rural de Dakota del Norte, ahora puede utilizar la tecnología vía satélite para vincular a sus estudiantes con instructores especializados de regiones distantes. La tecnología nos está obligando a replantear nuestros métodos de trabajo y las tareas que llevamos a cabo en el empleo.

La tecnología puede eliminar nuestra función. Si usted está preparado para el cambio, aprenderá una tecnología diferente y estará en condiciones de transferir sus habilidades fácilmente. "La estabilidad laboral, tal como solíamos definirla será una cosa del pasado", mantiene Roberts T. Jones, subsecretario de Trabajo de Estados Unidos. "La única seguridad real con que uno cuenta es la inversión en sí mismo. Las especialidades laborales están cambiando tan rápidamente que usted necesita entrenarse de forma constante. Es necesario ser adaptable".

Si cuando se inventó el automóvil, nos hubiéramos negado a renunciar al vehículo de tracción a sangre, jamás podríamos haber viajado muy lejos. Pero si usted hubiera sido previsor la primera vez que vio un automóvil, habría abierto una estación de servicio. Sus habilidades serán siempre *vendibles* si usted avanza a la par del progreso tecnológico.

En esta parte del libro, el lector podrá encontrar una lista de treinta empleos con creciente demanda en el mercado laboral –alternativas profesionales que serán muy requeridas en la presente década y tienen un gran futuro potencial.

Pero usted no tiene por qué ir en busca de estas nuevas carreras para tener éxito. Cualquier empleo puede ser interesante si es el que usted realmente desea. Adapte su plan de *marketing* a sus ambiciones e intereses personales y el éxito estará asegurado.

18

Su plan de marketing

Cómo actuar para el éxito futuro

18º Principio de las Ventas y Mercadotecnia
Una técnica de venta eficaz es el resultado de una planificación cuidadosa.

Había una vez un par de hermanos llamados Jack y Jill. Ambos subieron a una colina a buscar un cubo de agua. Después de descender la ladera varias veces, derramando casi todo el agua y rompiéndose el cuello en el esfuerzo, Jack se dirigió a Jill y le dijo: "Debe de haber un método mejor". De modo que adoptaron zapatos antideslizantes que podían evitar una caída y decidieron abrir una tienda llamada *Kids' Skids*.

Encontraron un maravilloso lugar justo a un lado de la autopista. Y allí se instalaron. No aparecían clientes. Jack y Jill pensaron en maneras de atraer clientes, pero nada parecía dar resultado. Querían enviar panfletos de propaganda, pero la ciudad era muy grande y saldría demasiado caro enviar panfletos a todos. Sacaron un anuncio de las botas antideslizantes para la nieve en el día más soleado del año y nadie vino a comprarlas. No sabían qué más hacer.

171

Un día Little Jack Horner, que iba a un concurso de pasteles, pasó por la tienda y decidió entrar.

"¡Oh, esta tienda es hermosa!" les dijo a los dos hermanos. "¿Cómo nunca me di cuenta de que estaba aquí?"

"Nadie sabe que está aquí", respondió Jill con tristeza.

"¿Por qué no?" preguntó Little Jack. "¿Acaso no tenéis un plan de *marketing*?" "No lo tenemos," dijo el hermano. "¿Por qué íbamos a necesitar un plan de *marketing*? Tenemos un gran producto; todos en la ciudad deberían venir a nuestra tienda y comprar nuestros zapatos".

"Lo harían si supieran algo al respecto," les dijo Horner. "Debéis ser más organizados si pretendéis manejar una empresa. Tenéis que saber cuáles son vuestros propósitos y objetivos. Desde luego, tenéis que conocer a fondo vuestro producto –luego sabréis qué tipo de gente desea y necesita lo que tenéis para vender. Por último, tendréis que averiguar cuál es la mejor manera de decirle a la gente que vuestro producto existe. Si no tuvierais en cuenta todo esto estaríais actuando a tontas y a locas, como dos topos ciegos. Por eso necesitáis un plan de *marketing*.

Jack y Jill siguieron su consejo, y *Kids' Skids*, pronto se convirtió en el éxito más resonante de la ciudad.

LA UTILIDAD MAS RECIENTE EN LA INDUSTRIA DE LOS SERVICIOS

"Me gratifica la historia de Jack y Jill", dirá usted, "pero ante todo, ellos pertenecen a la ficción, y en segundo lugar tienen una empresa. ¿Qué tiene que ver eso conmigo y con el mundo real?".

Para conseguir el empleo de su preferencia en el mundo real, usted tiene que saber organizarse, como si fuera una pequeña empresa orientada al desarrollo, con un ojo puesto en el futuro potencial y otro en las ventas inmediatas. Preparar un plan de *marketing* no solo le ayudará a conseguir un empleo específico, también le ayudará a establecer y alcanzar metas profesionales de largo plazo.

Usted es la utilidad más reciente en la industria de los servicios. Es el producto más importante en el mundo actual. La tecnología no suplanta la necesidad de destreza. Si usted hubiera adquirido las habilidades fundamentales para su especialidad, junto con los factores de éxito analizados previamente en este libro, sería muy requerido por responder a las necesidades del ámbito empresarial. Pero antes debe hacerle saber al público comprador que usted existe. Necesita hacer el mismo tipo de análisis cuidadoso, de planificación creativa, que toda empresa requiere.

¿Qué es exactamente un plan de *marketing*? Mercadotecnia (*Marketing*) es un término habitualmente aplicado a un producto o empresa, y se puede definir aproximadamente como todas las actividades incluidas en el traspaso de un producto o servicio del vendedor al comprador. En este caso, usted es tanto el producto como el vendedor. Los compradores son las personas para quienes usted desea trabajar.

Un *marketing* eficiente es el resultado de una planificación esmerada. Algunos productos atípicos han tenido éxito (como el hula hoop) por ser objetos exclusivos; otros lo han tenido porque sonaban bien. Usted también puede tener un éxito fortuito, pero cuánto más gratificante (y probable) es tener un éxito premeditado. Elaborar un plan de mercadotecnia es el primer paso para toda nueva empresa.

Contar con un plan minuciosamente analizado y meditado le preparará para cualquier situación. Sin un plan de por medio, todo lo que usted puede hacer es responder a los hechos de forma aleatoria. Estará contando con la suerte en lugar de planear su propio futuro. Como el saltamontes que no escuchó el consejo de la hormiga, usted habrá malgastado el verano y se quedará sin trabajo en el otoño.

MERCADOTECNIA: LA CLAVE DEL EXITO COMERCIAL

Cuando comencé mi empresa como conferenciante y consultora, no tenía ninguna estrategia de mercadotecnia. Dirigía seminarios para la *American Management Association* (*Asociación Americana de Dirección de Empresas*), y ésta me ordenaba las *misiones*. Ocasionalmente, alguna persona de la audiencia que estaba en condiciones de contratarme para su compañía también lo hacía. En última instancia, mi carrera dependía totalmente de la suerte. Siempre estaba aguardando a que alguien viniera y me ofreciera el próximo encargo. No tardé mucho en darme cuenta de que no llegaría muy lejos de esta manera. Necesitaba un plan. Me ocupé de mi propio Inventario de Valores (IV). Elaboré un folleto para hacer saber a los clientes de qué modo podía resultarles útil. Hice una lista específica de clientes potenciales y me fijé metas a largo plazo. Sin un plan, tendría que haber avanzado lentamente y de forma aleatoria. Una vez que elaboré mi plan (que todavía utilizo y actualizo constantemente) mi carrera progresó a un ritmo que superó todo lo que siempre había imaginado.

Esto puede parecer un poco exagerado, pero es la verdad. Cuando usted elabora su plan de *marketing*, muchas cosas pueden suceder:

1. *Usted crea un orden en medio del caos.* Sin un plan bien definido y claro, estará avanzando a tontas y a locas. Un plan le ayudará a mantenerse informado sobre la gente y las citas, y le permitirá contar con un itinerario realista para usted mismo.

2. *Se siente mejor consigo mismo.* Sabe que se apoya sobre una base sólida, sin riesgo de caer en una arena movediza. Tenga en cuenta lo importante que es la confianza y la seguridad para una búsqueda laboral eficaz.

3. *Se concentra sobre sí mismo.* Cuando su plan comienza a tomar cuerpo usted puede considerar las oportunidades y los problemas en su debida perspectiva.

4. *Se fija metas mientras evalúa su progreso.* Su plan le permitirá saber qué es lo que necesita hacer y cuándo, además de mantenerle al tanto de sus logros. Un plan le puede ayudar a establecer pautas coherentes para alcanzar sus metas.

5. *Considera las alternativas.* Un plan le permite escoger caminos alternativos de antemano, de modo que si una estrategia no diera resultado, podría elegir otra a su alcance y continuar avanzando hacia sus metas.

Desarrollar un plan de *marketing* significa desarrollar un sentido del compromiso. Si sus metas siguieran siendo vagas o poco definidas, no podría saber si está orientado en la dirección correcta. Elabore un plan y sígalo, y habrá hecho un compromiso real para planear su futuro de la manera que usted desea.

LAS CINCO PARTES DEL PLAN

Toda empresa, grande o pequeña, cuenta con un plan de *marketing*. Esos carteles de propaganda que usted ve en las paradas de autobuses, así como los boletines de los supermercados, son parte de un plan de mercadotecnia, como lo es el respaldo de Michael Jackson a Pepsi. Escribir en el cielo la marca de su producto sobre una playa frecuentada en un día tórrido de verano (particularmente eficaz si su producto es una bebida refrescante), enviar muestras gratis, o auspiciar un acontecimiento, pueden ser parte de un plan semejante. Su plan de mercadotecnia podría incluir enviar una carta a un pariente que trabaja en una empresa o distribuir su tarjeta comercial en un partido. Cada empresa tiene su propio plan de *marketing* exclusivo, pero casi todos los planes contienen los mismos cinco elementos básicos:

1. La declaración del propósito (de qué se trata)
2. La descripción del producto (quién soy)
3. La perspectiva general (mis planes profesionales a largo plazo)
4. El plan de acción inmediato (mis planes profesionales a corto plazo)
5. Las estrategias e instrumentos de mercadotecnia (cómo llegar a donde necesito ir)

Comience su plan de mercadotecnia formulándose las cinco preguntas correspondientes:

1. ¿Cuáles son mis principales objetivos profesionales?
2. ¿Quién soy y qué tengo que ofrecer?
3. ¿Cuál es mi foco (o focos) de interés fundamental?
4. ¿Para quién desearía trabajar específicamente?
5. ¿Exactamente cómo voy a alcanzar mis metas?

Sus respuestas serán las bases de su plan y le orientarán hacia el éxito futuro. Así como lo hace cualquier empresa, usted debería reexaminar su plan de *marketing* cada seis meses poco más o menos. ¿Está bien orientado para alcanzar las metas que se ha fijado? ¿Ha utilizado las estrategias y recursos que había planeado usar? Quizá sus metas han cambiado –en cuyo caso debería reconsiderar, actualizar, o redactar nuevamente su plan para adaptarlo a las nuevas circunstancias.

La declaración del propósito (de qué se trata)

¿Cuáles son mis principales objetivos? ¿Qué pretendo de mi trabajo? ¿Qué me puede hacer sentir feliz y realizado?

Una declaración de propósitos debería contener un breve resumen de dónde se encuentra usted hoy, y a dónde quiere llegar en el futuro. Este elemento le ayudará a clarificar y definir sus metas, y a establecer un programa para su realización.

Benjamín era un actor esforzado y trabajaba como camarero en Chicago. Sin embargo, pasaba más tiempo en el trabajo que actuando, y a los 32 años de edad resolvió fijarse nuevas metas. Disfrutaba en el ambiente del restaurante, pero no quería seguir siendo un camarero. Benjamín se ocupó de su Inventario de Valores, y confeccionó una lista de veinte argumentos de venta que podría aplicar al rótulo de servicios de restaurante. Luego elaboró su plan de marketing y redactó su declaración de propósitos. Primero, se preguntó qué es lo que pretendía y necesitaba de su vida laboral. Pensó que realmente disfrutaba de la interacción con los diferentes tipos de personas a las que tenía acceso trabajando en un restaurante. Le entusiasmaba la actividad constante y las diversas responsabilidades en esta rama de la industria de los servicios. Su objetivo era llegar a ser gerente de un establecimiento pequeño o mediano dentro de los próximos dos años. (Su plan de marketing completo, junto con su Inventario de Valores aparecen al final de este capítulo).

La descripción del producto: Quién soy

¿Cuáles son mis activos más valiosos? ¿Qué tengo que ofrecerle al público comprador? ¿Qué necesidades reales y emocionales puede satisfacer mi "producto"?

Para vender un producto, usted antes tiene que describirlo, de manera tal que resulte atractivo e irresistible. Describa exactamente qué es y cuál es su propósito, de modo que alguien que no lo haya visto nunca antes sepa de qué se trata.

Si el producto fuera similar a otros en el mercado, la descripción debería incluir aquellos aspectos que lo distinguen de los demás. En vista de que usted es único, y de que la mayoría de los empleadores nunca le han conocido, debe proporcionarles una descripción general de quién es usted y de cómo se pueden beneficiar con su incorporación. También necesita persuadirles de que usted es más deseable que los competidores.

Su Inventario de Valores y sus argumentos de venta constituyen la base de su descripción del producto. Todos esos logros describen en términos favorables quién es usted. Analícese minuciosa y sinceramente: ¿Cuáles son sus puntos fuertes y sus puntos débiles? ¿Qué logros le dan poder de negociación? Todo lo que pudiera hacerle aparecer más atractivo a los ojos del empleador potencial debería ser mencionado. Cuanto más específica y detallada sea la descripción, más fácil le resultará identificar aquellas cualidades que le hacen más *vendible*.

Cuando va a buscar un paquete de cereales para el desayuno, usted se enfrenta con docenas de marcas y sabores. Pero sólo el que dice "enriquecido con calcio" es el que le interesa, porque eso es lo importante para usted. A alguien más puede interesarle otra marca con "sabor a frutas". Poner el acento en el aspecto nutritivo es parte del plan de *marketing* de una compañía elaboradora de cereales, mientras que otras enfatizan la cuestión del sabor.

La única manera de escoger una alternativa es saber cuáles son las características especiales que hacen a un producto diferente de los demás. Lo mismo es válido para usted. Conocer cuáles son sus puntos fuertes y presentarlos bajo el ángulo más favorable, es la única manera de persuadir al empleador para que le seleccione a usted.

> *Los antecedentes profesionales y el Inventario de Valores de Benjamín le permitieron adquirir el conocimiento que él aplicó para elaborar su descripción del producto. Había desempeñado múltiples tareas a través de los años en muchos sectores del sector gastronómico, como barman, camarero y como supervisor en una empresa de comidas por encargo. Estaba en condiciones de utilizar esta experiencia para preparar su argumento de venta.*

La perspectiva general:
Mis planes profesionales a largo plazo

> *¿Cuál es mi principal foco de interés (la contabilidad, la fabricación, la ingeniería, las leyes, ...)?*

Esta parte del plan toma en consideración todos los factores que pueden influir en sus tácticas de mercadotecnia. Necesita hacer un análisis del *mercado* o industria a la cual desea ingresar, co-

177

nocer las compañías que le interesan y familiarizarse con la competencia. Esta etapa requiere reflexión e investigación –sin ello no podría progresar. Algunas personas se ven tentadas a pasar esta etapa por alto, porque lleva tiempo y esfuerzo, pero podrían perder muchas oportunidades si así lo hicieran. Por ejemplo, si quisiera hacer una carrera dentro de una compañía de aviación, querría saber cuáles son las posibilidades para usted. Puede aspirar a convertirse en piloto de una aerolínea. ¿Qué sucedería si eso no resultara? ¿Qué pasaría si no satisficiera los requisitos físicos? ¿Renunciaría por completo a volar? Si el único puesto que usted conoce es el de piloto comercial, podría estar omitiendo otras alternativas, como trabajar para la Fuerzas Aéreas, ser piloto de aviones de carga, o volar en un reactor empresarial.

Se limita a sí mismo al no sacar ventaja de lo que otros han aprendido antes que usted. Familiarícese con la estrategia de la búsqueda. Acuda a la biblioteca, converse con otras personas, lea los periódicos y revistas. No tiene por qué hacer todo a la vez.

Alterne con las personas que trabajan habitualmente en su misma especialidad y, de ser posible, con aquellos que también están buscando empleo. Esta es una manera de llegar a conocer las tendencias del mercado y descubrir cómo puede adaptarse al mismo.

Analice las tendencias económicas. ¿Va a ingresar en una especialidad con una alta demanda? De ser así, ¿continuará siéndolo? En el Capítulo 20 se ha incluido una lista de treinta ocupaciones con un gran crecimiento potencial. Desde luego, no hay manera de saber si una nueva tecnología no puede hacer que su especialidad se vuelva repentinamente obsoleta. El empleo que usted busca debería ofrecerle suficientes posibilidades para poder volver a entrenarse y trasladarse fácilmente a otro puesto.

Existen modas en el mercado laboral, así como en la industria del vestido, por eso debería asegurarse de ir tras una industria en crecimiento, y no una que pueda desaparecer en cinco años. El subsecretario de Trabajo, Roberts T. Jones, sugiere a los trabajadores "ser muy cautelosos con el ciclo de vida del producto (o servicio) cuando consideren un nuevo empleo o carrera".

Un análisis del mercado global puede ser particularmente útil si usted pretende progresar en su especialidad u otra relacionada con ella. Si usted analiza su industria, puede encontrar maneras de hacerse notar dentro de la misma –y cuanto más se haga notar, mayor será su red de contactos y más numerosas las posibilidades de progresar. Su plan de *marketing* debería incluir un análisis de las asociaciones industriales, de las exposiciones y de las conferencias.

Hacerse notar significa mostrarse frente a la competencia. Mi odontóloga, Elane, había trabajado en esa especialidad durante diecinueve años. Agotadas sus posibilidades, intentó cambiar de profesión, pero se sentía limitada porque tenía antecedenes técnicos específicos. Se incorporó a la asociación odontológica y finalmente llegó a ser su presidente. Una de sus responsabilidades era coordinar las convenciones regionales para todo el estado de Nueva York. Valiéndose de esta experiencia ahora está contemplando la posibilidad de dedicarse a la organización de acontecimientos especiales. Como consecuencia de su actuación en la asociación, también le ofrecieron un puesto para la venta de equipos odontológicos en las muestras industriales de todo el país. Hoy cuenta con dos interesantes opciones, todo porque abandonó su consultorio y el ambiente que ella conocía.

Otras consideraciones para su plan general de mercadotecnia son los factores personales. ¿A usted le gusta viajar en su empleo? ¿Está casado o divorciado? ¿Se puede trasladar de una a otra parte del país? Dentro de estas consideraciones entra todo lo que pueda influir sobre su estrategia de *marketing*.

A esta altura, Benjamín comenzó a hacer un análisis serio de la industria gastronómica y los servicios de restaurante. Su indagación le mostró que esta era un área con buen desarrollo potencial, una especialidad en creciente demanda por mucho tiempo. Cumplió los requisitos y se incorporó a la asociación de restaurantes del área de Chicago. Como conocía a una gran cantidad de gente en la industria, pudo conversar con otros gerentes y dueños de restaurantes. Pensó en adquirir su propia licencia para la venta de comidas rápidas o abrir su propio servicio de comidas por encargo. Benjamín también se conectó con las cámaras de comercio de las ciudades vecinas para averiguar cómo actuaba la competencia en otras regiones del país.

El plan de acción inmediata:
Mis planes profesionales a corto plazo

¿Para quién y con quién le gustaría trabajar? ¿Quién podría ser su "comprador" ideal? ¿Qué tipo de empleo estaría dispuesto a aceptar de ser necesario?

Ahora delimite y depure su lista de oportunidades laborales hasta abarcar solamente aquellas que se adecuan exactamente a sus pretensiones. Por ejemplo, si usted deseara intimidad y una sólida estructura, debería buscar solamente aquellas compañías que pueden brindarle esa clase de ambiente. Si usted prefiriera un ambiente tranquilo y cordial con mayor énfasis en el trabajo de equipo, su búsqueda debería apuntar hacia una estructura empresarial más flexible y menos jerárquica.

Aquí es donde su plan comienza a volverse específico. Ya no puede decir, "estoy buscando un empleo". Ahora debe individualizar a las compañías –su objetivo es llegar no solo a esa empresa, sino al individuo de esa compañía que tiene autoridad para seleccionarle–. Comience a partir de una lista de diez a veinte personas. (La extensión de su lista dependerá de la industria y del sector que usted cubra). Necesitará el nombre de la compañía, el nombre de la persona que tiene autoridad para decidir su incorporación, su título profesional correcto, su dirección y su número telefónico.

Averigüe tanto como pueda acerca de cada compañía. Las empresas tienen sus personalidades como la tienen los individuos: su personalidad debe ser compatible con la de ellos; de no ser así, la relación jamás resultaría.

Carolina es una persona vivaz y sociable con un alto nivel de energía. Es una de esas personas a quienes les encanta alternar con la gente. Cuando fue entrevistada para un empleo de *telemarketing* en una oficina de dos personas, le pareció una buena oportunidad. Pero Carolina no había meditado lo suficiente. No había tenido en cuenta su personalidad. Pensó que conversar por teléfono con la gente era suficiente interacción, pero lo que ella necesitaba realmente era un contacto personal. Pronto se dio cuenta de que necesitaba un ambiente laboral más amplio y un empleo que le permitiera un contacto directo con los clientes.

Algunas compañías son sumamente conservadoras y tradicionales; otras son más dinámicas e innovadoras. Si usted disfruta en un ambiente dinámico, probablemente no se sentiría a gusto en una organización formal y conservadora. Acuda a las bibliotecas y haga algunos ejercicios en casa. Analice los informes anuales y trimestrales recientes para darse una idea del estilo empresarial. Busque información que pueda ponerle al tanto de cómo procede la compañía y quiénes son sus altos ejecutivos. Algunas de estas fuentes son:

- Las publicaciones y boletines empresariales
- Las revistas de la industria
- Las secciones específicas de los diarios

También puede consultar los boletines de las cámaras y asociaciones industriales. Escriba a las asociaciones que le interesan
para solicitar una lista de las industrias de su área de especialización. Averigüe en las cámaras de comercio de otras ciudades o pueblos donde le gustaría trabajar. Estarán dispuestas a proporcionarle una lista de las industrias locales.

> *Benjamín resolvió buscar trabajo en Chicago, Detroit,
> San Luis e Indianapolis. Visitó muchos restaurantes y
> conversó con una gran cantidad de personas en todas
> las ciudades que tenía en su lista. (No siempre es
> posible averigüar las fuentes de empleo de otras ciuda-
> des –pero si lo lograra, sería una buena manera de ob-
> tener un conocimiento directo de las oportunidades y
> las condiciones que ofrece una compañía). Benjamín
> confeccionó una lista de dieciocho restaurantes posi-
> bles. Su lista incluía establecimientos que llevaban más
> de cinco años instalados, un ambiente formal o semi-
> formal, una buena ubicación, un servicio de calidad, y
> comida excelente. Tenía los nombres, las direcciones y
> los números de teléfono de los propietarios y/o directi-
> vos, y estaba listo para pasar a la etapa de acción de su
> plan de marketing.*

Las estrategias e instrumentos de mercadotecnia: Cómo llegar a donde necesito ir

> *¿Qué voy a hacer para alcanzar mis metas? ¿Dónde de-
> bo empezar mi búsqueda? ¿Cómo puedo hacerle saber
> a la gente que estoy disponible?*

Cuando Jack y Jill, los dos hermanos dueños de la tienda de
zapatos, pensaron en dar a conocer su negocio, no tenían idea de
cómo hacerlo. Malgastaron tiempo y dinero en ideas que no dieron
resultado. Hasta que no estudiaron el mercado e identificaron
quiénes podían estar interesados en su producto no lograron difun-
dir la noticia entre su público comprador.

181

Una vez que usted haya efectuado la descripción de su producto, su perspectiva general y su plan de acción inmediata, podrá empezar a seleccionar sus instrumentos de mercadotecnia y desarrollar sus estrategias creativas. Si usted estuviera preparando un plan de mercadotecnia para una pequeña empresa –por ejemplo, una zapatería para niños–, sus instrumentos de venta deberían incluir la publicidad por radio y televisión, los anuncios en revistas y periódicos y la correspondencia directa. Su estrategia debería definir cuáles de esos medios utilizar, con qué frecuencia sacar la publicidad, y qué porcentaje de su presupuesto invertir en publicidad. Debe fundamentarse en todo el conocimiento que usted ha acumulado acerca del mercado. Para vender sus zapatos para niños, debería escoger los programas televisivos de las primeras horas de la mañana y las secciones de los diarios consagradas a la familia. Si usted vendiera pantalones vaqueros para adolescentes, debería anunciarse en un programa para la juventud o en las revistas "de onda".

Lo mismo vale para su *marketing* propio. Usted debe escoger los instrumentos de venta que mejor se adaptan a su *producto*. Haga sus ejercicios en casa –averigüe los instrumentos de mercadotecnia que tiene a su alcance, analice sus posibilidades de penetración; su propósito no sólo debe ser darse a conocer: necesita dar una información calificada que pueda permitirle lograr una entrevista.

Tenga en cuenta que he dicho lograr una entrevista, no conseguir un empleo. Si bien el empleo es la meta final, su esfuerzo de mercadotecnia está dirigido a darle tantas opciones como sea posible. Cuanto más sean las entrevistas que obtenga, más ofertas de empleo recibirá.

Su estrategia también debería incluir un programa. Planee cuánto tiempo usted consagrará por día, semana o mes, a su búsqueda. ¿Su meta es asistir a dos entrevistas por día, o a dos por semana? (Esto dependerá de si usted está o no empleado en la actualidad). Prepare un plan de acción como el que sigue:

- Domingo: leer los anuncios clasificados.
- Lunes: responder a los anuncios y concertar las citas; ir a la biblioteca.
- Martes: escribir cartas y/o acudir a las citas.
- Miércoles: establecer contactos telefónicos.
- Jueves: ir a las agencias de empleo.
- Viernes: continuar la búsqueda en la biblioteca.

Su plan de acción se modificará de una semana a otra a medida que usted progrese en su búsqueda. Fíjese normas y pautas. Recuerde que no existen perdedores en esta partida, sólo desertores.

Benjamín todavía estaba empleado cuando decidió cambiar de carrera, de modo que tuvo que crear ciertas pautas para organizar su tiempo. Contaba con más tiempo libre por la mañana, ya que sus responsabilidades como camarero no comenzaban hasta el mediodía. Resolvió que sus instrumentos de mercadotecnia más eficaces serían las cartas y los contactos personales. Además, leería diariamente los anuncios clasificados publicados en los diarios de Chicago y se suscribiría a los matutinos dominicales de otras ciudades que figuraban en su lista.

Repase su estrategia periódicamente y lleve un registro de sus progresos. ¿Qué instrumentos de mercadotecnia han proporcionado las mayores aproximaciones? ¿Dio alguno mejores resultados de los que usted esperaba? ¿Peores? Corrija su estrategia de acuerdo con ello.

LOS INSTRUMENTOS DE MERCADOTECNIA

Las redes de información y los contactos personales

Las estadísticas revelan que hasta el 80% de todos los nuevos empleos se encuentran a través de los sistemas de información. James Clemence, director de Desarrollo Gerencial en Peat Marwick, mantiene que en el futuro "conseguir un empleo dependerá de las habilidades para intercambiar información. Va a resultar cada vez más difícil para las personas que buscan empleo encontrarse frente a frente con el personal que realmente las selecciona. Usted tiene que darse a conocer dentro de su profesión –en consecuencia, el intercambio de información debe ser su principal objetivo en su estrategia de búsqueda laboral".

En este sentido es importante tener en cuenta que *todas las formas de penetración son válidas*. No todas resultarán productivas, pero usted nunca podrá saberlo a no ser que lo haya intentado.

Todo el mundo tiene contactos. Con esto no quiero decir que usted conozca a todas las personas que estén en condiciones de ofrecerle un empleo. Pero en alguna parte encontrará un indicio que le permitirá llegar a alguien que sabe de un puesto vacante. Las situaciones más improbables a menudo resultan ser las más interesantes.

No hay manera de predecir quiénes entre sus contactos pueden darle los mejores indicios. Por consiguiente, usted debería conectarse con todos. Esto incluye a su familia, amigos, antiguos conocidos, compañeros de la universidad o profesores, su médico, su odontólogo, su abogado, su peluquero, los socios del club al que usted pertenece... en suma, todas las personas que conozca.

Trate de decirle a la gente qué es exactamente lo que usted busca. Hágales saber que usted apreciará cualquier ayuda que puedan brindarle. La siguiente persona con quien ellos se encuentren puede hablarles de una vacante de empleo, y a usted le convendría que su contacto pensara de inmediato en su necesidad. Y si alguien le dijera: "Vuelve a llamarme dentro de una semana", hágalo. Puede no resultar una evasiva como parece ser.

Haga una lista de los diferentes motivos por los cuales usted podría intercambiar información y de las personas conocidas que podrían satisfacer esas necesidades.

Su libreta de anotaciones podría ser algo así:

Fuentes de información:
¿Quién está más informado acerca de mi especialidad? ___
_____
¿Quién que yo conozca puede ponerme en contacto con esa persona? _____
_____
¿Quién posee información que pueda utilizar para ampliar mis conocimientos en casa o en el trabajo? _____
_____
¿Quién puede proporcionarme orientación para resolver problemas, o ayudarme a decidir cuál debería ser mi próxima acción? ___
_____
_____

Si no conozco a esa persona, ¿sé de alguien que la conozca? (La mayoría de la gente se complace en ayudar, siempre que usted llame en una hora conveniente y tenga un propósito específico.) _____

_____

_____

Otros nombres _____

_____

_____

Grupos de apoyo:
¿Quiénes son las personas de mi entorno que están "en el mismo barco"? _____

_____

¿He hecho algunos favores a mis amigos? ¿Quiénes son? __

_____

¿Con quiénes de mis amigos disfruto intercambiando ideas y experiencias? _____

_____

¿Cuáles de mis amigos y colegas reconocen y aprecian mis habilidades y logros? (¿Son personas a quienes usted pueda utilizar como portavoces? Por ejemplo, ¿por qué no someter a prueba esa nueva idea antes de presentarla a los altos ejecutivos de su compañía? No necesita dar todos los detalles. Preséntela como un concepto nuevo a algunas personas de su entorno y verifique la respuesta. Dicha respuesta le puede ayudar a determinar su próxima acción.) _____

_____

Otros nombres _____

_____

_____

Familia, amigos, conocidos:
¿A quiénes conozco (no olvide a los parientes lejanos) que trabajen en la misma especialidad u otra afín? _____

_____

¿Cuál de las personas que conozco puede ser el mejor informante? _____

_____

_____

185

(Conéctese con aquellas personas que puedan ayudarle a relacionarse –les encantará)

¿Le he hecho saber a alguien que estoy en busca de empleo? Se lo he dicho a mis:

Amigos_____ Familia_____ Médico_____ Abogado_____

Dentista_____ Contador_____ Vecinos_____

Ex empleadores_____ _____Colegas

Socios del club_____ Miembros del equipo deportivo_____

Posibilidades futuras:

_____

_____

_____

¿Quiénes son las personas que más me interesaría conocer? (Alguien a quien he escuchado en una conferencia, alguien de quien me ha hablado bien un amigo o colega, etcétera) _____

_____

_____

¿Cómo me puedo poner en contacto con esas personas? _

_____

_____

¿Existen clubes, organizaciones o asociaciones que puedan ponerme en contacto con la clase de personas que deseo y necesito conocer? _____

_____

_____

¿Conozco a alguien, o hay alguien que quiera conocer, que pueda indicarme quién puede ayudarme a progresar? _____

_____

_____

¿Cómo puedo encontrar a esas personas? (La red de relaciones se parece mucho a un juego de adivinanzas –el hecho de encontrar una clave le lleva a la siguiente solución y así sucesivamente. Un contacto remite a otro, el cual a su vez conduce a otro, hasta que usted encuentra el indicado que le proporcionará la solución que necesita) _____

_____

_____

¿Cómo puedo hacer mis propias "relaciones públicas"? Hay un boletín de noticias donde pueda informar sobre mi ascenso, mi conferencia, etcétera? _____

_____

_____

¿Un periódico local? _____

_____

¿Una revista de la industria? _____

_____

Otras publicaciones _____

_____

_____

La entrevista de información

La entrevista informativa es uno de los instrumentos de mercadotecnia más eficaces a su alcance. La información le da poder. Si usted se fuera a desplazar de una a otra actividad –por ejemplo, de la atención odontológica a la organización de convenciones– su mayor desventaja sería que probablemente no conocería muchos detalles de esta última industria que es nueva para usted. Si usted recurre a las entrevistas de información, en las cuales su objetivo no es necesariamente lograr una oferta de empleo, puede concentrarse en llenar un vacío de conocimientos.

Muchas personas que se negarían a una entrevista laboral, a menudo se sienten complacidas y acceden cuando usted les pide su consejo u opinión. No obstante, esté preparado en caso de que la misma se transformara en una entrevista laboral. Recuerdo haber concurrido a una entrevista de información con un tal Señor Stein. Un amigo le había hablado de mí a Stein, y sabía que no había puestos disponibles en esa empresa, pero también estaba al tanto de que Stein sabía mucho acerca de la publicidad. Mientras estaba sentada en su oficina, pasó por allí un colega del señor Stein. Resultó ser que esta persona necesitaba un representante de ventas para el área de publicidad, y me concedió una entrevista laboral en el acto. Podría haber perdido la oportunidad si no hubiera estado preparada para lo imprevisto.

En una entrevista de información usted necesita hacer preguntas como:

- ¿Qué es lo que a usted le agrada de esta industria?
- ¿Qué es lo que no le gusta?
- ¿Qué es lo que busca la gente cuando selecciona personal para esta especialidad?

187

- ¿Qué asociaciones representan mejor a esta industria?
- ¿Existen periódicos y revistas de la industria que me puedan informar?
- ¿Cómo ingresó en la industria?
- ¿Existe una trayectoria profesional "normal" dentro de esta especialidad?
- ¿Qué requisitos son fundamentales para tener éxito en esta industria?

Cuanto más sepa acerca de una industria, más al tanto estará de lo que busca la gente en esa industria y de las posibilidades que usted tiene. Puede adaptar su enfoque en una entrevista laboral de modo de hacer hincapié en sus aptitudes específicas. Incluso puede citar sus fuentes de información: "Carlos Pareja de XYZ dice que se requiere paciencia y razonamiento para tener éxito en esta industria. Esas son dos de mis principales cualidades".

Las entrevistas de información también sirven como práctica para las entrevistas laborales. Usted puede poner a prueba su capacidad de comunicación, de modo que cuando verdaderamente reciba una oferta de empleo, pueda estar preparado y seguro de su desempeño en las entrevistas.

Los anuncios clasificados

El primer recurso de mercadotecnia que tenemos en cuenta es el anuncio clasificado. La ventaja de estos anuncios es que se pueden recorrer rápidamente, cubriendo un amplio territorio en poco tiempo. El inconveniente es que todos los demás hacen lo mismo, especialmente en las grandes ciudades, donde la competencia puede ser enorme. No permita que eso lo detenga. Si el puesto es sobre algo que usted conoce, téngalo en cuenta.

Si puede, consiga ejemplares atrasados de los diarios. No todos los puestos se cubren de inmediato. Muchas veces los empleadores esperan que se presente el candidato adecuado –y ese puede ser usted. Revise toda la sección de clasificados. La denominación del puesto puede ser engañosa, y una compañía (o el periódico mismo) pueden haber sacado el anuncio bajo un título inverosímil. De modo que no se limite a buscar solamente bajo la denominación del puesto que usted piensa que necesita. Por ejemplo, *The New York Times* a menudo saca anuncios en la "A" en el que figuran requerimientos de "asesores impositivos", así como en la "I" figuran anuncios sobre "Impuestos-asesoramiento". Si usted deseara iniciarse en las relaciones públicas, debería buscar bajo esa denominación –pero también debería considerar dar su primer paso como recepcionista o secretaria administrativa en una empresa de RRPP, y esos puestos pueden aparecer bajo diferentes denominaciones.

Suscríbase a los diarios locales. Si usted no fuera de la ciudad, asegúrese de que los clasificados se incluyan con su suscripción. Revise también las secciones empresariales y financieras. Lea las páginas de economía de su diario local e indague sobre las personas o compañías que le parezcan interesantes. Luego establezca contacto, telefónicamente o por escrito.

Si bien los anuncios clasificados a menudo representan una fuente de información, tenga en cuenta los inconvenientes. No sólo la competencia es mayor en este ámbito, sino que gran parte de los puestos vacantes jamás aparecen en los diarios.

Publicaciones empresariales, revistas especializadas y seminarios para aspirantes

Las publicaciones empresariales y las revistas especializadas habitualmente cuentan con una sección de anuncios clasificados, y están dirigidas a industrias específicas. Por lo general, son anuncios para el personal "interno" –que ya está dentro de la industria y está buscando cambiar de empleo.

Aquí también tenga en cuenta los inconvenientes. Probablemente haya una gran cantidad de personas con habilidades similares que soliciten esos puestos. Eso no significa que usted deba abandonar el intento. Simplemente, no debería sorprenderse si le rechazaran o no obtuviera respuesta alguna.

Los seminarios para aspirantes son una mejor fuente de oportunidades. Desarrollados por lo general en un hotel local o en un centro de convenciones, le dan la oportunidad de mantener conversaciones personales. Estos seminarios están dirigidos a cubrir puestos en los niveles inferiores, de modo que no son para todo el mundo. No obstante, pueden brindarle una oportunidad para las entrevistas de información y darle una idea de la clase de personas con quienes es probable que se encuentre en una industria en particular.

Agencias de empleo y seleccionadores de personal

Las agencias de empleo pueden ser una muy buena fuente de oportunidades laborales. El problema es que al haber tantas, escoger la más indicada puede resultar difícil. No tema hacer preguntas. Acuda a una agencia de prestigio.

Los seleccionadores de personal habitualmente ocupan puestos de nivel ejecutivo y también pueden ser una buena fuente. El problema en ambos casos es que usted no está tratando directamente con la persona que le empleará.

Los selectores de personal pueden estar provistos de su *currículum vitae*, pero si se limitan a enviarlo a la oficina de personal, usted será apartado por el empleador potencial. Usted es el único que puede *venderse* realmente al empleador, y la mejor manera de lograrlo es establecer un contacto directo con el mismo. (En la Quinta Parte de este libro se analizará este tema con detalle).

La mayor parte de las agencias y seleccionadores reciben sus honorarios de la compañía, de modo que sus servicios son gratuitos para usted. De todos modos, asegúrese de haber comprendido que no está obligado a hacer ningún pago antes de firmar nada, y desde luego antes de haber dado dinero a alguien. Esté alerta con cualquier agencia que le pida dinero por adelantado, antes de que le hayan puesto en contacto con algún empleador.

La correspondencia directa

Es el recurso más nuevo en el campo de la mercadotecnia y la publicidad. Todas esas cartas que usted recibe en su hogar induciéndole a comprar nuevos productos, a suscribirse a una revista o a hacer una donación, son campañas de correspondencia directa.

La correspondencia directa también es uno de los métodos más eficaces y rápidos entre los que usted dispone para su búsqueda laboral. Es tan importante que el Capítulo 23 está enteramente consagrado a este esfuerzo epistolar.

UNA MUESTRA DEL PLAN DE MERCADOTECNIA

Un plan de mercadotecnia es un recurso para precisar y concentrar su búsqueda y su estrategia profesional a largo plazo. El documento debe estar reservado solamente a usted, de modo que no se preocupe por el estilo o el formato. Confeccione un plan que usted pueda entender.

Esta es una muestra del plan de *marketing* de Benjamín:

1. Declaración de propósito

Actualmente trabajo con jornada completa como camarero en la empresa Sullivan's Steak de Chicago. Quiero permanecer en la industria gastrónomica o en los servicios de restaurante, en un establecimiento entre pequeño y mediano. Mi meta es alcanzar un puesto directivo en dos años.

2. Descripción del producto

(Esta parte consiste en una lista de veinte argumentos de venta. Este es un ejemplo):

Mi función (o misión), como supervisor del servicio de comidas por encargo *Fine Feasts to Go*, era controlar los programas de entrega para evitar omisiones entre el personal temporal. Estas omisiones eran con frecuencia la causa de un servicio ineficiente.

Mi acción fue llevar a cabo una red entre los empleados, haciendo a cada individuo responsable de encontrar su propio relevo.

Mi logro fue que las omisiones disminuyeron en un 65%, mejorando con eso el servicio y la eficiencia, y generando un 30% más de pedidos.

3. La perspectiva general

1. Permaneceré en la industria de la alimentación
2. Me suscribiré a las revistas de la industria, me inscribiré en las asociaciones, incluso la Asociación Nacional de Camareros y la Asociación Nacional de Restaurantes.
3. Escribiré a las cámaras de comercio de Indianapolis, Minneapolis, Detroit y San Luis.
4. También consideraré las posibilidades de concesión de licencias en otras ciudades. En vista de que tengo contactos en la industria de los servicios de comidas a domicilio, esta puede ser otra área de indagación.

4. El plan de acción inmediata

Mi primer objetivo laboral es acudir a la biblioteca para obtener las direcciones de las cámaras de comercio, hojear las revistas y periódicos de la industria gastronómica, y luego hacer una lista de posibles contactos personales.

He elegido dieciocho restaurantes para presentarme como subgerente. Cinco están en Chicago, cuatro en Minneapolis, dos en Detroit cinco en San Luis, y dos en Indianapolis. Todos llevan cinco años en la industria o más, están muy bien ubicados, son de ambiente algo conservador, y tienen prestigio por su excelente cocina. También tengo los nombres de tres servicios de banquetes a domicilio, instalados en Chicago y Minneapolis. (Aquí Benjamín anotó los nombres, las direcciones y los números de teléfono).

5. Estrategias e instrumentos de mercadotecnia

Mis principales recursos de mercadotecnia son:

1. La red de contactos
2. La correspondencia directa
3. Los anuncios clasificados en las revistas de la industria
4. Los anuncios clasificados en los diarios

Me ocupo del *marketing* casi siempre por la mañana. No obstante, debo hacer algunas llamadas desde mi empleo actual a fin de localizar a las personas que llegan más tarde a la oficina o trabajan en las primeras horas de la noche.

Me tomo una semana de permiso en mi empleo y acudo a las entrevistas que he concertado en otras ciudades (citas todas concertadas de antemano por teléfono).

Dispongo de un lugar especial en mi casa donde guardo todas mis notas y averiguaciones. He creado y organizado un método de seguimiento para mantenerme informado de todas las citas, llamadas telefónicas y entrevistas.

Plan de acción semanal: (En este sentido, Benjamín estableció un plan de acción semanal, día por día, de manera de saber con precisión qué es lo que debe hacer cada día para alcanzar su meta).

Los próximos tres capítulos le ayudarán a desarrollar su plan de mercadotecnia. Antes de tomar cualquier decisión final en el planeamiento de su búsqueda laboral, usted necesita analizar el mercado. Los capítulos siguientes le darán una idea acerca de las tendencias económicas vigentes, sobre los empleos de más futuro y con mayor demanda en la actualidad, dónde están esos puestos y cómo acceder a los mismos.

19

Conozca el territorio

Las tendencias de la nueva economía

19º Principio de las Ventas y Mercadotecnia
El éxito de un plan de marketing se fundamenta en la interpretación de las tendencias económicas vigentes.

¡Felicidades! Usted acaba de ser contratado por *Kids' Skids* para comercializar su nueva línea de calzado deportivo en todo el territorio del Noroeste.

Se siente satisfecho consigo mismo, y sabe muchísimo acerca de la nueva línea, pero no tiene idea acerca del territorio mencionado. ¿Cuál de las siguientes acciones es la primera que debe emprender?

A. Acudir al lugar y comenzar a llamar a las puertas.
B. Conseguir un mapa.
C. Llamar a la Cámara de Comercio y pedir una lista de empresas que se abastecen habitualmente de esta nueva línea, y analizar quiénes son, dónde están ubicadas y cómo operan.

D. Examinar cuidadosamente los viejos archivos de la compañía y buscar las áreas de concentración de ex compradores. Determinar quiénes eran y por qué ya no se abastecen de este calzado.

Las decisiones B, C, y D son lógicas y prácticas. Si su decisión ha sido A, que es lo que solemos hacer con la precipitación del entusiasmo, invertirá demasiado tiempo para no lograr nada.

Usted tiene que conocer el territorio.

Todo esfuerzo de venta requiere información básica, lo cual incluye las tendencias pasadas, presentes y futuras para el producto que usted pretende vender.

Su esfuerzo de *marketing* para la búsqueda laboral no es una excepción. Antes de *salir* y comenzar a buscar empleo, usted debería estar en condiciones de responder a estas preguntas:

- ¿Quién está buscando a quién?
- ¿Cuáles son los puestos disponibles en su área de interés?
- ¿Dónde están ubicados esos empleos?
- ¿Qué tipo de experiencia, formación, y/o entrenamiento necesita para acceder a esos puestos?

Al comprender ciertas características básicas de la economía vigente –cómo ha sido y hacia dónde va– tendrá más posibilidades de elegir un futuro estable y satisfactorio.

SU *MARKETING* PERSONAL EN LA NUEVA ECONOMIA

¿Por qué son importantes los hechos, las cifras y las estadísticas de nuestro cambiante panorama laboral? ¿De qué manera pueden ayudar sus esfuerzos de mercadotecnia? Pueden ayudarle a transformar algunos factores que una vez fueron una desventaja (como la edad, el nivel social o los antecedentes étnicos) en una ventaja.

Por ejemplo, consideremos el ámbito publicitario. Hasta no hace mucho tiempo, los anuncios publicitarios estaban dirigidos a un mercado genérico. Ahora muchas compañías tienen diferentes secciones, concentrada cada una en un diferente mercado. María Hernández, que acaba de iniciar su carrera como redactora publicitaria, ha descubierto que tiene una ventaja sobre otros candidatos debido a sus antecedentes hispánicos.

Leonardo Kolberg, un liquidador de seguros jubilado, de 69 años, en la actualidad tiene una gran demanda como investigador privado a tiempo parcial en muchos pequeños estudios jurídicos. Los estudios necesitan alguien con los antecedentes y la experiencia profesional debida (para fotografiar los lugares de los accidentes, entrevistar a los testigos, entregar las citaciones, etcétera). Leonardo sigue siendo un miembro de la clase trabajadora, en una actividad que está de acuerdo con su edad y estilo de vida.

Tanto Leonardo como María han utilizado su talento y habilidad, junto con su conciencia de los cambios en el ámbito laboral para *venderse* a los empleadores que requerían sus conocimientos y experiencia.

Pero es imposible postularse en el cambiante mercado laboral sin conocer las tendencias e influencias que configuran la economía de un país –y determinan las condiciones en los ámbitos de trabajo.

LA CAMBIANTE FUERZA LABORAL

La clase trabajadora norteamericana hoy parece muy diferente de lo que fue hace veinte años. Según la publicación *Workforce 2000*, "En los años venideros, las compañías que requerirán mayores cambios serán aquellas que emplearon mayormente hombres jóvenes de raza blanca. Los servicios de transporte de carga, así como las industrias militares, se verán obligadas a buscar personal más allá de sus fuentes tradicionales".

John Doe, un gerente bancario de Chicago a fines de la década del cincuenta, podía observar en torno suyo y ver una docena de individuos exactamente parecidos a él en diferentes puestos del banco. Doe sabía cómo manejarse con ellos y con sus problemas porque formaban un grupo homogéneo.

Cuarenta años más tarde, John Doe, hijo, administra otro banco de Chicago. Puede observar en torno suyo una variedad étnica que su padre jamás podría haber imaginado. Sus responsabilidades gerenciales ahora le exigen manejar y comprender a un personal con amplias diferencias culturales. Esta situación es un ejemplo típico de las cinco principales influencias en el ámbito laboral actual.

1. *La influencia extranjera*. Los inmigrantes representan el mayor incremento en la población y la mano de obra de muchos países desde la Segunda Guerra Mundial. Las poblaciones inmi-

grantes tradicionales, principalmente europeas, han sido remplazadas por otras de países tan distantes como China, Japón, Vietnam, Corea e Irán, y próximos como México y Latinoamérica. Tanto los inmigrantes legales como los ilegales han tenido un gran impacto en la fuerza laboral. Se estima que para el año 2000, los inmigrantes sumarán de 4 a 7 millones de trabajadores al contingente laboral de Estados Unidos.

El banco de John Doe, como la mayor parte de las demás instituciones financieras de Estados Unidos, está vinculado con muchas compañías extranjeras. Muchos de sus nuevos empleados han sido especialmente incorporados para tratar con esas empresas, por eso, los bancos emplean cada vez más personal de diferentes nacionalidades y razas.

La inmigración ha afectado a la mano de obra en ambos extremos de la escala debido a la diversidad de la población en su configuración social y cultural. Si bien un gran porcentaje de la población inmigrante tiene menos de cinco años de estudios, un porcentaje igual son graduados universitarios.

La influencia extranjera en Estados Unidos ha incidido de manera diferente en las distintas regiones. Más de la mitad de los residentes nacidos en el extranjero viven en California, Texas y Nueva York. Fuera de Nueva York, la mayor parte de los nuevos inmigrantes se pueden encontrar en el Sur y el Oeste, con una quinta parte de los mismos que residen en Los Angeles.

Si usted ha nacido en el extranjero, debería sacar ventaja de su procedencia. Ofrézcase a las empresas que operan con su país de origen o que necesitan personal con dominio del idioma que usted maneja. Venda su capacidad de adaptación y comunicación que desarrolló y adaptó para poder vivir en una nación que es extranjera para usted.

2. *El factor minoría.* En el banco, John Doe, hijo, depende decididamente de sus empleados de origen hispánico para proporcionar los servicios necesarios a su clientela de habla española. Cuando su padre era gerente bancario, había muy pocas minorías empleadas en el banco. Hoy, un gran porcentaje de la dotación, en todos los niveles, pertenece a minorías.

Negros, hispánicos, orientales, y otras minorías están teniendo cada vez más participación en la población laboral. Para el año 2000, las minorías configurarán cerca del 15% de la clase trabajadora norteamericana. Las mujeres de color representan el mayor incremento, y pronto superarán a los hombres de igual raza como mano de obra.

3. *Las mujeres en el mundo laboral.* En las últimas dos décadas, las mujeres se han incorporado a la población trabajadora en una cantidad sin precedentes. Hace treinta años, a comienzos de la década del sesenta, trabajaba sólo el 11% de las mujeres que tenían hijos menores de seis años. Hacia 1988, ese porcentaje se elevó a 52. De acuerdo con las encuestas de la revista *Working Mother* (*Madres Trabajadoras*), "El 65% de todas las madres trabaja fuera del hogar; más del 50% de las madres recientes ingresan o vuelven de nuevo al trabajo antes del primer año de nacimiento de su hijo". Las pautas son constantes, si bien el porcentaje de ingresos está comenzando a disminuir un poco.

También se ha modificado rápidamente el tipo de tareas que cumplen las mujeres a medida que se desplazan hacia las ocupaciones tradicionalmente desempeñadas por varones. Hoy más de la mitad de los empleados bancarios son mujeres, incluyendo muchos vicepresidentes y subgerentes.

El predominio de las mujeres dentro de la población laboral activa ha influido decididamente en los servicios de guardería, la educación preescolar, los beneficios sociales, la flexibilidad horaria, los impuestos sobre los ingresos y los porcentajes salariales (y, hasta cierto punto, en la desigualdad de las escalas salariales entre hombres y mujeres).

Una vez más, el conocimiento va de la mano con el progreso. El hecho de saber que otras mujeres lo han logrado, y se las arreglan con las responsabilidades del hogar y de la empresa, le indica que usted también puede encontrar un empleo que se acomode a sus necesidades. Las mujeres han demostrado su influencia en el ámbito laboral, y ahora deberían tener más expectativas acerca de lo que pueden lograr.

4. *La disminución de las tasas de población.* Incluso en las compañías de medianas dimensiones ha incidido el más lento crecimiento poblacional. A fines de la década del setenta existía una sobreoferta de aspirantes para los puestos ejecutivos de mediano y alto nivel. Esa sobreoferta ha cesado y los empleadores tienen que esforzarse para encontrar candidatos calificados. Además, tienen que pagar sueldos competitivos para atraer al personal de los grandes bancos e instituciones financieras.

La generación de los *baby-boomers* (individuos nacidos durante la explosión de natalidad en la postguerra) fue responsable del rápido aumento en los porcentajes de la fuerza laboral hasta la década del setenta. Ahora, la generación *escasa* que le ha seguido (de los nacidos entre 1965 y 1978) ha hecho que la fuerza laboral aumente al ritmo más lento registrado desde la década del treinta.

Esto puede ser alentador para los que buscan empleo. Los empleadores tendrán que ofrecer mejores salarios para atraer a los individuos más competentes. De acuerdo con *Workforce 2000* (*Mano de obra del 2000*) el "mercado laboral será más reducido debido al más lento crecimiento de la mano de obra, y la menor reserva de trabajadores calificados... Habrá menos trabajadores calificados disponibles que en los años sesenta y setenta, y los empleados exigirán una mayor retribución". Provisto de este conocimiento, usted estará en condiciones de pedir más –y lograrlo.

5. *América ha madurado.* La generación de los *baby-boomers* ha llegado a la edad madura y la cantidad de jóvenes está declinando. En 1984, la edad media del trabajador norteamericano era de 35 años. Hacia el año 2000, la edad media será de 39.

El envejecimiento de la población puede tener una influencia positiva y negativa sobre la economía y el mercado laboral. Algunas de las consecuencias negativas pueden ser:

- Los sectores que tradicionalmente dependen de gente joven para su desarrollo y supervivencia (como la docencia, la construcción de viviendas, la industria del mueble) pueden verse afectados.
- La disminución de la cantidad de trabajadores jóvenes puede hacer más difícil el lanzamiento de nuevas empresas, y el crecimiento o el cambio para las compañías ya establecidas. Los trabajadores más veteranos habitualmente están menos dispuestos a desplazarse o entrenarse de nuevo en respuesta a las condiciones cambiantes.
- Muchas compañías buscan maneras de reducir progresivamente las jerarquías y el nivel gerencial medio. La competencia por los puestos de este nivel será mayor.

Pero también tendrá consecuencias positivas:

- Una fuerza laboral más veterana representa mayor experiencia, confiabilidad y estabilidad, lo cual se traduce en un aumento de la productividad.
- Las reservas nacionales aumentarán a medida que la población envejezca, lo cual es beneficioso para la economía en su conjunto. Los consumidores más jóvenes es más probable que gasten y se endeuden, mientras la gente de más de cuarenta años suele ahorrar e invertir.

- Las compañías que suelen emplear gente joven por salarios bajos van a tener que aumentar sus sueldos y ofrecer mayores incentivos para los trabajadores principiantes.

Las consecuencias de un país más *viejo* son positivas, tanto para los trabajadores más jóvenes como para los veteranos. Muchas compañías padecen la falta de empleados principiantes calificados. Si usted va a iniciarse y demuestra (en sus argumentos de venta) que posee los factores de éxito que los empleadores buscan, puede ser un recurso muy valioso. Y si usted estuviera en la categoría de los de mayor edad y estuviera considerando la vuelta al mundo laboral, podría utilizar su experiencia y confiabilidad para *venderse* a los empleadores que necesitan personal con esas cualidades.

EN LA ERA DE LA INFORMATICA

No todo el mundo busca un empleo tradicional de nueve a cinco en un ambiente de oficina. Si el puesto de su preferencia representa un estilo de vida alternativo o un horario flexible, utilice su análisis de mercado para averiguar cómo otras personas han escogido esa opción no tradicional.

En la actualidad, mucha gente prefiere trabajar en el hogar, en oficinas instaladas en habitaciones auxiliares, áticos o garajes. Los adelantos tecnológicos han hecho posible trabajar con las computadoras u ordenadores –y desde su hogar comunicarse con las bases de una compañía a través de las ciudades e incluso del mundo mediante una terminal distante.

Esta alternativa ha demostrado ser una solución perfecta para una joven pareja de Nueva Jersey (Estados Unidos), Ellen y Larry Schneider. Ellen trabaja como gerente regional en una gran compañía aseguradora. Larry es programador de informática de una empresa contable. Cuando Ellen y Larry decidieron formar una familia, deseaban encontrar la manera de criar a un niño mientras continuaban trabajando.

"La empresa de Larry intentaba renovar su programa de Recursos Humanos", me refirió Ellen. "Estaban haciendo un esfuerzo consciente para mejorar sus beneficios sociales, incluso la atención de los niños. Nosotros propusimos un acuerdo de trabajo a domicilio para Larry. Les explicamos las ventajas que representaba para la compañía conservar un empleado valioso, y aceptaron la idea. Yo volveré a mi oficina cuando el niño nazca, y Larry va a trabajar en casa".

"En vista de que Larry ahora tiene veinticuatro horas de acceso a su ordenador terminal, puede cumplir un trabajo de jornada completa fijando su propio horario. Hace el mismo trabajo que hacía en la oficina –sólo que en un sitio diferente".

No obstante, este acuerdo tiene sus inconvenientes. Larry puede no ser promovido tan rápidamente como otros que son más visibles en la oficina, ya que el estímulo de las reuniones con los compañeros de trabajo ya no es posible. Por eso Larry debe coordinar sus horarios e ir a la oficina una vez a la semana para asistir a las reuniones. Pero tanto Ellen como Larry piensan que su *estrategia de venta* les ha permitido encontrar una manera de equilibrar las responsabilidades familiares y laborales.

"En realidad, yo no podía trabajar en casa", confiesa Ellen. "Mi tarea no se puede hacer en el hogar. Y además, yo disfruto con la interacción con otras personas. Larry puede prescindir de ello".

Quizás usted tampoco pueda escoger trabajar en su casa. Los seres humanos somos criaturas sociables. Preferimos alternar con la gente. Aprendemos de ellos, disfrutamos con ellos. Pero la expresión apropiada en este sentido es la opción. Los adelantos tecnológicos nos han permitido la libertad de escoger –y las elecciones que hacemos a su vez nos ayudan a determinar los futuros progresos tecnológicos.

EL TRABAJO TEMPORAL

En la actualidad, mucha gente opta por unirse a la creciente masa de los trabajadores temporales. Los empleados a tiempo parcial están convirtiéndose en una parte sustancial de la población laboral. En 1960, sólo uno de cada diez trabajadores estaba empleado temporalmente. Y hacia 1981 la media fue de uno cada cinco. Las compañías seguirán adoptando planes de trabajo de tiempo parcial y horarios cada vez más flexibles, y contratarán cada vez más trabajadores temporales.

William Olsten, presidente y director ejecutivo de la Olsten Corporation, una de las más grandes agencias proveedoras de trabajadores temporales, me dijo que "en 1987 suministramos más de 272.000 empleados que rindieron una ganancia en bruto de 650 millones de dólares. Parece ser que, sin la contribución del empleo temporal, algunas compañías estarían fuera de operaciones –lograron subsistir al mantener un núcleo de trabajadores permanentes y un grupo mayor de empleados temporales".

Muchos trabajadores temporales reciben ofertas de trabajo para los puestos permanentes una vez que han demostrado su capacidad en la tarea.

Ser un trabajador temporal tiene sus inconvenientes –por lo general usted no recibe ningún beneficio de la compañía, como seguros, permisos o vacaciones pagadas–. Pero incluso esto está cambiando, ya que muchas agencias de empleo temporal ofrecen beneficios por su cuenta. La ventaja de este tipo de empleo es que le permite una libertad casi absoluta acerca del lugar y la oportunidad de trabajo. Por ejemplo, si usted tuviera hijos en edad escolar podría trabajar durante el ciclo lectivo, y permanecer en el hogar cuando estuvieran de vacaciones. Eso es precisamente lo que hace Ana, una madre de dos niños, para obtener un ingreso extra y tener tiempo libre cuando sus hijos están en el hogar.

UN MUNDO DIFERENTE

En los años cincuenta la gente vivía en un mundo muy diferente del que estamos habituados a ver hoy en día. En esa época los norteamericanos expresaban diariamente su lealtad a la nación que era la potencia económica dominante en el mundo entero. El dólar estadounidense era la moneda de cambio internacional. Ninguna otra nación podía competir con la industria y la tecnología norteamericanas.

Sin embargo, desde 1960, el desarrollo y las innovaciones en el transporte y las comunicaciones han creado un mundo donde ya no prevalece ninguna nación. El valor del dólar ahora se compara con el del yen, el marco y la libra. Los mercados mundiales, ya no el de Estados Unidos, determinan los precios del trigo, el petróleo, los ordenadores y los automóviles. A fin de mantener su posición y seguir siendo un contribuyente importante de la economía mundial, Estados Unidos ha pasado de ser una nación fundamentada en una economía de producción a otra basada en una economía de servicios. El siguiente diagrama le mostrará cuáles son las nueve industrias de servicios más importantes de Estados Unidos.

Como puede observar, el comercio minorista encabeza la lista. Muchos de los empleos del comercio minorista (que incluyen categorías como las de camareros, camareras, dependientes de tienda, cajeros, etcétera) son puestos para principiantes con un alto nivel de rotación. En la década del cincuenta, la gente se sentía segura en un puesto del comercio minorista y se aferraba al mismo, quizá preparando su camino hacia los puestos gerenciales, después de algunos años en una compañía.

Hoy es más probable que los trabajadores utilicen los empleos en el comercio minorista como trabajos de jornada parcial o de temporada. Luego prosiguen sus estudios superiores –y buscan oportunidades de trabajo mejor remuneradas en el sector de los servicios.

**Las 9 industrias de servicios más importantes
(1986)**

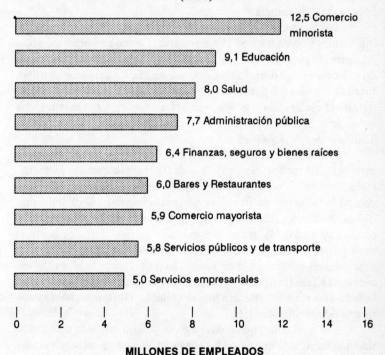

MILLONES DE EMPLEADOS

Fuente: *Employment and Earnings* (*Empleo y Ganancias*), Oficina de Estadísticas Laborales, enero de 1987.

Prácticamente todos los nuevos puestos creados en la actualidad pertenecen a la industria de los servicios. Entre 1986 y el año 2000 se proyecta crear más de 20 millones de nuevos puestos para la industria de los servicios.

PREVER Y PERSISTIR

El modo de asegurarse de que usted seguirá siendo un recurso *vendible* en el cambiante mercado laboral es prever. Si usted ya tiene empleo y trata de hacer un cambio, considere la posibilidad de retomar sus estudios o inscribirse en un programa vocacional. Si está todavía cursando sus estudios e intenta escoger una carrera, trate de hacer compatibles sus intereses con el rumbo en que progresa la tecnología.

¿Acaso puede imaginarse nuestro mundo sin las tecnologías que damos por un hecho? ¿Qué pasaría si usted se hubiera quedado dormido bajo un árbol en un soleado día de fines del siglo pasado? Si se hubiera dormido más de veinte años o casi una centuria. Piense en todos los cambios que habría visto en torno suyo al despertar: la electricidad, la telefonía, el automóvil y los aviones –sin mencionar la televisión, los ordenadores y los cohetes a la Luna–. Todo en menos de 100 años.

Hoy más que nunca, elegir una ocupación es una empresa arriesgada. Muchos empleos han desaparecido cuando la tecnología los tornó obsoletos. Un ejemplo de esto ocurrió no hace mucho en la industria gráfica. Las máquinas impresoras de linotipos, que utilizaban los tipos de plomo fundido, fueron los caballos de tiro de casi todos los grandes periódicos de las ciudades hasta la década del setenta. Los operadores de linotipia eran vitales para esos medios gráficos. Sin embargo, hacia los años ochenta, la impresión en frío (mediante ordenadores) llegó a ser algo habitual en la industria mencionada. En una década, la linotipia se había vuelto una ocupación obsoleta.

Eso no significa que toda esa gente se haya quedado sin empleo, sino que han tenido que aprender nuevas habilidades para seguir el adelanto tecnológico. Muchos linotipistas han sido entrenados nuevamente para manejar los ordenadores para el sistema en frío.

Es imposible predecir el impacto que puede tener cada nueva tecnología que se abre camino. El progreso científico también depende de las actitudes sociales, políticas y culturales. Incluso una invención tan importante como el teléfono llevó más de cincuenta años para ser mundialmente aceptada. Sin embargo, en menos de una década desde su invención, los televisores llegaron a casi todos los hogares norteamericanos.

De lo que podemos estar seguros es que a medida que nos acerquemos al nuevo milenio, los adelantos tecnológicos continuarán modificando nuestro estilo de vida y nuestro entorno laboral. Cuanto más sepa del mundo en que vive, más eficaz será su campaña para promocionarse en el mercado laboral.

20

Mercados atractivos

Treinta empleos con futuro

20º Principio de las Ventas y Mercadotecnia
El hecho de saber qué es lo que el público comprador pretende y necesita, aumenta las posibilidades de concretar la venta.

Supongo que usted está leyendo este libro por uno de dos motivos: porque va a iniciarse en una actividad (carrera-oficio), o porque está insatisfecho con su situación presente y piensa que ha llegado el momento de hacer un cambio. En cualquiera de los dos casos, estamos hablando de su futuro.

Hace veinte años, el dinero ocupaba una posición secundaria dentro del significado y la importancia del trabajo en la generación *hippie*. Pero la actitud de los años sesenta "del dinero no es lo importante" ha sufrido un desgaste cuando los *yuppies* en la década del ochenta han transformado la búsqueda de riqueza y poder en una obsesión. En la presente década, ha surgido un punto de vista más sano y equilibrado acerca de la vida y el trabajo. Estamos menos dispuestos a sacrificarlo todo en aras del todopoderoso dinero.

Pero pretendemos ser bien remunerados por lo que hacemos. Queremos empleos que nos den satisfacciones, tiempo para ocuparnos de otros intereses importantes, y tiempo para estar con nuestra familia y amigos.

Su principal interés es buscar una actividad que tenga sentido para usted, junto con un buen salario. Comprobará que ello es posible, si utiliza los principios de la venta y mercadotecnia que hemos analizado hasta ahora, y las herramientas específicas de venta que encontrará en la Quinta Parte.

Este capítulo contiene un inventario de las treinta oportunidades de trabajo más atractivas para la década del noventa. De acuerdo con los informes de la Oficina de Estadísticas Laborales del Ministerio de Trabajo de los Estados Unidos, se espera que cada una de dichas áreas de especialización "crezca mucho más rápidamente que el promedio de todas las ocupaciones en lo que resta del siglo".

Antes de comenzar a leer la lista, considere estos factores importantes:

● Una alta tasa de crecimiento no siempre significa una gran cantidad de puestos disponibles. El porcentaje de crecimiento se ha comparado con la cantidad de empleados que trabajaban en esa especialidad a mediados de los años ochenta. La cantidad total de puestos nuevos depende de la envergadura de la mano de obra en esa área.

Por ejemplo, la Oficina de Estadísticas Laborales expresa que, en términos de porcentajes, la demanda de auxiliares para estudios jurídicos aumentará en casi un 100% de 1984 a 1995. Traducido a cifras reales, esto significa cerca de 50.000 puestos vacantes. Pero habrá 275.000 puestos vacantes para secretarias, un sector que solamente va a crecer apróximadamente un 10%.

Pero sólo porque una ocupación que le atrae no figure dentro de este grupo eso no significa necesariamente que no haya puestos disponibles.

● No busque precipitadamente una ocupación sólo porque esté incluida en esta lista. En estos momentos ser auxiliar de un estudio jurídico es sumamente atractivo. Pero supongamos que mañana se inventa una nueva tecnología que permite llevar a cabo la tarea del auxiliar de forma totalmente informatizada. No existe una garantía absoluta de que lo que hoy es atractivo, mañana no sea a la inversa.

● Lo más importante de todo: esta lista se fundamenta en información estadística. Las estadísticas se aplican a la ocupación en su conjunto –no a usted como individuo. Por ejemplo, los deportes profesionales y la mayor parte de las actividades artísticas no figuran entre estas treinta ocupaciones. Pero eso no va a impedir que la gente con talento tenga éxito en esas profesiones. Su éxito en cualquier actividad que usted escoja depende de sus propios intereses, habilidades, motivaciones y técnicas de mercadotecnia.

LA LISTA DE LOS PUESTOS DE MAYOR DEMANDA

La lista de las treinta ocupaciones de más rápido crecimiento en Estados Unidos ha sido compilada de acuerdo con la información proporcionada por *Occupations Outlook Handbook* (*Manual del Panorama de las Ocupaciones*), en su edición 1990-91. Las ocupaciones han sido ordenadas alfabéticamente, no por orden de importancia. La lista incluye una breve descripción del trabajo y el tipo de formación generalmente requerido.

Usted también encontrará información acerca de los factores de éxito que necesita para presentarse más eficazmente a los empleadores de cada especialidad.

1. Abogados. Los abogados siempre tendrán demanda, dado que están comprometidos en tantos aspectos diferentes de nuestra sociedad. En vista de que la profesión tiene tantas especialidades –empresas, propiedades, familia, divorcios, medio ambiente e impuestos– ofrece una amplia motivación y desafío para gente con intereses y talentos diferentes.

Cómo "venderse": Ser abogado no siempre es tan fascinante y atractivo como parece ser en la televisión, pero las leyes pueden ser una interesante y satisfactoria opción profesional. Se necesita integridad, honestidad y disposición para trabajar con los demás. Los argumentos de venta son la capacidad para tomar decisiones y resolver problemas, la previsión, la independencia y una excelente aptitud para la comunicación.

Preparación: La preparación del estudiante universitario debería incluir destreza para la redacción, lectura, análisis, pensamiento lógico y comunicación oral. Las especializaciones en Ciencias Sociales, Ciencias Naturales y Humanidades son todas adecuadas. Un título en leyes requiere varios años de estudios universitarios (que varían de acuerdo con los países) y una matrícula para ejercer la profesión, otorgada por las autoridades estatales.

2. Actuario de seguros. Los actuarios reúnen y analizan datos estadísticos para estimar la incidencia de los hechos, como muerte, accidente, enfermedad, desempleo e incapacidad. Esta información luego se utiliza para adelantar las indemnizaciones en las pólizas. Los actuarios crean los planes de seguros y pensiones y procuran que se mantengan sobre una base financiera razonable.

Cómo "venderse": Las personas que sienten inclinación por la estadística son ideales para esta profesión, que puede ser muy lucrativa. Es requisito esencial tener aptitudes para las matemáticas. Su argumento de venta más sólido serán sus habilidades para la evaluación, ya que tiene el deber de reunir y analizar información de muy diferentes fuentes. También son decisivas la previsión y la seguridad en la toma de decisiones (la habilidad para prever los resultados de sus decisiones).

Preparación: Por lo menos una licenciatura con una especialización en Estadística o cálculo de primas.

3. Administrador de propiedades y bienes raíces. Estas personas manejan los ingresos producidos por las propiedades residenciales y comerciales, los condominios y las asociaciones de bienes raíces. También pueden planear y encargarse de las compras, el desarrollo y la distribución de los inmuebles para las empresas. O pueden encargarse de la administración permanente de la propiedad en nombre de los dueños. Un gran porcentaje de los puestos nuevos surgirán en el área de las casas y oficinas de renta.

Cómo "venderse": Si usted intentara ofrecerse en esta rama, tendría que demostrar su responsabilidad y su capacidad para resolver problemas y tomar decisiones. Debería poseer excelentes aptitudes para la comunicación. Tendría que ser un individuo *popular*, ya que diariamente deberá tratar con una amplia gama de clientes.

Preparación: El hecho de haber estado empleado como productor inmobiliario le puede ayudar significativamente. La capacitación formal no es un requisito, pero un título en administración de empresas, finanzas o administración pública puede ser útil.

4. Analistas de sistemas, operadores y programadores. Hoy los ordenadores se utilizan en casi todas las empresas –editoriales, tiendas, bancos, universidades, agencias gubernamentales, hospitales, fábricas. Su utilidad depende de la destreza del personal que los maneja. La programación es una de las ocupaciones de más rápido crecimiento entre todas ellas. Los programadores preparan y redactan las instrucciones detalladas (llamadas programas o *software*) que indican en un orden lógico las etapas que debe seguir la máquina para organizar los datos, resolver un problema o llevar a cabo una tarea asignada. Los analistas de sistemas planean y desarrollan métodos para informatizar las empresas y las tareas científicas, o para mejorar los sistemas informáticos en aplicación.

Cómo "venderse": El aumento de la demanda previsto para los programadores y analistas de sistemas hasta el año 2000 será aproximadamente del 70% Todas estas especialidades tienen una alta demanda en la actualidad, pero eso también significa que son competitivas. A fin de promocionarse con éxito, frente a los empleadores potenciales usted debe hacer hincapié en sus aptitudes lógicas y analíticas, su seguridad y su capacidad para resolver problemas, su destreza en la comunicación escrita y el trabajo independiente.

Preparación: La informática básica se enseña en el colegio secundario, universidades e institutos de formación profesional. La mayor parte de las empresas proporcionan una preparación en el sistema que utilizan. Los cursos de programación se siguen en muchos institutos públicos y privados. Y algunas universidades otorgan títulos de analista de sistemas.

5. Analistas y consultores de gestión. Los consultores de gestión son requeridos por las empresas para solucionar problemas de organización. Reúnen, compilan y analizan información antes de hacer las recomendaciones. Luego supervisan la realización de sus propuestas.

Cómo "venderse": Muchos consultores trabajan por su cuenta y crean su propia empresa. Las grandes empresas consultoras tienen plantillas de numerosos consultores, cada uno de los cuales se especializa en diferentes áreas. Si usted estuviera interesado en este tipo de trabajo, deberá poseer una fuerte inclinación por las relaciones interpersonales y ser capaz de ocuparse de varios proyectos a la vez. Sus mejores argumentos de venta serán su aptitud para la evaluación y la previsión, para la toma de decisiones, la resolución de problemas, la independencia y la creatividad.

Preparación: No existen requisitos de formación de validez universal para el ejercicio de esta profesión, si bien la mayor parte de los consultores son graduados universitarios. Muchos son ex gerentes y ejecutivos de grandes consorcios.

6. Arquitectos y urbanistas. Un arquitecto diseña edificios y áreas públicas. Un urbanista planea ciudades y paisajes. Por ejemplo, parques, campos de golf, complejos residenciales. La ocupación en el sector está en crecimiento debido a la necesidad de renovar y restaurar los lugares públicos, a la asignación de mayores presupuestos para la planificación de las ciudades y a la conservación histórica.

Cómo "venderse": En los mejores arquitectos se combina la habilidad para las matemáticas junto con la destreza para resolver los problemas técnicos con sentido artístico. Si usted es capaz de visualizar las relaciones espaciales, esta puede ser su vocación. Presente sus argumentos de venta poniendo el acento en su capacidad creativa y de comunicación. Y no olvide destacar su factor de éxito para el trabajo en equipo –los arquitectos habitualmente trabajan en equipo.

Preparación: Usted necesita una licenciatura, preferentemente de arquitecto urbanista, además de algunos años de experiencia en un estudio de arquitectura. Los conocimientos de arte, botánica y dibujo técnico también pueden resultarle beneficiosos. Por lo regular se requiere una matrícula para el ejercicio de la profesión.

7. Auxiliares odontológicos. Los auxiliares trabajan junto a los dentistas cuando estos examinan a los pacientes. Efectúan trabajos de oficina y algunas tareas de laboratorio.

Cómo "venderse": La comunicación y sus aptitudes para seguir las instrucciones serán sus más sólidos argumentos de venta para el puesto de auxiliar. Asimismo, necesita tener espíritu de equipo, ya que usted trabaja en estrecho contacto con el odontólogo y el personal de oficina.

Formación: Esta es una ocupación para principiantes con aprendizaje en el lugar mismo de trabajo.

8. Auxiliares de estudios jurídicos. Estos empleados ayudan a los abogados a investigar los casos y reunir información acerca de los precedentes legales y los fallos judiciales. También le pueden requerir asistir a los juicios o ayudar a hacer los borradores de los argumentos legales.

Cómo "venderse": Esta es otra interesante y fascinante alternativa laboral –pero tenga en cuenta que también deberá hacer una gran cantidad de tareas fatigosas y rutinarias, especialmente en el nivel de principiante. Promuévase como un individuo confiable y responsable, pleno de iniciativa y creatividad, y como alguien capaz de resolver problemas, tomar decisiones y comunicarse fácilmente con los demás.

Formación: El aprendizaje dura habitualmente dos años. Los requisitos varían de acuerdo con los países. Algunos otorgan certificados de "auxiliar legal" después de haber aprobado el examen correspondiente.

9. Auxiliares médicos. Estos auxiliares profesionales ayudan a los médicos a examinar y tratar a los pacientes, y cumplen tareas de rutina –controlan la documentación y llevan la agenda de citas. Trabajan en hospitales, hospicios y clínicas psiquiátricas.

Cómo "venderse": Tiene que tener una sólida vocación para ayudar a los demás. En sus argumentos de venta debe subrayar su confiabilidad y sentido de la responsabilidad, su *trato gentil*, su disposición para escuchar y seguir instrucciones, además de su capacidad para controlar las tensiones.

Formación: Los auxiliares médicos por lo regular reciben formación en el mismo lugar de trabajo. No obstante, se prefieren los graduados de institutos especializados. También existen algunos programas de aprendizaje en las facultades de Medicina.

10. Auxiliares y gerentes de hostelería. Los empleados de hotel son responsables de la eficiencia y las operaciones lucrativas de sus establecimientos. Estos puestos incluyen la función de director general, subdirector, jefe de conserjería (responsable de los salones y comodidades para los huéspedes), gerente de reservas, gerente de comedor y de acontecimientos especiales.

Cómo "venderse": La adaptabilidad es un factor de éxito clave para este tipo de carrera. En su argumento de venta usted debería demostrar sus aptitudes para tratar con una amplia variedad de clientes y empleados, así como para controlar las tensiones. Ponga el acento en su capacidad para la toma de decisiones, la resolución de problemas y la atención al cliente, así como en su responsabilidad y capacidad organizativa.

Formación: Hoy es posible obtener la licenciatura en Administración hotelera, si bien todavía el personal es promovido a través de la escala jerárquica. Asimismo, se alienta el trabajo a tiempo parcial o temporal.

11. Cajeros. Los cajeros se ocupan del cobro, por ejemplo de los clientes de un supermercado, tienda, sala cinematográfica o restaurante.

Cómo "venderse": Esta es una de las ocupaciones que han sufrido a causa de la disminución de la tasa de crecimiento de la población. Los empleadores buscan personal principiante con un sentido del compromiso por su tarea. (Para muchas personas, esta ocupación representa su primer empleo; pero también es una buena oportunidad para los retirados). Haga hincapié en su confiabilidad, responsabilidad, honestidad y buena disposición para relacionarse con el cliente.

Formación: Este es un puesto para principiantes que requiere escaso o ningún conocimiento o experiencia laboral. La mayoría de las compañías prefieren un título secundario y proporcionan el aprendizaje.

12. Contadores y auditores. Los contadores preparan y analizan los informes financieros con muy diferentes propósitos. Pueden especializarse en áreas como impuestos, presupuesto o control. Los auditores analizan los antecedentes financieros de un cliente y presentan los informes financieros por encargo de las compañías aseguradoras o las agencias gubernamentales.

Cómo "venderse": Si usted tiene aptitudes para las matemáticas, es riguroso para los detalles, y es capaz de comparar, analizar e interpretar los hechos y las cifras con rapidez, disfrutará trabajando como contador. Ponga el acento en su adaptabilidad (usted tiene que pasar de un cliente a otro), su independencia (a menudo tendrá que trabajar por su propia cuenta), su responsabilidad (deberá trabajar con escasa supervisión), su confiabilidad y su integridad.

Formación: Tiene que poseer por lo menos un título de contador o un curso para licenciados en Administración de empresas con especialización en Contabilidad. Muchos empleadores requieren dominio de la informática y sus aplicaciones contables.

13. *Chefs* de cocina y cocineros. Los empleados de esta rama son los que preparan las comidas que deben ser sabrosas y atractivamente presentadas. Hay oportunidades para los jefes de cocina de instituciones, ayudantes de cocina, jefes de cocina y cocineros de restaurantes, cocineros de panadería, pastelería y de comidas rápidas.

Cómo "venderse": Además de necesitar una agudo sentido de sabor y del olfato, usted debería destacar su creatividad en la materia. Otro importante factor de éxito es poseer espíritu de equipo. Por ejemplo, un jefe de cocina o *chef* de pastelería, tiene que trabajar con el supervisor en jefe y el resto del equipo. El personal de cocina debe integrar un equipo armónico, por eso dicha cualidad es esencial en esta rama. Los jefes de cocina también necesitan aptitudes gerenciales y de manejo del personal, la capacidad de trabajar bajo presión y facilidad para adaptarse a los cambios y los horarios poco habituales.

Formación: Puede variar, desde experimentarse en el mismo empleo en el caso de las comidas rápidas, hasta aprender en los institutos especializados para los jefes de cocina de restaurantes de lujo.

14. Dentistas. Los dentistas diagnostican y tratan los problemas dentales y de los tejidos de la mucosa bucal.

Cómo "venderse": Los odontólogos necesitan tener destreza manual y una notable capacidad para el diagnóstico oportuno. Muchos profesionales instalan consultorios privados cuando es esencial la necesidad de trabajar de forma independiente. No obstante, si usted pretende trabajar para algún instituto, ponga de relieve su capacidad de compromiso y de comunicación, su confiabilidad y sus factores de éxito como integrante de un equipo.

Formación: Tiene que ser licenciado en Medicina (u Odontología, según los países) con dos a seis años de especialización.

15. Dietistas y nutricionistas. Estos son profesionales entrenados en la aplicación de los principios de la nutrición para seleccionar la alimentación y su preparación. Asesoran a grupos e individuos, establecen y supervisan regímenes de alimentación, y promueven hábitos alimenticios sanos a través de la educación y la investigación.

Cómo "venderse": Tener espíritu de equipo es una de las condiciones más requeridas si usted está interesado en esta floreciente especialidad de los servicios de salud. También necesita aptitudes organizativas y administrativas. Aumentará sus oportunidades si utiliza su argumento de venta para destacar su capacidad para la evaluación y toma de decisiones.

Formación: Se requiere una licenciatura, y una especialización en alimentación y nutrición.

16. Enfermera diplomada. Las enfermeras diplomadas trabajan en hospitales, residencias para ancianos y clínicas psiquiátricas. Observan, evalúan y registran la evolución, síntomas y reacciones de los pacientes. También asisten en la administración de medicamentos durante la convalecencia, y hacen todo lo necesario para ayudar al paciente a conservar un buen estado de salud.

Cómo "venderse": En esta especialidad es importante contar con un firme sentido del compromiso, junto con un deseo sincero de ayudar a los demás. Otros factores de éxito incluyen la capacidad para la evaluación y toma de decisiones, la responsabilidad y el espíritu de equipo.

Formación: Usted debe ser graduado de un instituto oficial de enfermería y aprobar el examen correspondiente. El aprendizaje requiere de dos a cinco años de estudios después de la enseñanza secundaria.

17. Escritores, guionistas y editores. Estas carreras consisten en la comunicación a través de la palabra escrita. Los escritores y guionistas crean textos de ficción y no ficción para libros, revistas, periódicos, publicidad, radio, cine y televisión. Los editores supervisan a los escritores y guionistas, y seleccionan y preparan el material para su publicación o emisión.

Cómo "venderse": Son carreras de un ámbito altamente competitivo. Las especialidades de más rápido crecimiento para los escritores y editores son las técnicas. Debido a la creciente complejidad de las innovaciones científicas e industriales, existe una gran demanda de personal con talento para la redacción y edición de manuales de fácil lectura. Para promoverse en este ámbito usted necesita demostrar sus habilidades para la escritura. Pero también debería destacar su confiabilidad, creatividad e independencia, además de su compromiso para concluir los trabajos en plazos limitados.

Formación: El aprendizaje se efectúa generalmente a través de la práctica, si bien algunos puestos editoriales requieren licenciados en Literatura, Comunicaciones o Periodismo.

18. Especialista en Relaciones Públicas. Los profesionales de RRPP ayudan a las empresas, gobiernos, hospitales, universidades y otras organizaciones a desarrollar y mantener relaciones convenientes con el público.

Cómo "venderse": Para esta carrera se requiere una personalidad abierta y una excelente capacidad de comunicación. Muchos profesionales de las relaciones públicas instalan su propia empresa. Otros se emplean en una empresa de relaciones públicas, o trabajan en el departamento respectivo de una gran compañía. (Aquí es donde se consiguen los puestos mejor remunerados). Los argumentos de venta son la perseverancia, la capacidad para cultivar relaciones, la creatividad, el entusiasmo, la adaptabilidad, la iniciativa y la habilidad para integrarse en un equipo.

Formación: Usted necesita un título universitario con una licenciatura en Comunicaciones, Publicidad o Periodismo.

19. Gerente de servicios médicos. Se cree que la demanda de buenos directores para las organizaciones de prestaciones médicas irá en rápido aumento a medida que evolucionen los servicios de salud. Los hospitales pueden proveer parte de los empleos, pero mayor será la demanda de los servicios asistenciales privados y de las residencias para ancianos.

Cómo "venderse": Para cualquier empleo en el área de la salud es esencial saber adaptarse al trabajo en equipo y tener buenas aptitudes para la comunicación. También necesita poner de relieve su sentido del compromiso, su responsabilidad y su capacidad gerencial para la toma de decisiones, además de aptitudes para la selección de personal.

Formación: Se requiere un título en Administración de empresas o Administración hospitalaria. Algunos empleadores también buscan personal con experiencia clínica, como enfermeros o terapeutas.

20. Ingenieros civiles, metalúrgicos y de materiales. Los ingenieros civiles diseñan y supervisan la construcción de aeropuertos, autopistas, túneles, puentes, sistemas de provisión de agua potable y redes de aguas residuales. Los ingenieros metalúrgicos y de materiales desarrollan nuevos tipos de metales y otros materiales específicos para responder a requerimientos especiales (por ejemplo, metales ligeros y resistentes al calor). Pueden necesitar desarrollar nuevos materiales y adaptar los existentes a nuevas aplicaciones.

Cómo "venderse": En esta profesión es esencial la capacidad técnica. Se requieren aptitudes para las matemáticas, habilidad para el dibujo técnico, precisión y exactitud. También se necesita previsión, buena disposición para la comunicación y capacidad para la resolución de problemas y la toma de decisiones.

Formación: Los niveles de principiante requieren una licenciatura en Ingeniería.

21. Ingenieros técnicos. Los técnicos asisten a los ingenieros y científicos en la investigación y desarrollo, preparación de especificaciones, pruebas de laboratorio y métodos experimentales para mejorar la eficiencia.

Cómo "venderse": Esta es una actividad fascinante para el personal que no cuenta con los estudios formales y la formación necesaria para ser ingeniero. De todos modos, necesita tener aptitud para las matemáticas y la ciencia. En vista de que tiene que trabajar en cooperación con los demás, necesita destacar su capacidad para la labor en equipo, para la comunicación oral y escrita, además de su confiabilidad.

Formación: El entrenamiento para estos puestos es una combinación de aprendizaje formal y experiencia práctica. Algunas compañías cuentan con programas de entrenamiento. El aprendizaje formal se puede hacer en institutos de formación profesional y técnicos.

22. *Marketing*. Desde luego usted ya sabe que la mercadotecnia abarca todas las actividades que permiten hacer llegar un producto del vendedor al comprador. Los expertos en mercadotecnia analizan quiénes son los compradores, qué compran, cuándo, dónde y cómo.

Cómo "venderse": Su argumento de venta debería reflejar su creatividad, y previsión, su capacidad para la comunicación, la evaluación y la toma de decisiones.

Formación: Esta profesión generalmente requiere una formación humanística y una licenciatura en Sociología, Psicología, Literatura o Filosofía. También puede ser necesario un curso de Administración de empresas con orientación en *marketing* para licenciados.

23. Quiropráctico. Los quiroprácticos utilizan un método de tratamiento sobre la base del principio de que la salud humana está ampliamente determinada por el sistema nervioso. Para aliviar el dolor aplican masajes en la columna vertebral, alivian la presión y reducen las tensiones en el sistema nervioso.

Cómo "venderse": Como todo profesional en el ámbito de la salud, los quiroprácticos necesitan tener un firme sentido del compromiso y el deseo de ayudar al prójimo. Los factores de éxito incluyen energía y entusiasmo, organización, independencia, responsabilidad y excelentes aptitudes para las relaciones públicas.

Formación: Se requieren al menos dos años de formación terciaria, además de cuatro años de práctica comprobada.

24. Recepcionista. Toda compañía pretende dar una buena primera impresión. En este sentido, la recepcionista juega un papel clave, razón por la cual este puesto siempre tiene una gran demanda. Las responsabilidades varían, pero la mayoría de las recepcionistas reciben a los clientes y visitantes, determinan sus necesidades y remiten a los visitantes a la persona que puede ayudarles.

Cómo "venderse": En vista de que usted es la primera persona que los clientes y visitantes ven, tener buena presencia y ser afable es fundamental para la empresa. De todos modos, debe poner de relieve sus otros argumentos de venta, como la capacidad de comunicación (especialmente sus modales y su voz por teléfono), su tendencia a servir al cliente y su confiabilidad.

Formación: Este es un empleo para principiantes, y una buena oportunidad de acceder a un trabajo de jornada parcial. El requisito habitual es un título secundario.

25. Seleccionador de personal. Estos profesionales ayudan a las personas que buscan trabajo a encontrar empleo, y a los empleadores a dar con un personal calificado. La mayor parte de los nuevos puestos de esta especialidad serán muy útiles para las empresas consultoras.

Cómo "venderse": Para este tipo de función se requiere una gran capacidad de comunicación. Podrá promoverse con éxito destacando su adaptabilidad (para trabajar con una gran variedad de clientes), su fiabilidad y aptitudes para la evaluación del personal.

Formación: Por lo general se requiere formación universitaria. Pueden ser de gran ayuda los estudios de Psicología, Sociología o Administración de empresas.

26. Servicios financieros. Prácticamente todas las compañías cuentan con un gerente financiero: tesorero, o jefe de contaduría que prepara los informes financieros requeridos por la empresa para manejar sus operaciones y cumplir con las obligaciones impositivas y regulatorias. Esta amplia categoría incluye las carreras en inversiones bancarias o financieras, en las instituciones crediticias y otros servicios financieros.

Cómo "venderse": Las instituciones financieras buscan personal experimentado y eficiente. Les interesan las cualidades de liderazgo, así como la capacidad para la comunicación oral y escrita, y la toma de decisiones. Son requisitos el talento gerencial, la independencia y el criterio.

Formación: Se requiere un título, por lo general de contable público, si bien los bancos comerciales aceptan candidatos de todas las especialidades. La mayor parte de las instituciones financieras también exigen un curso de Administración de empresas para licenciados, y cuentan con sus propios programas de preparación.

27. Técnicos en electroencefalogramas. Estos especialistas altamente preparados manejan los electroencefalógrafos que miden la actividad eléctrica del cerebro. El diagnóstico mediante electroencefalógrafos, una herramienta de diagnosis utilizada en neurología, sirve para determinar tumores cerebrales, epilepsias y la enfermedad de Alzheimer.

Cómo "venderse": Para esta especialidad en rápido desarrollo, se necesita destreza manual, buena vista y aptitudes para trabajar con equipos electrónicos. Debe tener condiciones para el trabajo en equipo y ser capaz de demostrar su disposición para cooperar con los pacientes y el personal médico. La capacidad de comunicación es un factor de éxito fundamental.

Formación: Algunos especialistas reciben preparación en el mismo lugar de trabajo. También existen programas de

aprendizaje formal de uno o dos años en algunos centros de
formación profesional y universidades.

28. Terapias corporales. Estos profesionales ayudan a los discapacitados a llegar a ser físicamente activos. Puede incluir el estiramiento y masaje de los miembros del paciente, utilizando equipos especiales y en cooperación con un equipo médico.

Cómo "venderse": En su argumento de venta ponga de relieve su sentido del compromiso y la responsabilidad. También son importantes sus aptitudes para el trabajo en equipo, así como su habilidad para relacionarse y explicar los procedimientos al paciente. Por último, debe hacer notar su capacidad de evaluación.

29. Trabajadores sociales. Este es un término genérico para definir al personal que cumple tareas profesionales y paraprofesionales en escenarios tan diferentes como las viviendas colectivas, los hogares distantes, los centros correccionales, de rehabilitación mental, de recuperación de drogadictos o de alcohólicos.

Cómo "venderse": Necesita contar con experiencia en la asistencia social. Sus argumentos de venta son su compromiso y deseo de ayudar al prójimo. La perseverancia, la comprensión, la afabilidad y el buen humor también son factores positivos. Son cualidades insoslayables en esta especialidad la capacidad de comunicación y un firme sentido de la responsabilidad.

Formación: Se prefiere a los graduados universitarios o terciarios, con especialización en Ciencias Sociales o Educación Especial, si bien es posible obtener preparación en el puesto.

30. Venta minorista y servicios de venta. La tarea de un vendedor minorista consiste en negociar con los clientes. Los representantes de ventas venden una amplia variedad de servicios, desde artículos de lencería a sistemas de telefonía y servicios de televisión por cable. También venden otros servicios, como los de consultoría, publicidad y tratamiento de las nóminas de pago.

Cómo "venderse": La venta minorista proveerá más empleos que ninguna otra rama o especialidad hasta el año 2000. Este empleo es especialmente atractivo para los trabajadores con jornada parcial o temporales. A fin de promocionarse eficazmente para estos puestos, usted necesita tener una gran capacidad de comunicación, dinamismo, confiabilidad e independencia. También necesita aptitudes para trabajar bajo presión.

Formación: Casi todo la preparación se consigue con la práctica de la profesión.

EL PROCESO DE LA BUSQUEDA LABORAL

¿Cuánto tiempo le llevará encontrar el empleo de su preferencia? No existe una respuesta inmediata e infalible para esta pregunta. No obstante, hay dos importantes factores a tener en cuenta:

1. *Más dinero, más tiempo.* Un artículo publicado en la revista *Executive Female* (*Mujeres Ejecutivas*), de noviembre de 1989, expresa que de acuerdo con una encuesta de Right Associates –una empresa consultora de Filadelfia–, "el tiempo que lleva encontrar un empleo es proporcional a las exigencias salariales: cuanto más bajas sean las pretensiones de sueldo, más breve será la búsqueda". Esta es tanto una mala como una buena noticia para las mujeres que buscan empleo; es buena porque las mujeres por lo general encuentran empleo más rápidamente, pero mala porque son todavía menos remuneradas que los hombres en los mismos puestos. Right Associates revela que a las mujeres gerentes encontrar un nuevo empleo les lleva una media de seis semanas, mientras que a los hombres les lleva cerca de veinte.

2. *Menos específico, menos tiempo.* Cuanto más específica sea su área de interés, más rápidamente encontrará empleo. Por ejemplo, si usted es abogado, y se ha especializado en las leyes de navegación o de seguros, probablemente encontrará un puesto antes que sus colegas cuya meta es ser abogados de litigios generales. Cuando sus intereses y antecedentes son más específicos, es más fácil concentrar la búsqueda laboral. Si sus intereses fueran más generales, o si usted pretendiera cambiar de una especialidad a otra, le llevaría más tiempo encontrar el nuevo empleo de su elección.

BUSCAMOS LO MEJOR,
Y USTED TAMBIEN DEBERIA HACERLO

No se preocupe si su área de interés no está incluida en esta lista. Usted puede aplicar los principios de las ventas y mercadotecnia a cualquier carrera que elija. Sólo preocúpese por seguir las instrucciones y hacer los ejercicios: averiguar los requisitos para la especialidad, la formación necesaria y las habilidades que usted tiene para ofrecer.

Además de investigar el mercado laboral, necesita indagar acerca de las compañías específicas. Usted pretenderá trabajar para empleadores en quienes confía y a quienes respeta, en una compañía que trata a sus empleados con una confianza y respeto similares.

En este sentido, ciertas investigaciones efectuadas a comienzos de la década del ochenta determinaron cuáles eran las *mejores* compañías de Estados Unidos. Estos son los denominadores comunes para todas las compañías escogidas:

- Dan más responsabilidad a los trabajadores en niveles de gestión más bajos.
- Alientan el espíritu de equipo y el ambiente *familiar*.
- Dan importancia a la calidad del trabajo producido.
- Disponen de planes de participación en las ganancias.
- Se interesan por la salud y la buenas condiciones físicas de los empleados.
- El ambiente es ameno.
- La promoción es interna.
- Proveen preparación, o reembolsan los costes por los gastos de instrucción.

El *mejor* empleo para usted es el que le hace sentir más feliz, le permite alcanzar una realización personal y financiera, y es compatible con su estilo de vida. El próximo capítulo le ayudará a indagar en el único aspecto que todavía no se ha analizado: *dónde* encontrar su empleo ideal.

21

La configuración del terreno

*Dónde encontrar el empleo de su
preferencia*

21º Principio de las Ventas y Mercadotecnia
*Las ventajas son mayores cuando usted sabe
con precisión dónde se encuentran sus
compradores.*

Margarita había sido lectora toda su vida. Le gustaban los libros: las historias mismas, los artículos y los ensayos, la silenciosa comodidad de la biblioteca, los estantes atiborrados de la librería. Desde temprana edad, Margarita supo que le gustaría trabajar en una editorial.

"Nueva York es el único lugar para ir si quieres entrar en una empresa editora", le dijeron una y otra vez amigos y consejeros. Después de haber vivido en Bloomington, Indiana, Margarita no estaba segura si quería residir en Nueva York, pero pensó que sus consejeros sabían de lo que hablaban. De modo que se decidió a ir, y consiguió un puesto de principiante en una gran empresa editora de Nueva York.

Después de dos años, Margarita progresó en su carrera, pero se sentía cada vez más insatisfecha. Estaba confundida y pensó que la única manera de resolver el problema era cambiar de carrera.

Estaba muy deprimida cuando asistió por primera vez a uno de mis seminarios de *marketing*. No obstante, a medida que trabajábamos con su Inventario de Valores y sus argumentos de venta, Margarita advirtió que la *tarea* que estaba haciendo no era el problema, sino *dónde* la hacía.

Se dio cuenta de que realmente no había considerado todas sus opciones. Hay muchas empresas editoriales en todo Estados Unidos. Casi todas están en las grandes ciudades, pero hay algunas en los pueblos pequeños donde Margarita se podría sentir más a gusto. Después de haber establecido una red de relaciones y valiéndose de sus contactos actuales, así como la indagación en la industria editorial, Margarita enseguida encontró un empleo en una empresa editorial de mediana envergadura, ubicada en Maryland. Ahora progresa, y se siente muy feliz de haberse mudado de sitio.

EL EMPLEO Y EL ESTILO DE VIDA

Usted no trabaja aislado del mundo. No puede hacer declaraciones generales como: "Quiero estar en la industria editorial" y esperar progresar en lo primero que encuentre. A fin de dar con el empleo que es ideal para usted, necesita conocerse a sí mismo y conocer su mercado.

Todo esfuerzo de venta tiene los mismos requisitos: usted tiene que conocer su producto y sus ventajas, y también tiene que saber dónde localizar los mercados para sus productos. Por ejemplo, si usted vendiera un remedio para el acné, quizá no debería trasladarse a un sitio donde el porcentaje de la población anciana fuera mayor. El producto y el mercado deben complementarse a fin de hacer posible la venta.

Margarita encontró el empleo apropiado, pero en el sitio indebido. ¿Cómo llegó a estar en esa situación? En primer lugar, ella escuchó lo que le dijeron las otras personas ("Tienes que ir a Nueva York") sin hacer sus propias averiguaciones. En segundo lugar, ella no confió en sus propios sentimientos. En el fondo, Margarita sabía que no le agradaba vivir en una gran ciudad, pero jamás se había planteado dónde le gustaría vivir realmente.

Hace falta una preparación para investigar todas las opciones y hacer una elección apropiada. El sitio ideal para trabajar debe adecuarse a su personalidad, su estilo de vida, sus intereses y ambiciones.

Ya sea que usted esté en busca de su primer empleo o haya resuelto cambiar de carrera después de veinte años, tiene que establecer prioridades y formularse preguntas. Antes de buscar un empleo en otra ciudad o de aceptar un trabajo que le hayan ofrecido, analice la compatibilidad del empleo con su estilo de vida de la siguiente manera. Agregue cualquier otra pregunta o categoría que considere importante para usted.

Servicios de transporte disponibles

¿Necesita un automóvil? _____

Transporte público: _____

   Coste: _____

Taxi o automóvil de alquiler: _____

   Coste: _____

Aeropuerto más cercano: _____

Autobús o tren de larga distancia más cercano: _____

Familia

Servicios de guardería disponibles: _____
_____

Servicios médicos disponibles: _____
_____

Sistema hospitalario: _____
_____

Escuelas: _____
_____

Carrera y Preparación

Otras oportuniades de empleo en caso de no resultar esta:
_____

Agencias de empleo o servicios de asesoría profesional: _
_____

Oportunidades o facilidades para la formación: _____
_____

Recreación

Entretenimientos de mi interés: _____
_____

Entretenimientos de acuerdo con los intereses de mi familia:
_____

Consideraciones especiales

¿Este es un buen lugar para una persona sola? _____

¿Es un buen lugar para establecer una familia? _____

Facilidades para los grupos minoritarios: _____

Para los discapacitados: _____

Servicios religiosos: _____

Otras consideraciones: _____

_____

Vivienda

¿Puedo encontrar vivienda accesible? _____

¿Dentro de una distancia razonable para viajar
diariamente hasta el trabajo? _____

¿Qué segura es (si tuviera que trabajar hasta tarde,
etcétera)? _____

¿A qué distancia está de la familia, amigos? _____

_____

¿Con qué frecuencia podría hacer visitas, y cuál sería
el coste? _____

Estilo de vida general

¿Es importante para mí la vida nocturna? _____

¿Qué tal es la vida nocturna en esta ciudad? _____

_____

¿Hay restaurantes o clubes abiertos por la noche? _____

¿Hay instalaciones deportivas? _____

¿Museos, teatros, librerías, salas de concierto, etcétera? _

_____

¿Qué es lo que me gusta más de este sitio? _____

_____

¿Qué es lo que menos me agrada? _____

_____

EL PRINCIPIO DE "PRIMERO ESTA EL ESTILO DE VIDA"

Encontrar un empleo plantea el problema de la "gallina o el huevo". ¿Qué es más importante, el tipo de trabajo que uno pretende hacer o dónde quiere vivir?

Hay dos maneras de abordar el tema de dónde buscar trabajo. La primera consiste en analizar su estilo de vida y sus intereses personales, y tomar una decisión sobre esa base. En otras palabras, usted decide primero donde quiere vivir y luego piensa en cómo encontrar trabajo en ese lugar.

Sin embargo, no es una buena idea trasladarse a un nuevo sitio antes de haber hecho alguna investigación. Hace algunos años, una pareja de amigos míos se conocieron y se casaron mientras vivían en California. Cansados de la niebla y contaminación, así como del embotellamiento en las autopistas de Los Angeles, decidieron mudarse a Santa Fe. Embalaron lo que tenían (incluyendo dos guitarras y cinco gatos) y lo cargaron todo en un camión de mudanzas para iniciar una nueva vida.

Llegaron a Santa Fe sin saber nada acerca de la economía local. Para su sorpresa, pasaron momentos difíciles hasta encontrar una vivienda accesible, y aun mayores dificultades hasta encontrar empleo. Emprendieron su viaje pensando: "Ya encontraremos un empleo cuando estemos allí", pero no tenían una idea precisa acerca de qué es lo que querían hacer, ni si existían posibilidades. El traslado no fue un éxito. Sólo después de algunos meses, la pareja, las dos guitarras y los cinco gatos regresaron a Los Angeles.

Si usted intenta buscar trabajo aplicando el principio de "primero el estilo de vida", necesita hacer un plan de mercadotecnia para cada ciudad o lugar que considere. Supongamos que usted decide que le gustaría vivir en algún lugar de Nevada, en Phoenix, Arizona, o Reno. Una vez que haya contemplado su estilo de vida en cada ciudad, necesitará hacer sus planes de *marketing* para cada una de ellas.

Escriba su declaración de propósitos. Su meta es satisfacer sus requerimientos en cuanto al estilo de vida, pero tendrá que reflexionar detenidamente acerca del tipo de trabajo que desea y de la capacidad de encontrarlo en cada una de esas ciudades.

Adapte sus argumentos de venta a las oportunidades laborales específicas en los lugares escogidos. Para las perspectivas generales (a largo plazo) debería reunir información de diversas fuentes acerca de las oportunidades laborales disponibles en esas ciudades, como las oficinas de empleo, las revistas de industria y las publicaciones de la Cámara de Comercio.

Como parte de su plan de acción inmediata haga una visita de sondeo a la ciudad. Tómese unas vacaciones en ese lugar. Trate de obtener algunas entrevistas de información mientras inspecciona. Más aún, visite la ciudad más de una vez –en diferentes temporadas, o durante acontecimientos especiales (Por ejemplo, Nueva Orléans, durante el martes de carnaval).

Si no pudiera visitar la ciudad escogida, suscríbase a los periódicos locales o infórmese en las bibliotecas. Averigüe todo acerca del lugar: vivienda, política, sociedad, empresas, estilo de vida, cultura y entretenimientos. Escriba a la Cámara de Comercio y consiga tanta información como le sea posible acerca de la ciudad.

Determine sus instrumentos y estrategias de mercadotecnia y establezca un plan de acción semanal. Utilice su capacidad para crear una red de contactos. Dígales a todos los conocidos que está considerando mudarse de lugar y pregúnteles si tienen algún contacto para usted en esa ciudad. Los contactos no tienen que estar necesariamente relacionados con el trabajo; usted pretende lograr un panorama general de la comunidad antes de tomar una decisión final.

Su elección del lugar y el trabajo depende de sus prioridades personales. Hay quienes prefieren o necesitan climas especiales. Algunas personas buscan lugares con ambientes culturales o centros de diversión. Otras prefieren instalarse a cierta distancia de sus familias y amigos. Existen infinitos motivos por los cuales puede decidir que un lugar es ideal para usted.

EL PRINCIPIO DE "LA BUSQUEDA DEL MERCADO"

La segunda manera de decidir dónde vivir es seguir el principio de "el empleo ante todo": usted busca un puesto en especial e irá dondequiera que lo encuentre.

En este sentido, se requiere el mismo tipo de preparación y plan de *marketing* que cuando la prioridad es el estilo de vida. En lugar de suscribirse a los periódicos locales, usted debería suscribirse a revistas relacionadas con la industria que publican anuncios clasificados. Estas publicaciones le pueden ayudar a localizar e identificar los mejores mercados para sus habilidades y factores de éxito.

Una vez más la red de contactos es esencial. Las asociaciones industriales y las organizaciones profesionales a menudo cuentan con servicios de asesoría, y/o representaciones que pueden darle información acerca de los puestos vacantes dentro de su especialidad en diferentes localidades.

DONDE ESTAN LOS EMPLEOS MEJOR REMUNERADOS

Los empleos mejor remunerados se pueden encontrar en cualquier parte. Aun así, se pueden hacer ciertas generalizaciones. Algunas regiones del país (en Estados Unidos la región de las Montañas Rocosas) son los mejores objetivos para la década del noventa. Los Estados en más rápido desarrollo son:

- Arizona
- Colorado
- Idaho
- Florida
- Montana
- Nuevo México
- Utah
- Wyoming

Algunas de las ciudades en más rápido desarrollo (en cuanto a las oportunidades de empleo) son: Albuquerque, NM; Austin, TX; Anaheim, CA; Columbia, SC; Ft. Lauderdale, FL; Las Vegas, NV; Oklahoma City, OK; Orlando, FL; Phoenix, AZ; Portland, OR; Salt Lake City, UT; San Diego, CA; Tucson, AZ; Tulsa, OK; West Palm Beach, FL.

Las ciudades más grandes de un país, como Nueva York, París, México, Madrid, Buenos Aires, siempre tendrán una gran variedad de oferta de empleos. Muchas otras localidades se desarrollan en torno a una industria en particular.

Por ejemplo, si usted está interesado en una carrera de alta tecnología (desarrollo de *software* o *hardware* dentro de la informática, biotecnología, etcétera) las siguientes áreas le ofrecerían las mejores posibilidades de *marketing*:

- *Silicon Valley*. Es una de las principales regiones con alta tecnología en Estados Unidos. Integrada por varias comunidades, que incluyen Sunnyvale, Santa Clara, Palo Alto, Mountain View y San José. Sus tecnologías incluyen semiconductores, misiles teleguiados, componentes electrónicos y equipos informáticos. Puede averiguar más acerca de esta área, comunicándose con la Cámara de Comercio de San José, P.O. Box 6178, San José, CA, 95150.

● *Silicon Prairie*. Es una de las más recientes áreas de alta tecnología que han surgido en torno a Austin y Texas, y ofrece oportunidades para la ingeniería, el diseño de ordenadores y la redacción técnica. Comuníquese con la Cámara de Comercio, P.O. Box 1967, Austin, TX, 78767.

● *Raleigh/Durham/Chapel Hill*. Esta fértil y hermosa región de Carolina del Norte ofrece oportunidades para la ingeniería electrónica, diseño de *software*, procesamiento de datos y tecnologías médicas. Comuníquese con la Cámara de Comercio, P.O. Box 2978, Raleigh, NC, 27602.

● *Colorado Springs, CO*. Este es un centro de alta tecnología relativamente nuevo y en rápido desarrollo, con oportunidades para la ingeniería electrónica, la investigación y el desarrollo informático, electrónica, defensa y tecnología aeroespacial. Comuníquese con la Cámara de Comercio, P.O. Drawer "B", Colorado Springs, CO, 80901.

● *Ann Arbor, MI*. Además de ser una gran ciudad universitaria, Ann Arbor es el lugar de origen de la incipiente industria de la robótica, así como del diseño de *software* para informática. Comuníquese con la Cámara de Comercio, 207 E. Washington, Ann Arbor, MI, 48104.

● *Knoxville/Oak Ridge*. Estas dos comunidades de Tennessee ofrecen diversas oportunidades dentro de la ingeniería nuclear y la investigación biotecnológica, el procesamiento de datos y análisis de sistemas. Comuníquese con la Gran Cámara de Comercio de Knoxville, P.O. Box 2688, Knoxville, TN, 37901.

Estas son algunas otras ciudades que ofrecen una amplia gama de oportunidades en varias áreas profesionales. *Contabilidad:* en Chicago, Nueva York, Filadelfia, San Francisco y Washington. *Finanzas:* en Atlanta, Baltimore, Boston, Dallas, Los Angeles, Minneapolis, Nueva York, Pittsburgh, Filadelfia y San Francisco. *Comunicaciones (periodismo, ediciones, telecomunicaciones):* en Atlanta, Boston, Chicago, Detroit, Los Angeles, Miami, Nueva York,

Syracuse, Washington y White Plains. *Seguros:* en Boston, Dallas, Indianapolis, Jacksonville, Los Angeles, Minneapolis y Filadelfia. *Planeamiento financiero y consultores de gestión:* en Boston, Chicago, Los Angeles, Nueva York, San Francisco y Washington. *Relaciones públicas e investigación de mercado:* en Chicago Cincinnati, Indianapolis, Los Angeles, Minneapolis, Nueva York, Filadelfia, San Luis, San Francisco y White Plains. *Dirección de ventas y comercio minorista:* en Boston Chicago, Cincinnati, Los Angeles, Louisville, Minneapolis, Nueva York, Filadelfia, St. Louis y San Francisco.

Si usted intentara buscar cualquiera de estos puestos, pero no lo encontrara en la ciudad donde prefiere vivir no debe desalentarse. Hago la misma salvedad aquí que en el capítulo acerca de los mejores mercados laborales: estas ciudades han sido seleccionadas a través de estadísticas aproximadas. Recuerde que siempre hay una excepción a la regla. Con determinación y un plan de *marketing* eficaz, usted podrá encontrar una oportunidad en cualquier sitio que elija.

HA LLEGADO EL MOMENTO DE LA PREPARACION

La continua expansión de la industria de los servicios evoca una imagen de una clase trabajadora en la que predominan los cajeros, los vendedores minoristas y los camareros. No obstante, si bien es innegable que el crecimiento del sector de los servicios creará millones de puestos de oficina y ventas, también generará empleo para ingenieros, contables, abogados, enfermeras y muchos otros puestos gerenciales, profesionales y técnicos. *En realidad, las ocupaciones de más rápido crecimiento serán aquellas que exigen los mayores requisitos de preparación y formación.*

(*Manual del Panorama de las Ocupaciones,*
edición 1988-1989).

Si usted visita una ciudad universitaria en estos días, nunca sabrá a quiénes verá allí. Junto con los estudiantes regulares, es probable que se encuentre con sus padres y abuelos cursando sus primeros años, o retomando sus estudios para acceder a una formación superior.

231

Un ejemplo que viene al caso es el de Doc Gribble. Optometrista durante más de treinta años. A Gribble le encantaba trabajar la tierra. Hace diez años instaló una empresa de jardinería con su hijo. Durante sus últimos años como optometrista, volvió a estudiar en los ratos libres. Y hace dos años y medio ingresó en la Universidad Purdue para obtener su título de arquitecto paisajista.

Si bien no fue una transición fácil, valió la pena, según Gribble. Llegó a familiarizarse con los demás estudiantes y también con la universidad. De hecho, muchos de los profesores lo llevaron aparte y empezaron a preguntarle como era eso de cambiar de profesión tantos años después de ejercer en una especialidad.

Doc Gribble se ha lanzado con éxito en su nueva carrera, enseñó durante un semestre en la universidad, y ha recibido numerosas ofertas para planear y diseñar campos de golf. Y es sólo un ejemplo de cómo la formación y el entrenamiento están llegando a ser cada vez más importantes para encontrar la ocupación ideal.

COMO OBTENER LA PREPARACION QUE USTED NECESITA

La preparación significa algo diferente para cada persona. Cuando mi secretaria se marchó, se quedó dos semanas con su sustituta a fin de mostrarle los aspectos básicos para el manejo de mi oficina. Este es un aprendizaje sobre la práctica.

Si usted ha elegido ser médico o abogado, tendrá que cursar varios años en la universidad para completar su formación. Pero puede aprender a ser un agente de viajes en unas pocas semanas en un instituto local. Cómo, dónde y cuándo obtenga su preparación depende de los requisitos de la función o puesto, junto con otros factores, como cuáles son las oportunidades en su área, si usted se prepara todo el tiempo o sólo unas horas, y si está en un nivel inicial o avanzado.

Los equipos de investigación del Ministerio de Trabajo de Estados Unidos han identificado nueve tipos de programas de preparación:

1. *Educación pública profesional.* Todo el mundo recordará la formación profesional u ocupacional en sus años de enseñanza secundaria –materias como actividades prácticas, cerámica, etcétera. Esto ha tenido connotaciones negativas. Pero los institutos de

232

formación profesional y el personal que imparte los cursos han cambiado. Ahora incluyen formación a nivel secundario, terciario, y para adultos en una amplia variedad de oficios: economía doméstica, técnica industrial, salud, etcétera.

2. *Educación privada profesional.* La mayoría de los institutos de formación profesional son relativamente pequeños y se especializan en uno o dos oficios, como bienes raíces, enfermería, mecánica automotriz, cosmética y auxiliares de oficina.

3. *Entrenamiento a cargo del empleador.* Algunas compañías cuentan con programas de entrenamiento en la función que son más o menos formales. Otras proveen manuales de entrenamiento, programas de orientación informatizados o grabados en cintas de vídeo. Mientras muchas compañías ofrecen costear las cuotas y matrículas de instrucción, o cuentan con planes de reembolso a fin de permitir al empleado adquirir las habilidades necesarias para una tarea en particular.

4. *Programas de aprendizaje.* Estos programas se utilizan principalmente en las ocupaciones industriales, como la construcción, la metalurgia e impresión gráfica. Esto exige dedicación y una cantidad de tiempo durante el cual usted debe trabajar bajo supervisión, aprendiendo el oficio hasta dominar las habilidades necesarias.

5. *El empleo federal y los programas de entrenamiento.* Se puede acceder a estos programas a través de los gobiernos locales y estatales, y están dirigidos principalmente a ayudar al desempleado y a los individuos económicamente menos favorecidos.

6. *El entrenamiento en las Fuerzas Armadas.* El personal reclutado o alistado recibe entrenamiento técnico que puede o no ser transferido a la actividad privada del ámbito civil.

7. *Cursos por correspondencia.* Estos cursos proporcionan una amplia variedad de alternativas. En vista de que algunos programas son mejores que otros, usted necesita seleccionarlos cuidadosamente antes de decidirse por alguno. Sin embargo, muchos son útiles, económicos y eficaces.

8. *Institutos comunitarios.* Estos establecimientos suelen preparar a los estudiantes para seguir una carrera universitaria. En la actualidad se ha puesto énfasis en la preparación del estudiante para el mercado laboral. Muchos programas son de índole profesional u ocupacional. Por ejemplo, ofrecen programas para el procesamiento de datos o la higiene dental. Los programas habituales duran dos años y otorgan el grado de adjunto.

9. *Universidades y facultades.* Estas instituciones ofrecen los tradicionales programas de cuatro o cinco años de estudios para

acceder luego a la licenciatura. La relación del programa con el mercado laboral varía de acuerdo con las diferentes disciplinas. Los graduados de algunos programas tienen dificultades para encontrar empleo en sus respectivas especialidades, particularmente los graduados de carreras humanísticas. Hoy las universidades han reaccionado ante la disminución de matriculaciones, ofreciendo cursos y programas no tradicionales relativos al mercado ocupacional. También ofrecen una serie de cursos de educación permanente, talleres y seminarios. Muchos establecimientos cuentan con programas de práctica internos que les permiten a los estudiantes adquirir experiencia laboral relacionada con sus programas académicos.

PREGUNTAS INTELIGENTES ACERCA DE LOS PROGRAMAS DE APRENDIZAJE

Parte de su investigación de mercado consiste en determinar el tipo de formación que usted podría necesitar, e indagar acerca de los programas de aprendizaje disponibles en su área de interés. ¿Cómo puede saber si un instituto ocupacional, una universidad o un programa de formación es el ideal para usted? ¿O si cumple los requisitos que usted pretende? La única manera de averiguarlo es investigar y hacer preguntas.

Estas son algunas preguntas que se pueden formular acerca de una universidad o institución académica:

- ¿La rama de especialización que usted ha elegido exige un balance entre las habilidades técnicas y académicas?
- ¿El establecimiento contempla una combinación de práctica profesional y académica?
- ¿Hay programas de práctica interna disponibles?
- ¿La universidad y la comunidad empresarial trabajan en estrecha colaboración?
- ¿La universidad cuenta con un servicio de empleo para los titulados?
- ¿Conoce algunos graduados con quienes pueda hablar acerca de cómo les ayudó su formación en el mercado laboral?
- ¿El establecimiento cuenta con una gran biblioteca? ¿Tiene acceso a las bases de datos y a los sistemas de información informatizada?

- ¿Si usted tuviera que cambiar de universidad, aceptarían sus créditos en otra institución académica?
- ¿La institución provee apoyo y asistencia financiera?

Estas son algunas preguntas que puede formularse acerca de los institutos de formación profesional u ocupacionales y los programas de aprendizaje disponibles:

- ¿Hay una combinación de preparación ocupacional y académica?
- ¿Los cursos se actualizan y analizan con regularidad?
- ¿Los instructores poseen experiencia práctica real en los cursos que enseñan?
- ¿La institución tiene una larga trayectoria?
- ¿Cuál es el cupo medio de las clases?
- ¿Posee normas estrictas de admisión? ¿Se evalúa a los aspirantes de algún modo?
- ¿Cuál es el promedio de entrenamiento teórico y práctico?
- ¿Puede aprender de acuerdo con su propio ritmo? ¿El entrenamiento es personalizado?
- ¿Existen clases vespertinas y de fin de semana?
- ¿Cuáles son los costes totales –incluyendo matrícula, cuotas, libros y gastos extra?
- ¿Cuáles son los plazos de pago? ¿Hay posibilidades de reembolso?
- ¿El instituto es reconocido? ¿Está autorizado por el Estado?
- ¿Otorga asistencia financiera? ¿Se admite el apoyo financiero estatal?
- ¿Cuál es el porcentaje de estudiantes titulados?
- ¿Hay un servicio de empleo para los estudiantes? ¿Qué porcentaje de estudiantes consigue empleo después de su graduación?

Con esto hemos llegado al final de la Cuarta Parte de este libro. Usted posee ahora una sólida base sobre la cual desarrollar su campaña de *marketing*. Con lo que todavía no cuenta es con las técnicas de venta específicas que necesita para llevar a la práctica sus conocimientos. Siga adelante, y hacia el final de este libro, sabrá lo suficiente acerca de la venta para estar en condiciones de ofrecer a los empleadores lo que ellos necesitan. Podrá liberarse del estrés y la ansiedad propias de la entrevista laboral, manejar las objeciones a su favor, negociar algo más que el dinero y obtener el puesto que realmente desea.

QUINTA PARTE

Concretar la venta

EN POS DEL EXITO

Esto es lo que usted ha estado esperando, la culminación de todo su esfuerzo a fin de determinar sus aptitudes para la venta, sus habilidades para la mercadotecnia, sus propios logros y realizaciones. Ha redactado su plan de *marketing* y establecido sus metas.

Ahora ya está en condiciones de ofrecerse en el mercado laboral.

Es aquí donde debe utilizar en su provecho los conocimientos recién adquiridos. En la parte final de este libro, recurriremos a dos industrias de rápido crecimiento en la presente década para ayudarle a consolidar su éxito. El *telemarketing* y la correspondencia directa han sido dos ramas de gran expansión en los últimos veinte años y no muestran signos declinantes. Estos dos instrumentos serán los pilares fundamentales en su esfuerzo de *marketing*.

Una vez que logre manejar estos instrumentos, podrá conocer las claves para una entrevista y negociación ventajosa. El hecho de perfeccionar estas habilidades le ayudará a alcanzar la meta fundamental de todo vendedor: concretar la venta de manera tal que ambas partes obtengan un beneficio equivalente. Usted consigue el empleo, mientras el empleador encuentra a alguien que puede resolver sus problemas, alguien que tiene la idoneidad necesaria para llevar a cabo la tarea.

Ya no tendrá que conformarse con lo que consiga, sino que estará en condiciones de lograr lo que pretende. Bien trabaje para alguien o no, usted sabrá que trabaja para sí mismo. Su trabajo dejará de ser rutinario. Le brindará placer, satisfacción –y compensación económica.

22

Las técnicas de venta

*Cómo utilizar los principios de la venta
para obtener el empleo de su preferencia*

22º Principio de las Ventas y Mercadotecnia
*El arte de concretar una venta estriba en la
destreza para vender a la persona indicada, de
la manera debida y en el momento apropiado.*

Ha llegado el momento para una lección de anatomía. Pero no se trata de los huesos, el sistema nervioso, ni circulatorio, sino de la anatomía de una venta.

Una venta no es una simple acción, ni una operación lineal del principio al fin. Es una operación compleja compuesta de muchos pequeños componentes.

Cada componente es de importancia vital para el proceso en su conjunto. Usted podría sentirse tentado a pasar por alto una o dos fases del proceso, y pasar directamente a la *concreción de la venta*. Pero eso no dará resultado. Se preguntará por qué no ha recibido las ofertas de empleo que desea. Usted no puede construir un edificio sobre unos cimientos endebles, y tampoco puede obtener el empleo al que aspira sin pasar por todas las etapas necesarias.

Estas son las cinco fases de la venta que constituyen la base para su esfuerzo de búsqueda laboral:

1. El candidato probable
2. La búsqueda de afinidades
3. La selección
4. El manejo de las objeciones
5. El cierre de la operación

EL CANDIDATO PROBABLE:
LA BUSQUEDA DE LOS CLIENTES POTENCIALES

El término *candidato probable* se aplica a todo aquel que sea un cliente potencial para su producto o servicio. Antes de emprender su esfuerzo de venta (o en este caso su búsqueda de empleo), usted necesita tener una idea aproximada de quiénes pueden ser sus clientes potenciales (o sus empleadores potenciales).

La indagación comienza con una pista. Una *pista* no es otra cosa que un dato que le permite acceder a una persona o a una compañía donde es probable que alguien le reciba o le hable.

Una vez que usted comienza a hablar con ese individuo, se transforma en un *candidato probable*.

Imagínese su cliente ideal

¿Acaso todo empleador en el mundo representa un empleo potencial para usted? Ciertamente, no. En el ámbito de las ventas, ningún producto o servicio es adecuado para todos; del mismo modo, sus habilidades y talento no se aplican a todo empleo que esté vacante. Tampoco todos los puestos vacantes son apropiados para usted.

Usted pretende ser selectivo con su tiempo y energía. Para averiguar qué tipo de empleadores debería buscar, trate de imaginar a su cliente ideal.

Esta es la imagen de una persona que:

1. Necesita su talento y habilidades.
2. Cuenta con el presupuesto necesario para satisfacer sus requerimientos salariales.
3. Tiene suficiente autoridad para tomar la decisión de emplearle.

Por ejemplo, en mi actividad como conferenciante, mi candidato ideal sería alguien que estuviera planeando una convención para el mes siguiente, y debiera encontrar un orador de inmediato, que hubiera leído uno de mis libros y/o me hubiera escuchado en una conferencia, alguien que estuviera buscando un experto en técnicas de venta, que tuviera un presupuesto adecuado y la autoridad suficiente para firmar un contrato de inmediato.

Desde luego, usted podría tener otros criterios, coincidentes con su búsqueda personal de empleo. Por ejemplo, su candidato ideal podría ser alguien que estuviera a una distancia accesible, o que estuviera en condiciones de ofrecerle trabajar sobre la base de un horario flexible.

Ezequiel es un joven jefe de familia con dos hijos en edad escolar. Busca un empleo en un periódico para poder trabajar en un horario flexible y estar en el hogar después de la escuela, mientras su mujer aún está en el trabajo. Su candidato ideal podría ser un editor periodístico que acabara de despedir a su jefe de redacción y necesitara a alguien que pudiera trabajar por las noches.

Existen muy pocos candidatos ideales en la vida real. Pero si sus empleadores potenciales no guardaran ninguna afinidad con ese ideal, usted estaría malgastando su tiempo y el de ellos.

Un buen vendedor está continuamente en busca de nuevos clientes potenciales. Los vendedores más creativos encuentran candidatos en los sitios más inverosímiles, con lo cual abren nuevas posibilidades para la venta. Cuando en un principio IBM monopolizó el mercado de la informática, las grandes compañías eran prácticamente los únicos sitios donde se utilizaban los ordenadores. Pero los técnicos que desarrollaron los ordenadores Apple visualizaron un mercado enteramente nuevo para sus ventas. Consideraron a todo el público como consumidores potenciales, e introdujeron el concepto del ordenador personal (PC).

La búsqueda creativa de clientes potenciales es un concepto fundamental en el planteamiento de su estrategia profesional inmediata y a largo plazo. Cuanto más empleadores potenciales usted consiga, más alternativas tendrá. No puede confiar en dar en el blanco cada vez que dispare. Cuanto más veces apunte, mayores serán sus posibilidades de dar en el blanco. Lo mismo ocurre con las ofertas de empleo. No puede esperar conseguir un empleo cada vez que acuda a una entrevista, pero cuantas más sean las entrevistas, mayores serán las ofertas de empleo que recibirá.

Siga los indicios

Todo comienza con las referencias. Hay básicamente dos tipos de referencias: las referencias atribuibles y no atribuibles. Las *referencias no atribuibles* se obtienen de fuentes, como los anuncios clasificados de los periódicos y revistas, y de los directorios de asociaciones o industrias.

Las *referencias atribuibles* las obtiene de otra persona. Pueden provenir de un cliente que no tiene intenciones de emplearle pero que sabe de alguien que podría estar interesado, o de ex empleadores, conocidos, amigos, o familiares –cualquiera que sepa de alguien interesado–. No hay manera de predecir quién, entre nuestros contactos, nos puede proporcionar las mejores referencias. En consecuencia, usted debería pedirle a todos que le den referencias.

Si un dato no diera resultado, pídale a esa misma persona que le proporcione una referencia. No interrumpa la cadena de referencias, de modo de tener siempre otro indicio para seguir. Utilice la red de contactos establecida en su plan de mercadotecnia.

Eso es exactamente lo que hizo Theo. Recién llegado a Nueva York, se inscribió en mi seminario de mercadotecnia. Divorciado y con dos hijos mayores, Theo se había trasladado a la gran ciudad con unas pocas pertenencias personales, un ordenador, una gastada cinta de Frank Sinatra en la que canta *New York, New York*, y una gran determinación. Como Sinatra, Theo pensaba que, parafraseando la canción "Puedo hacer allí, lo que hago en todas partes". Sin embargo, conocía a muy pocas personas en Nueva York, y nadie que estuviera en la nueva carrera que había elegido: la industria editorial. Durante veinte años había trabajado como profesor de Química pero estaba resuelto a cambiar de profesión.

A través de un amigo, se enteró de un SIG (grupo de intereses específicos) para usuarios de ordenadores Apple Macintosh y fue a averiguar. Conoció a muchas personas que tenían intereses análogos al suyo, y continuó asistiendo a las reuniones e intercambiando ideas con los otros miembros. Algunas semanas más tarde, cuando el grupo necesitó un nuevo director de arte para su boletín mensual (un puesto voluntario, no retribuido económicamente), muchos recomendaron a Theo. Theo aceptó el puesto y trabajó con ahínco para alcanzar el éxito. Los miembros del SIG quedaron tan impresionados con su talento y esmero que comenzaron a recomendarle a los clientes, y a otros editores que necesitaban una ayuda suplementaria. A los tres meses, le ofrecieron un puesto de jornada completa en una conocida empresa de publicidad.

Como hemos visto en el capítulo 18, la red de contactos es su más importante herramienta de *marketing*. Es el fundamento de un viejo aforismo, "No importa cuánto conozcas, sino a quiénes conozcas". Cualquiera puede estar *bien relacionado*. La cifra es lo importante, su red de contactos consiste en la cantidad de personas que usted conoce, además de la cantidad de gente que estas últimas conocen, y así sucesivamente. Con esta cantidad de contactos, ¿cómo podría fallar?

La red de contactos es imprevisible

La mayor ventaja de la red de contactos estriba en que la misma es por naturaleza un proceso *activo*. Le ayuda a promocionarse; nadie más puede hacer eso por usted. ¿Le ha sucedido alguna vez algo parecido a esto? Un amigo le dice: "Ayer conocí a alguien que tiene una fábrica de artefactos. Sé que siempre has estado interesado en los artefactos, por eso le hablé de ti. Este es su número de teléfono. Me dijo que le llamaras". ¿Cuál es su reacción? ¿Acude al teléfono de inmediato? O piensa: "Le llamaré la próxima semana", o "Le llamaré cuando tenga más tiempo", o "Cuando tenga más ánimo". ¿O cree que esa persona sólo ha tratado de ser cortés y simplemente se incomodaría si usted le llamara?

Si su reacción fuera no llamar, reflexione otra vez. Si usted estuviera sinceramente interesado en los artefactos, es probable que a esa persona le agradara hablar con usted. Puede no estar en condiciones de ayudarle a progresar en su carrera u ofrecerle un nuevo empleo, pero usted podría descubrir algunos hechos fascinantes acerca de los artefactos.

La red de contactos es imprevisible. Usted nunca sabe a dónde le puede conducir. Mis empleados siempre me gastan bromas porque permanentemente estoy desarrollando mi red de contactos –a veces en sitios insólitos. Cada vez que viajo (ellos han lanzado el programa de la *viajera frecuente*) he trabado amistad con la persona sentada a mi lado. He recibido propuestas como consultora de mucha gente, he vendido productos y aprendido muchas cosas acerca de mi negocio y el de ellos. He establecido contactos en las grandes tiendas, mientras estaba en la peluquería o durante los entreactos en un teatro. Nunca dejo escapar las oportunidades. Siga cualquier indicio que usted tenga ¡y no se sorprenda de lo que la vida le puede deparar!

LA BUSQUEDA DE AFINIDADES:
LA REGLA DE ORO DE LA VENTA

La búsqueda de afinidades es una de las etapas más importantes en el proceso de venta, dado que *la gente compra a las personas que le agradan, en las cuales confía y respeta.*

La gente se siente a gusto con usted cuando está en la misma onda que ellos –cuando piensan que usted se preocupa por sus necesidades tanto como por las suyas.

La gente confía cuando usted es franco y honesto –cuando usted está seguro de sí mismo y de sus metas.

La gente le respeta cuando usted les trata con respeto. La gente percibe de lejos una actitud negativa. La regla de oro de la venta se aplica a todos, incluso a los empleadores potenciales.

En una ocasión, mi esposo tuvo que entrevistar a una serie de candidatas para un nuevo puesto de secretaria en su oficina. Una de ellas, Sheila, llegó a su cita con quince minutos de retraso. Entró deprisa sin disculparse, y dijo, "Hola. Yo soy Sheila", y le entregó en mano a mi esposo su *currículum vitae.* Contestó a sus preguntas de forma precisa y tajante, mientras le señalaba a mi esposo la hoja de papel que le había entregado, diciéndole, "Está todo en mi currículo".

Sheila venía muy recomendada y sus antecedentes eran perfectos. Pero no lo era su actitud. "Actuaba como si yo le estuviera imponiendo algo al hacerle las preguntas", me confesó mi esposo. "Sabía muy bien que era capaz de cumplir la función. También supe de inmediato que se adaptaría al resto del equipo".

Su primer contacto con un empleador potencial, ya sea a través de una carta, de una conversación telefónica o de una entrevista personal, puede determinar el éxito o el fracaso para concretar la venta. "No se puede retroceder y volver a entrevistar a alguien", asegura Joe Gandolfo, uno de los más importantes vendedores de seguros y planificador financiero en su libro *How to Make Big Money Selling (Cómo ganar mucho dinero vendiendo).* "Un vendedor de éxito sabe la importancia que tiene una primera impresión en las ventas".

El propósito de este primer contacto es establecer una relación comercial positiva. Una vez que lo haya logrado, podrá seguir adelante con la siguiente etapa del proceso de venta.

LA SELECCION:
VENDERLE A LA PERSONA INDICADA

¿Intentaría venderle un par de gafas a una persona con una visión perfecta? Más allá de lo buen vendedor que usted pueda ser, una persona con una visión perfecta no necesitará su producto. Puede desperdiciar su tiempo siguiendo indicios improductivos. Un cliente potencial es *indicado* cuando tiene la necesidad o el deseo de aquello que usted tiene que ofrecer, cuando cuenta con el presupuesto necesario y posee la autoridad para decidir la compra –cuando responde a la imagen de su candidato ideal.

¿Cómo puede saber si un comprador es el *indicado*? Tiene que formular preguntas para determinar de qué manera su comprador se amolda a su ideal. El instructor de ventas Tom Hopkins en su libro *How to Master the Art of Selling (Cómo dominar el Arte de Vender)*, expresa que una venta al candidato indicado puede concretarse el 50% de las veces, mientras el candidato no indicado comprará solamente el 10% de las veces. Cuanto más sepa acerca del cliente potencial, mayores serán sus posibilidades de concretar la venta.

EL MANEJO DE LAS OBJECIONES:
COMO CONVERTIR EL "NO" EN "SI"

Una objeción es lo que usted escucha cuando el comprador aún no ha tomado una decisión positiva. Sin embargo, la lección más importante que todo vendedor debe aprender es que una objeción no es igual a un rechazo. Es muy raro que una venta progrese uniformemente desde el principio hasta el fin.

Supongamos que está con un cliente muy interesado en adquirir las cámaras fotográficas que usted vende. Pero cuando menciona los precios, el cliente le dice: "Lo siento. Precisamente ahora no tengo ese dinero". Usted podría decir simplemente: "Oh, qué lástima" y perder la venta. O podría preguntar: "¿Si usted tuviera el dinero, compraría la cámara?" Cuando el cliente le dijera que sí, entonces podría ofrecerle un plan de pago o algún otro acuerdo mutuamente ventajoso.

Tenga en cuenta esto: Una objeción es simplemente un requerimiento de más información.

Si en una entrevista laboral el entrevistador le dijera que está buscando a alguien que tenga algo más de experiencia en la especialidad, usted podría hablarle acerca de alguna experiencia afín y de cómo su entusiasmo por aprender nuevas habilidades le compensaría por sus deficiencias.

Las objeciones por lo general se consideran como obstáculos para la venta. Pero lo cierto es que las objeciones son los medios de acceso para sacar una venta adelante.

¿Sabe por qué el discurso de propaganda memorizada no da resultado? Porque el cliente potencial no tiene la posibilidad de objetar. Usted podría pensar: "No me gusta que el candidato haga objeciones. Si lo hiciera, eso significaría que no tiene intenciones de emplearme". Pero todo lo que él ha hecho ha sido objetar. Cuando el candidato hace objeciones, le está dando los motivos por los cuales no puede tomar una decisión positiva de inmediato. Cuando alguien le dice: "El precio es demasiado alto", eso significa en términos de venta, que *algo todavía no es aceptable.* En algún momento, en el transcurso de la conversación ha habido cierta falta de comunicación.

Una vez que dicha objeción se ha expresado, usted tiene la oportunidad de aclarar el malentendido. Una objeción no es un rechazo, es un asunto o tópico que todavía no ha sido aclarado.

Si el candidato no formulara ninguna pregunta, ni planteara ninguna objeción, eso podría ser un indicio de que simplemente no está interesado. Podría no haber comprendido que usted tiene una serie de habilidades que responden a sus necesidades. Por eso debería recibir con beneplácito la posibilidad de responder a una objeción. Es otra posibilidad para promocionarse. En el capítulo 28 se analizará con más detalle de qué manera manejar las objeciones.

EL CIERRE DE LA OPERACION: TENGA EN CUENTA SUS ARGUMENTOS DE VENTA

Cuando una venta se concreta, significa que el comprador ha llegado a una decisión favorable. La meta fundamental para todo vendedor es cerrar la operación de modo tal que todas las partes salgan beneficiadas. El vendedor obtiene una compensación financiera, mientras el comprador encuentra una solución a su problema.

A fin de finiquitar la operación, usted tiene que hacer tres cosas: demostrarle al cliente que el hecho de adquirir su producto puede significar una ventaja para él, responder a cualquier objeción que pueda surgir, y requerir la orden de compra.

Nuestro vendedor de cámaras fotográficas, ante la objeción planteada por el cliente acerca de su falta de dinero, formuló una última pregunta tentadora, "¿Si usted tuviera el dinero, compraría la cámara?" El cliente respondió afirmativamente. Luego el vendedor siguió diciendo: "¿Si le mostrara de qué manera puede pagar esta cámara dentro de un cómodo plan de financiación, le interesaría?" Una vez más el cliente asintió. Desde el principio el vendedor utilizó sus argumentos de venta.

Durante todo su esfuerzo de *marketing*, usted utilizará estas técnicas de venta para *presentarse* ante los potenciales compradores. Usará esas habilidades para responder a todas las objeciones que planteen sus posibles empleadores y para demostrarles que puede satisfacer sus necesidades. Si la entrevista ha progresado y usted piensa que este es el puesto que le interesa, no se despida simplemente con una sonrisa y un apretón de manos. Usted pretende que le ofrezcan el empleo, aun cuando finalmente decida no aceptarlo. Su entrevista debería concluir con una pregunta final como "Estoy muy interesado en trabajar con usted y su compañía. ¿Puedo llamarle mañana al mediodía para conocer su respuesta?"

La búsqueda de los clientes potenciales, las afinidades, la selección, el manejo de las objeciones y el cierre de la operación son las habilidades básicas que usted necesitará utilizar a lo largo de su búsqueda de empleo. Estas son habilidades que se pueden adquirir y ejercitar; cuanto más las utilice, mejor las manejará.

23

La correspondencia directa

Cómo hacer una oferta irresistible

23º Principio de las Ventas y Mercadotecnia
El secreto deseo de todo comprador potencial es: "Hágame una oferta a la cual no me pueda negar".

EL INSTRUMENTO DE VENTA
PARA LA PRESENTE DECADA

"¡Usted ya podría haber ganado un millón de dólares!".

¿Ha recibido alguna vez un mensaje incitador como este? Esto es precisamente correspondencia directa. Algo similar son las cartas que recibe de las instituciones que promueven las tarjetas de crédito, la televisión por cable, las revistas, y de la mayoría de las organizaciones con siglas, como NSF (Fundación Nacional de las Ciencias), NRA (Agencia de Recuperación Nacional) o ASPCA (Sociedad Protectora de Animales). Miles de empresas, grandes y pequeñas, sacan ventaja de lo que ha demostrado ser uno de los instrumentos de *marketing* más eficaces: la correspondencia directa.

Usted también podría sacar ventaja de este recurso. Cada vez más propietarios de pequeñas empresas optan por la correspondencia directa como el medio más eficiente y económico de hacer conocer sus productos.

¿A dónde apunta su búsqueda de empleo? Usted tiene que tener alguna manera de enterar a la gente que le rodea. ¿Cómo va a intentarlo? ¿A través de la radio o la televisión? ¿De los periódicos? ¿De la correspondencia directa?

La radio y la televisión son demasiado costosas para ese fin. Incluso un anuncio comercial de quince o treinta segundos puede estar algo fuera de su alcance, especialmente si usted está desocupado. La mayor parte de los diarios tienen una columna denominada "Empleos" donde las personas que buscan trabajo colocan un anuncio. Aun así, nueve de cada diez empleadores que interrogué me dijeron que ellos muy rara vez pensaban en buscar personal a través de este medio. Un empleador me dijo que leía con frecuencia la columna, pero solamente porque era uno de esos lectores metódicos que se quedan absortos en la lectura. Una mujer que conozco se aseguró un empleo de esta manera cuando puso un anuncio en el diario que decía: "Secretaria dinámica y activa, apasionada por el béisbol y el fútbol, busca un puesto con empleador aficionado a los deportes". Sucedió que un abogado aficionado a los deportes leyó su aviso, y resultaron ser un equipo perfecto.

Al margen de las consideraciones financieras, la radio, la televisión y los diarios no son recursos de *marketing* apropiados para usted, ya que con ellos no se puede dar una idea de quiénes constituyen su "audiencia". Con eso usted puede llegar a millones de personas desinteresadas en el tema.

Ese el motivo por el cual la correspondencia directa resulta tan eficaz. Le da la posibilidad de acceder a grupos muy específicos de compradores potenciales –compradores que usted ya sabe que están interesados en lo que tiene para vender–. Cuando usted desarrolló su plan de mercadotecnia en el Capítulo 18, confeccionó una lista de individuos con quienes establecer contactos. Su objetivo es persuadirles de que si le ofrecieran el empleo se beneficiarían ellos mismos.

A fin de preparar una carta persuasiva e *irresistible*, usted debe familiarizarse con el concepto de *marketing* por objetivos. Cuanto más claramente haya comprendido cada fase de su campaña de *marketing*, mejores serán los resultados. Tiene que conocer el propósito exacto de su carta, o no sabrá qué volcar en ella.

SU PRIMER OBJETIVO: CAPTAR AL LECTOR

¿Cuál es el objetivo de su carta? Cuando hago esta pregunta en mis seminarios, la respuesta habitual es "Conseguir un empleo" o "Lograr una entrevista." Esta puede ser su meta final, pero el objetivo específico de la carta es despertar suficiente interés en su empleador potencial para que cuando usted llame, éste le conceda la entrevista. Eso es todo lo que la carta debe lograr. Es un cebo.

Su meta en esta etapa de su estrategia de mercadotecnia consiste en despertar el interés de alguien –convencer a esa persona de que usted es alguien a quien vale la pena ver. Usted pretende que esta carta le coloque a la cabeza de la lista de candidatos potenciales. La única manera de lograrlo es redactar la carta adecuada y enviarla a la persona más indicada.

EL IMPULSO DE LA MERCADOTECNIA: LA LISTA Y LA OFERTA

El secreto del éxito en la mercadotecnia por correspondencia es la combinación de la lista y la oferta. La lista consiste en las personas que usted ha previsto que reciban su correspondencia. Una lista bien preparada le proporciona un grupo de clientes que pueden tener razones para estar interesados en lo que usted intenta vender. Si usted enviara una carta mediocre a una lista apropiada de personas, todavía tendría alguna posibilidad de éxito. Pero aun una carta brillantemente redactada, enviada a una lista inapropiada no le llevaría a ninguna parte. Es como ofrecerle a un vegetariano un filete jugoso para la cena. Más allá de lo sabrosa que sea la carne, al vegetariano no le interesará. La semana pasada recibí un ejemplar de una publicación denominada *Golf Magazine* (*Revista de Golf*). Yo no juego al golf, tampoco me agrada. Estoy segura de que es un estupendo deporte, y de que esa es una buena revista, pero no tiene ningún interés para mí. Figuraba en la lista indebidamente.

Ningún simple producto, servicio, o persona atrae a todo el mundo. Ese es el motivo por el cual una compañía de automoción como General Motors, fabrica diversos modelos: Cadillac, Pontiac, Oldsmobile y Chevrolet. Solamente un grupo muy específico de personas puede estar interesado en usted –y cuanto más específico sea el grupo, más interesado estará. Por ejemplo, si usted estuviera buscando un puesto como investigador en una compañía petrolera, la persona que podría estar más interesada en usted sería un jefe de investigación que acabara de perder a tres de sus mejores investigadores y estuviera pasando apuros para poder responder a los plazos de entrega. El individuo menos interesado podría ser alguien que tuviera exceso de personal y no contara con nuevos proyectos en perspectiva.

Usted confeccionó su lista en la fase del plan de acción inmediato de su plan de *marketing*. Ahora cuenta con una lista de diez o veinte nombres de personas en las compañías donde usted pretende trabajar. Esto es lo que se conoce como una *lista por objetivo* –no es simplemente una lista de nombres al azar, sino un grupo de gente cuidadosamente seleccionada que puede tener interés en el producto, o servicio que usted tiene para "vender". Son clientes potenciales.

La oferta es el incentivo. Es la respuesta a la pregunta del cliente: "¿Qué puedo obtener con eso?" Podría ser una rebaja en el precio, o "compre uno, y llévese el otro gratis". Esta es su propuesta al cliente o consumidor: "Utilice mi servicio y..." o "Compre mi producto y...".

La oferta que usted hace a su *comprador* es que hará por él lo que ya ha hecho por otros –"Empléeme y resolveré su problema de distribución..." o "Incorpóreme como parte de su equipo y mejoraré su productividad". Uno o dos de sus logros más destacables –presentados de manera claramente ventajosa para el lector– harán que el empleador potencial desee conversar con usted, aun cuando no exista una vacante disponible.

Clara, una empleada especializada en leyes impositivas, había vivido y trabajado en Chicago durante doce años. Cuando su esposo fue trasladado a Los Angeles, empezó a buscar empleo en esa ciudad. Ella pretendía continuar con las leyes impositivas. Clara escribió una carta bien meditada. Pero, no había preparado una lista por objetivo, y envió la carta a docenas de empresas que no contaban con departamentos impositivos. Una vez que comprobó que no iba a recibir la respuesta que esperaba, rehízo su lista por objetivos y volvió a enviar la carta a cuarenta asesores impositivos en el área de Los Angeles.

Concertó siete entrevistas en un período de dos semanas, y le ofrecieron tres puestos diferentes. Al enviar la carta apropiada a la gente más indicada, Clara pudo escoger finalmente entre varias opciones.

PERSONALICE SU OFERTA

Puede parecerle más fácil enviar una gran cantidad de correspondencia (utilizando la misma carta) a todas las personas que figuran en su lista. Pero el hecho de enviar una carta directa, personalizada, hace que el lector se sienta especial por haberla recibido. Eso denota el esfuerzo y el tiempo que ha invertido el remitente para informarse acerca del destinatario (que es lo que usted ha hecho). De esta manera, la carta personalizada consigue comprometer al lector en la venta. Tenga en cuenta que la gente compra por razones emocionales. En realidad, la principal ventaja de la correspondencia personalizada es que le permite apelar a ambos aspectos, el comercial (o intelectual) y el personal (o emocional) del *comprador* a la vez.

Supongamos que usted maneja un servicio de reparación de cercas. Pasa ante una hermosa casa rodeada de una magnífica cerca blanca de estacas puntiagudas. Observa que en un sector de la misma la pintura ha comenzado a desprenderse. Qué resultados obtendría si enviara al propietario de esa vivienda uno de sus folletos estándar:

> Estimado señor propietario:
> No se desespere por el deterioro
> Nosotros lo reparamos con esmero
> Para un servicio de calidad llame
> a Sherry Smith, Reparaciones de Cercas, Inc.

Podría obtener una respuesta. El propietario podría llamar. Pero es más probable que diga "qué linda tarjeta" y la arroje al cesto junto con toda la correspondencia de propaganda. ¿Pero qué sucedería si usted enviara una carta como esta?

> Estimados señores Jones:
> Cuando pasé ante vuestra hermosa casa hace algunos días, observé que las estacas de la cerca necesitan cuidados. Hace veinte años que estoy en el negocio de la reparación de cercas, y sé lo que hacer para devolver a la misma su firmeza y lozanía.
> Simplemente preguntad por la empresa Bradley al final de la calle. El valor de vuestra vivienda aumentará un tercio con el trabajo de reparación que podemos hacer en la propiedad. Si comenzáramos el

trabajo de reparación de la cerca antes del 30 de octubre podríamos reparar el camino interno de vuestra vivienda sin costo adicional.

Atentamente,
Sherry Smith
Reparaciones de Cercas, Inc.

Esta carta personalizada ha sido enviada a la familia Jones, y no a cientos de anónimos propietarios. El señor Jones puede pensar que si usted se ha tomado el trabajo y el tiempo para escribirle una carta personal, también hará el esfuerzo de hacer un buen trabajo con su cerca. La oferta es personalizada e irresistible. El señor Jones puede tener todavía algunas preguntas que hacerle –no va a contratarle necesariamente en forma inmediata–, pero con toda probabilidad va a responderle cuando usted vuelva a comunicarse. Y ese es el propósito de su carta.

EL INSTRUMENTO DE MERCADOTECNIA DE MAS RAPIDO DESARROLLO

La redacción de cartas personalizadas es una rama de la industria de la publicidad que está adquiriendo una rápida expansión. Es lógico, por lo tanto, que al crear una estrategia de *marketing* que forma parte del plan de búsqueda laboral, utilicemos la correspondencia directa –el principal método de *marketing* para el futuro.

OBSERVE LOS DETALLES

La correspondencia directa consiste básicamente en una carta personal, de modo que asegúrese de enviarla a la persona indicada. Usted pretende llegar al individuo que toma las decisiones, la persona que tiene responsabilidad directa para contratarle. Por eso, si usted hubiera establecido contacto con una empresa relativamente pequeña, debería escribirle directamente al presidente. En una gran organización, debería recurrir al jefe de departamento o al vicepresidente de la división correspondiente.

Asegúrese de utilizar la *ortografía correcta* y el *tratamiento adecuado*. Si usted no hubiera llamado cuando confeccionó su lista, debería hacerlo ahora. En vista de que la gente cambia de empleos con más frecuencia, sería más prudente que usted llamara y se asegurara de que la persona todavía está en la empresa y de que sus funciones no han variado.

No tiene por qué identificarse cuando llame. Simplemente puede decir: "Le voy a enviar cierta información al señor X, y quisiera tener su nombre y sus títulos correctos". Una vez más, esto demuestra una preocupación por el detalle, que se puede dar por sentado si todo está en orden –pero que indudablemente puede volverse en su contra si usted comete un error.

TENGO UNA PROPUESTA PARA USTED...

Ahora que sabe a quién le está escribiendo, desea hacer una propuesta comercial. A fin de resolver los problemas de esa persona (o compañía) usted necesita aplicar su conocimiento, experiencia, destreza y energía. A cambio de eso recibirá un salario, beneficios y gratificación por la tarea. Usted no está buscando el puesto con desesperación, ni pidiendo empleo porque piensa que lo merece; está sugiriendo un acuerdo de beneficio mutuo. Sabe cuáles son las ventajas para usted. Su carta debe mostrar cuáles son los beneficios para la otra parte.

El párrafo inicial de su carta tiene tres objetivos:

1. Despertar interés
2. Referirse específicamente a las necesidades de la persona y la organización a quienes usted se dirige
3. Establecer el valor del producto: Usted

Su indagación debe haberle expresado algo acerca de los éxitos y fracasos, las ventajas y desventajas de las compañías con las cuales usted ha establecido contacto. Esta es la oportunidad de utilizar lo que ha aprendido. Debería conocer al menos los intereses específicos de cada organización para estar en condiciones de señalar de qué manera la compañía podría resolver su problema si le contratara o empleara.

Por ejemplo, consideremos la carta de los reparadores de cercas a la familia Jones que empieza diciendo: "Cuando pasé ante vuestra hermosa casa hace algunos días, observé que las estacas de la cerca necesitan cuidados". Esto expresa (junto con el cumplido acerca de la casa) que el reparador es consciente de que existe un problema y que estaría dispuesto a ayudar. No tiene que señalar necesariamente el problema (a nadie le gusta que le digan que algo está mal), pero usted pretende dejar claro que sabe lo que se necesita. El reparador agrega una sugerencia: "El valor de vuestra propiedad puede incrementarse en un tercio debido a la reparación de la cerca".

Su carta podría incluir una declaración como: "Después de haber trabajado cinco años como analista en control de calidad, sé que puedo reducir los costes e incrementar la producción para usted y su compañía". Esto le hace saber a su candidato que sus intereses y los de la compañía son los mismos.

REDUZCA EL FACTOR DE RIESGO

Usted pretende demostrar su valor al incluir ejemplos de cómo su destreza ha beneficiado previamente a otros. Los empleadores quieren saber qué es lo que usted ha logrado para los competidores y colegas. La conjetura lógica es que si usted ha hecho las cosas bien para alguien más, puede hacer lo mismo para ellos. Sabemos que el proceso de selección es tan difícil para los empleadores potenciales como lo es para usted, que los empleadores a menudo asumen un gran riesgo, poniendo en peligro a veces su propia carrera cuando contratan a alguien nuevo. Si usted puede demostrar que ha podido resolver los problemas de otros empleadores, reducirá el factor de riesgo.

Por lo tanto, debería incluir dos (o como máximo tres) argumentos de venta –cuidadosamente escogidos y presentados de manera tal que resulten coherentes con las necesidades de la compañía.

¿Respondería a una carta como la siguiente?:

9 de agosto de 1989
Señora Rachael A. Miller
Vicepresidente de Diseño
Happyface Health Care Incorporated
Sullivan Street
Chicago, IL 60606

Estimada señora Miller:

Soy especialista en diseño e investigación. Mis investigaciones se han centrado en el campo de la higiene dental, y mis diseños han tenido gran éxito.

255

Me he enterado de que usted tiene un puesto vacante en su departamento. Estaré en Chicago las dos primeras semanas de setiembre. Si usted tuviera interés en que discutiéramos la posibilidad de trabajar juntos, por favor llámeme antes de entonces para que podamos concertar una entrevista.

Sinceramente suyo,

Jack Washington

No hay nada en esta carta que distinga al señor Washington de la multitud. A juzgar por su carta, la señora Miller no debería tener ningún motivo para llamarle. No es una carta interesante; tan sólo es inoperante. Ese es el problema. En mi empresa he recibido muchas cartas como esta. Jamás les eché un segundo vistazo.

Con sólo decirle a un empleador que usted es un experto eso no demuestra nada. ¿Por qué iría a creerle, si usted es un extraño? Jack no anotó ninguno de sus logros, y no hizo mención de ninguno de los beneficios para el lector. Finalmente, ha dejado la iniciativa a cargo del empleador potencial al pedirle que le llame para concertar una entrevista. No hay suficiente incentivo en esta carta para lograr que éste le llame.

GENERE EXPECTATIVAS FAVORABLES

Al concluir la carta, establezca una fecha determinada en la cual usted llamará para concertar una cita. Anote esa fecha en su calendario o agenda. Si su carta fuera suficientemente atractiva, el lector tendría curiosidad por saber más acerca de usted, y estaría ansioso de escucharle. El empleador busca a alguien que pueda estar activamente comprometido con las metas de la compañía, un individuo que tenga energía e iniciativa, no alguien que aguarde pasivamente una llamada telefónica.

Por último, la redacción eficiente de una carta personalizada es una habilidad que debe ser aprendida y ejercitada. No envíe las primeras pruebas a las personas con las que usted más desea trabajar. Lea la carta a sus amigos y familiares, y pregúnteles si ellos desearían verle después de leerla. Pídales que le expliquen por qué. Luego envíe la carta a alguien que figure al final de su lista de empleadores potenciales. Ejercítese con los puestos que menos le atraigan, y cuando llegue a sus mejores opciones, ya habrá adquirido experiencia.

ANALISIS DE UNA CARTA EFICAZ

Ahora, analicemos una carta personalizada paso por paso:

1. *Llame a la compañía y verifique si el candidato potencial aún está allí.* Tome nota de los datos correctos: su nombre y apellidos, y su título.

2. *Comience con una declaración acerca del lector.* Haga saber al lector que esta es una carta personalizada, no un modelo comercial, que usted sabe algo acerca de él y/o de la compañía. Este párrafo debería suscitar el interés del lector y persuadirle de continuar su lectura, aun cuando no exista una posibilidad laboral inmediata. Debería sugerir que usted es compatible con los objetivos y valores de la compañía –que usted *encaja* en la organización y en su departamento. Debería destacarle del resto de los remitentes que no han hecho tan bien su investigación.

La mayoría de las cartas introductorias son poco imaginativas y se ajustan a las fórmulas. No expresan mucho más que "Necesito un empleo. Por favor, contráteme. Aguardaré hasta su llamada". Por eso si usted enviara una carta debidamente escrita, tras una cuidadosa investigación, obtendría una ventaja sobre los demás –y sería tenido en cuenta.

3. *Ofrézcale al lector una visión de sus habilidades.* Despierte su curiosidad, sugiriéndole que al contratarle podrá resolver ciertos problemas, como incrementar las ganancias, mejorar la eficiencia o generar ideas creativas. Concéntrese en los beneficios. Informe al empleador potencial en que línea de trabajo está, dé una idea general de su experiencia y de cómo podría aplicar esa experiencia en la compañía. No tiene que especificar necesariamente la cantidad de años de experiencia. Puede utilizar las cifras en dólares, o la cantidad de inversiones que ha manejado, o los proyectos que ha completado, o cualquier otra cifra que pueda dar un indicio de que sus antecedentes son compatibles con los intereses inmediatos y futuros de la compañía.

4. *Anote dos de sus logros más importantes.* Esa es su *oferta irresistible.* Esto es lo que hace que el destinatario preste atención y diga: "¡Alguien así nos vendría bien en esta compañía!". Asegúre-

se de que sus logros sean compatibles con los intereses específicos de la compañía. Haga descripciones breves y puntuales; no querrá revelar todo en la carta, algo siempre debe quedar para la entrevista. Haga hincapié en los resultados. No es necesario mencionar el nombre de la compañía para la cual usted logró esos resultados. Tenga en cuenta al empleador. Tampoco a usted le agradaría que alguien leyera su carta y dijera: "Ah sí, Acme, los conozco. Nosotros no hacemos lo mismo que ellos". Usted no querrá darle al empleador la posibilidad de emitir un juicio apresurado. Siempre puede ser más específico y dar el nombre de la compañía cuando consigue la entrevista.

5. *Haga saber al lector que a usted le gustaría trabajar para él, y que le llamará en una fecha determinada para concertar una cita.* Utilice la palabra *cita* o *reunión*, o incluso *un momento para verle*; evite usar el término *entrevista.* Usted sólo está buscando una oportunidad para discutir el asunto con el lector. Si de esta reunión resultara una oferta de trabajo, tanto mejor para ambos. Escriba con seguridad, como si diera el encuentro por un hecho.

6. *Podría desear incluir una postdata.* Un secreto inherente a la correspondencia directa mantiene que la gente lee primero el saludo (al margen de la importancia de la correcta escritura), y luego la posdata. Si usted quisiera dar una primera impresión más formal, debería incluir esta información en el cuerpo de la carta y eliminar la postdata. Si la compañía no fuera tan conservadora, una postdata podría resultar muy eficaz. En caso de utilizar una postdata, debería incluir un incentivo adicional para que el destinatario le atienda cuando usted llame. De esta manera, estará a la expectativa, o quizás le llame antes.

He aquí un buen ejemplo de una carta personalizada:

9 de agosto de 1988
Señora Racha A. Miller
Vicepresidente de Investigación & Diseño
Happyface Health Care Incorporated
Sullivan Street
Chicago, IL 60606

Estimada señora Miller:
    Sus nuevos diseños en productos para la higiene dental me sugieren que usted está interesada en mejorar la salud dental, así como en ampliar su mercado. Como experto en investigación y diseño, con

diez años de experiencia en productos para la higiene personal, estoy continuamente en busca de nuevos y mejores métodos para el cuidado de la salud, y lo he hecho de una manera lucrativa y práctica:

. El año pasado incrementé las ventas de los cepillos de dientes de mango curvo que fabrica mi compañía en un 300% mediante el diseño de un adaptador plástico económico que permitió que los citados cepillos se adaptaran a las repisas estándar de los cuartos de baño.

. El siguiente proyecto, que consistió en mejorar el envase de la pasta dental para niños, permitió que este producto que tenía un 2% de participación en el mercado alcanzara el 22% en sólo seis meses.

Puedo contribuir a su organización con el mismo tipo de logros. Estaré en Chicago las primeras dos semanas de septiembre. Me comunicaré con usted el martes 16 de agosto para concertar una cita.

Sinceramente suyo

Jack Washington

P.D. He quedado particularmente impresionado con su nuevo dispositivo de seda dental y me agradaría discutir un plan que he elaborado para lograr una línea coordinada de productos.

DE UNA BUENA IMPRESION

Una vez estaba en la oficina de un cliente cuando este recibió una carta en la que se solicitaba un puesto vacante. La carta estaba arrugada, con raspaduras, y era obviamente una copia. Mi cliente dijo "No me importa qué capacitada o talentosa sea esta persona. Jamás emplearía a alguien que se preocupe tan poco por la impresión que pueda dar. Si ha creído que no me daría cuenta, se ha equivocado. Estoy en busca de un profesional. Y ningún profesional me enviaría una carta como esta".

Examine su carta y asegúrese de que está perfecta y profesionalmente redactada. No debe tener errores gramaticales ni tipográficos. El papel impecable, sin raspaduras ni borrones. Antes de enviar su carta, tome los siguientes recaudos:

1. Saque una copia de la carta para sus archivos.
2. Anote en su agenda la fecha y los datos de la persona a quien tiene que llamar.
3. Anote el número de teléfono en su copia de la carta.
4. Archive la copia en un lugar accesible.

EL SENTIDO DE LA OPORTUNIDAD ES FUNDAMENTAL

Una consideración final pero importante acerca de la correspondencia directa es cuándo enviar la carta. Debe tener en cuenta la oportunidad, de modo que reciba la atención que merece.

Llame a la sucursal del correo local y averigüe cuántos días tardará la carta en llegar a destino. El mejor momento para recibirla es un martes o miércoles. Los días lunes la correspondencia es abundante y puede perderse en la confusión; el viernes es un día en que muchas personas están ocupadas en otra cosa e intentan salir antes de hora.

Su carta será la primera impresión que usted le dará a su posible empleador. Haga un buen debut. Esta carta debería ser más que una introducción; debería ser parte de un plan de vida. Usted está desarrollando una red de conexiones con cada carta y currículo que envía. Un currículo no es precisamente una buena opción para desarrollar dicha red, pero a veces es un requisito. Si usted tuviera que redactar un *currículum vitae*, el próximo capítulo le mostrará cuál es la mejor manera de hacerlo.

24

Si usted tuviera que escribir un currículo...

24º Principio de las Ventas y Mercadotecnia
En la era de los servicios al consumidor, el marketing a gran escala no resulta tan eficaz como la venta personalizada.

COMO PASAR LA PRIMERA PRUEBA

Cuando era actriz mientras "hacía los sucesivos papeles" y me presentaba en las audiciones de prueba, llevaba conmigo por lo menos dos colecciones de fotografías. Si representaba un papel más dramático, le entregaba al director una fotografía de fondo oscuro en la que aparecía seria, sin sonreír. Si me presentaba para una comedia o un espectáculo musical, utilizaba una imagen con una expresión radiante y achispada, y una gran sonrisa. No lo hacía porque el director no tuviera imaginación para ver lo que había más allá de la fotografía, sino porque necesitaba toda la ayuda posible.

A cierta altura de la carrera, cada actor o actriz asiste a un proceso de selección preaudición, en el cual el director habitualmente alinea a diez o doce personas en una sala, echa un rápido vistazo a todos, y les dice a casi todos que regresen a su casa. Simplemente ellos no son lo que el director está buscando. Eso no tiene nada que ver con sus talentos o sus experiencias pasadas. Una vez que se ha superado esta etapa exploratoria, comienzan las verdaderas sesiones de prueba.

Algunos actores inteligentes han logrado multiplicar sus posibilidades de pasar esta primera prueba. Antes de presentarse a la prueba, hacen algunas averiguaciones e investigan todo lo que pueden acerca de la obra, la película, y/o el director. Cambian su manera de vestir, o el estilo de peinado, pequeñas adaptaciones para hacer que el director pueda imaginarlos en el contexto de la obra o película.

Enviar currículos *a ciegas* –cuando usted no sabe nada acerca del empleo o la compañía– es como presentarse desprevenido a una prueba. Muchos empleadores echan un rápido vistazo a la serie de currículos que reciben y rechazan la mayor parte. Esto es así porque la mayoría de los currículos les sugieren muy poco acerca de las personas que los han enviado, y nada en absoluto acerca de los motivos por los cuales deberían tenerlos en cuenta para el empleo.

Esta es la razón por la cual no me agradan los currículos. Se suelen utilizar para seleccionar al personal después de una o dos lecturas superficiales. Por el mismo motivo la correspondencia directa constituye un instrumento de venta mucho mejor. En su carta, usted hace una oferta personalizada con los beneficios que representa para el comprador claramente expuestos. Los currículos nunca pueden tener el mismo impacto.

Me gustaría poder decirle que no utilice ningún *curriculum vitae*. Pero en el mundo empresarial tenemos que aceptar las cosas como son. La mayoría de los empleadores insisten en la necesidad de un currículo. Cuando esto ocurra, mi sugerencia es estudiar anticipadamente el *rol* –averigüe tanto como pueda acerca del puesto y el empleador–, y presentarse ante el empleador con una imagen de sí mismo adaptada a sus necesidades y expectativas (un currículo a la medida de las circunstancias, sobre el que me referiré más adelante en este capítulo).

EL PROBLEMA CON LOS CURRICULOS

Usted entra en un restaurante de lujo. Elige una mesa y se sienta, abre el menú y lee:

MENU

5 variedades de pollo

3 variedades de filete

4 platos de mariscos y pescados

3 clases de ensalada

Y postres verdaderamente deliciosos

¡Usted ni siquiera sabrá en qué tipo de restaurante está! Un menú tiene que ser algo más que una simple lista de los ingredientes principales. Muchas personas escriben sus currículos como si esto fuera todo lo necesario –una lista de los principales ingredientes. Suelen decir:

HE TRABAJADO EN:

Nestlé

Gimbel's

Sears

K-Mart

Un empleador que lea un currículo semejante dirá: "¿Y qué?". La clave que hay detrás de todo currículo es seguir los mismos principios que para la correspondencia directa (la carta personalizada): debe hacer hincapié en los beneficios, el valor agregado, y ser adecuada al empleo específico que usted busca.

DESPIERTE SU INTERES:
EVITE LA DISTRACCION

Como su carta personalizada, el currículo debe intentar atraer la atención del destinatario, no conseguir el empleo. Su propósito es lograr *poner un pie en la puerta*. Una vez que lo logre, podrá utilizar sus habilidades de *marketing* para obtener el empleo.

Es como enviar un panfleto de propaganda o sacar un anuncio en el diario. Usted necesita que el cliente se interese. El anuncio se debe concentrar en los beneficios para el cliente. Un anuncio publicado en un diario atiborrado de anuncios similares tiene que lograr atraer la atención, ser de fácil lectura y ofrecer ciertas ventajas al lector. De no ser así el lector distraído lo pasará por alto. Si el aviso fuera efectivo, el lector le prestaría atención y probablemente desearía conocer al anunciador.

Un empleador es como un lector distraído. No leerá cada palabra; hojea montones de currículos similares. De modo que cuanto más fácil sea advertir una coincidencia entre usted y el puesto ofrecido, más probable será que deje de hojear y se disponga a leer.

El empleador debería estar en condiciones de leer su *currículum vitae*, y determinar de qué manera sus experiencias pasadas pueden beneficiarle en el futuro. Eso significa que usted tiene que adaptar su currículo a las necesidades del puesto.

UN UNICO CURRICULO NO ES ADECUADO
EN TODOS LOS CASOS

"Un momento", me dirá usted. "¿Quiere decir que cada vez que tenga que ir a una entrevista diferente tendré que rehacer mi currículo? ¡No tengo tanto tiempo!".

No espero que lo haga. Mi hija Laura tiene hoy tres tipos de currículos diferentes que utiliza cuando busca empleo, y los actualiza cada vez que sea necesario. Cubren sus tres áreas de interés: asesoramiento por maltrato a los niños, investigación y redacción, traducción e interpretación. Laura ha adquirido experiencia en todas esas áreas, pero incluir todo en un solo currículo sería absurdo, si no imposible. De esta manera, está preparada para seguir cualquier pista inesperada que pueda surgir.

Usted no necesita un currículo especial para cada entrevista que se presente. Pero necesita un currículo que sea coherente con el tipo de empleo que busca, en el cual se ponga de relieve su ventaja potencial para el empleador y la compañía. Su *currículum vitae* debería permitirle al empleador relacionar su experiencia pasada con el puesto ahora disponible.

Desde luego, los procesadores de texto pueden facilitar bastante la tarea de actualizar o personalizar su currículo. Si usted no tuviera acceso a un procesador podría utilizar los servicios locales. Los precios de dichos servicios varían, pero la mayoría de ellos conservan su información en archivos (habitualmente durante seis meses al año), y actualizar el original es relativamente barato.

SELECCIONE SU PROPUESTA DE VENTA:
¿QUE TIPO DE CURRICULO LE *VENDERA* MEJOR?

Como la correspondencia directa, el currículo es un instrumento de mercadotecnia que le facilita la aproximación al empleador. Su currículo debería destacar sus puntos fuertes y disimular sus desventajas.

Usted ya ha hecho la tarea preliminar que necesita para preparar un buen currículo. Su Inventario de Valores (IV) y sus logros le servirán de base. Lo que necesita hacer ahora es redactar esa información en forma de currículo en el estilo más adecuado a su propia experiencia.

Existen tres modelos básicos de currículos: cronológico, funcional y personalizado.

El currículo cronológico

Este es el modelo más tradicional, utilizado en el 60% de los casos. Consiste en una relación histórica de sus empleos, comenzando con su experiencia más reciente y de allí hacia el pasado. El currículo cronológico se utiliza más a menudo para *destacar la continuidad laboral* (ya sea de una compañía a otra, o bien de un cargo a otro dentro de una organización). Si su trayectoria laboral fuera estable y demostrara crecimiento y desarrollo, probablemente desearía utilizar un currículo cronológico.

Sin embargo, este es el modelo que presenta los mayores inconvenientes, dado que solemos pensar que para describir nuestras experiencias basta con citar los nombres de las compañías y las denominaciones de los puestos. Aun cuando escriba un currículo de este tipo, debe tener en cuenta los conceptos de *marketing*, y la diferencia entre características y ventajas. Las características de su *currículum vitae* son los nombres de las compañías y las denominaciones de los puestos. Pero las ventajas son lo que llaman la atención del empleador.

Este es un ejemplo de un currículo cronológico tradicional, en el cual no se menciona ventaja alguna:

Fred Wright
34 Elmwood Plaza
Wildwood, Nueva Jersey 07886
(609) 555-1234

Experiencia Laboral:

ABC SUMINISTROS ESCOLARES, INC. (1982-a la fecha)
Jefe del Departamento Contable, División Muebles
Mis responsabilidades incluían la coordinación de otros cuatro jefes de departamento, la preparación mensual de informes acerca de las ventas y supervisión del equipo contable.

COMPAÑIA ELECTRONICA WALTERS (1978-1982)
Auxiliar del Jefe del Departamento Contable
Colaboré en la gestión de las auditorías financieras, redacción de informes e introduje un nuevo sistema informatizado para la contabilidad de costes.

Empleado Sr. de Cuentas por Cobrar
Análisis del método de cuentas por cobrar, revisión del viejo método, mejoramiento del sistema.

Formación
Licenciado en la facultad de Pace

Un empleador que lea este currículo se enterará de dónde trabajó esta persona, por cuánto tiempo y cuáles fueron sus principales responsabilidades. No hay ningún incentivo, ningún señuelo para el empleador. Ahora observe de qué manera hemos redactado la misma experiencia laboral:

Fred Wright
34 Elmwood Plaza
Wildwood, Nueva Jersey 07886
(609) 555-1234

Experiencia Laboral:

ABC SUMINISTROS ESCOLARES, INC. (1982-a la fecha)
Jefe del Departamento Contable, División Muebles
A las órdenes del Director Ejecutivo Financiero. Coordinación de los otros cuatro Jefes de Departamento en la contabilidad de costes y contribuciones impositivas. Preparación mensual de informes acerca de las ventas, e informes comparativos. Desarrollo de un nuevo método de contabilidad de costes, *que dio por resultado un ahorro de 500.000 dólares en impuestos*. Supervisión del equipo que *logró un aumento del 30% en los volúmenes sin agregar personal extra*.

COMPAÑIA ELECTRONICA WALTERS (1978-1982)
Auxiliar del Jefe del Departamento Contable
Codirector de las auditorías financieras. Preparación de informes y recomendaciones para el Presidente y el Director Ejecutivo. Realización de un sistema informatizado para la contabilidad de costes que *dio por resultado un ahorro de 145.000 dólares en la planilla anual de sueldos.*

Empleado Sr. de Cuentas por Cobrar
Análisis de los sistemas de cuentas por cobrar. Reforma del sistema, lo cual *incrementó la productividad en un 25%* Realización de un sistema mejorado de recaudación, lo cual *permitió recaudar 50.000 dólares en cuentas vencidas.*

Formación
Licenciado en la facultad de Pace

Intente hacerlo con su propia experiencia laboral. Comience con una simple enumeración cronológica de los empleos que ha tenido:
1. _____
2. _____
3. _____
4. _____
5. _____

Ahora vuelva a redactar la lista concentrándose en las características y las ventajas. Agregue los resultados finales, lo cual despertará el interés del empleador en conocerle:
1. _____
_____
_____
2. _____
_____
_____
3. _____
_____
_____
4. _____
_____
_____

5. _____

_____
_____

El currículo funcional

Este tipo de currículo sirve para destacar sus logros y habilidades, y pone de relieve sus argumentos de venta más consistentes. Debería utilizar el currículo funcional cuando usted acaba de ingresar en el mercado laboral, cuando reingresa después de un intervalo de cierta duración, cuando intenta cambiar de carrera, cuando ha tenido varios empleos diferentes y probablemente no relacionados entre sí, o si su trabajo ha sido temporal o independiente.

Mi hija Laura preparó este tipo de currículo cuando se enteró de un puesto vacante como asesora en un centro asistencial. Cuando ella habló por teléfono con su empleador potencial, se enteró de que el puesto también requería cierta experiencia en investigación y traducción. Recién graduada en la universidad, la experiencia de Laura respondía principalmente a tareas voluntarias e investigación universitaria. Pensó que la mejor manera de hacer saber al empleador que ella reunía los requisitos para el puesto era destacarlos dentro de un modelo funcional. Este fue el currículo de Laura:

Laura Weinstock
PO Box 456
Seattle, WA 98145
(206) 522-5485

Asesoramiento:
- Asesoramiento a las víctimas de violaciones, a sus amigos y familia. Desarrollar una mejor comprensión por parte de las víctimas de sus derechos legales y sus expectativas en un tribunal.
- Trabajo coordinado con los abogados que representan a mujeres y niños maltratados, disminución de los trámites y del extravío de informes en un 25%.
- Conducción de programas de entrenamiento y selección de voluntarias. El personal voluntario aumentó en un 40%.

Traducción e Interpretación

- Traducción de material sobre violencia y maltrato en el hogar para residentes hispanohablantes, con lo cual se logró el acceso a la información de un 50% más de residentes.
- Traducción de manuales técnicos para un prestigioso centro de salud colombiano. El trabajo se completó dos semanas antes del plazo estipulado.
- Intérprete para clientes hispanohablantes y francohablantes en un establecimiento hotelero, lo cual resultó en un incremento del 35% de la clientela.

Investigación

- Investigación y redacción del informe Proyecto Costarricense de Nutrición, patrocinado por Estados Unidos. El informe fue enviado al gobierno de Costa Rica.
- Investigación y redacción de un artículo sobre la incidencia de la malaria entre los inmigrantes. Documento editado en una prestigiosa revista médica.

Experiencia Laboral

1984-86 YWCA –asesora interna de Recreación
1986-88 Neighborhood Legal Rights Center –voluntaria

Formación

Licenciada en la Universidad de Cornell

Laura quiso destacar sus habilidades en tres áreas diferentes. El currículo funcional también se puede utilizar para poner de relieve los principales logros en un solo campo.

Trate de rehacer su currículo cronológico según el formato funcional:

Principales logros:

1. _____

2. _____

3. _____

4. _____

5. _____

_____

Experiencia Laboral:

1. _____

_____

2. _____

_____

3. _____

_____

El currículo personalizado
(último en orden pero no en importancia)

Este es el currículo más específico y el que recomiendo como el instrumento de *marketing* más eficaz. Durante su conversación telefónica con su posible empleador (que analizaremos en el capítulo 26), usted debe averiguar tanto como le sea posible acerca del puesto –al menos la denominación del mismo y las principales responsabilidades–. Luego personalice su currículo de modo que sus logros concuerden en todo lo posible con los requisitos del puesto.

Esto lleva tiempo. Pero hace mucho más fácil para el empleador *tenerlo en el punto de mira* al constatar que usted es adecuado para el puesto. Cuanto más específico sea en lo que concierne a los objetivos del puesto, menos desfavorable y más positiva será la impresión que causará.

Este es también el mejor currículo para utilizar si usted no tuviera suficiente experiencia laboral, o si hubiera cambiado de carrera en varias ocasiones. A usted le puede convenir dejar de lado su trayectoria laboral, o al menos restarle importancia utilizando este formato de currículo.

El formato general para este tipo de currículo es:

1. Objetivo laboral, descrito específicamente para compatibilizarlo con este puesto.
2. Principales áreas de experiencia, haciendo hincapié en las habilidades transferibles y *vendibles*.
3. Ejemplos de logros específicos.
4. Trayectoria laboral (si fuera suficiente).
5. Formación (si fuera destacable o relevante).

He aquí un ejemplo de currículo personalizado. Shirley McDonald solicita un puesto como ejecutiva de ventas en una empresa de televisión por cable. A través de sus averiguaciones, Shirley se enteró de que la empresa es una organización joven y progresista que necesita gente verdaderamente *dinámica* que pueda ampliar sus mercados. Shirley incluyó solamente aquellos logros y habilidades que se relacionan directamente con el puesto ofrecido.

Shirley McDonald
2100 Cedar Lane
Richmond, VA 23375
(314) 336-2256

Objetivo: Alto Ejecutivo de Ventas
Habilidades:
>   Ejecutiva de cuentas, dinámica e interesada en los resultados, con especialización en la venta de intangibles. Capacidad excepcional para la negociación, la resolución de problemas y para cerrar tratos. Habilidad demostrada para desarrollar nuevos mercados y mantener relaciones provechosas con los clientes estables.

Principales logros:
- Realización de un nuevo concepto en *marketing* que dio por resultado nuevas operaciones por un millón de dólares durante un periodo de dos años.
- Desarrollo de una relación progresiva con antiguos clientes de la competencia, lo cual representó para la compañía 100.000 dólares en nuevas operaciones.
- Calificada número uno en ventas durante el año 1988.
- Como gerente, duplicó la productividad de las ventas en un lapso de seis meses a través de los programas de entrenamiento.

Trayectoria laboral:
>   Desde 1986 a la fecha U.S Broadcast Media, Inc. –venta a los medios de comunicación
>   1983-1986   Inversiones –venta de bonos y títulos de inversión
>   1982-1983   Midland Capital –venta de bonos y títulos de inversión

Imagínese que le envía su currículo a su empleador ideal para el puesto de sus sueños. ¿Cómo adaptaría su currículo en tal situación?

Objetivo: _____

_____

Habilidades: _____

_____

_____

Principales Logros: _____

1. _____

2. _____

3. _____

4. _____

5. _____

Experiencia Laboral: _____

_____

1. _____
2. _____
3. _____

Debería escoger el estilo de currículo que mejor lo pueda definir y con el que usted se sienta más cómodo. Cualquiera que sea el formato elegido, tenga siempre en cuenta los resultados. Usted no escribe un currículo para mostrar lo que ha hecho; sino para mostrar a los empleadores de qué manera lo que ha hecho los puede beneficiar.

LO QUE SE DEBE Y LO QUE NO SE DEBE HACER

No hay reglas estrictas para la preparación de un currículo. Hay quienes combinan los formatos para lograr un currículo que se acomode a sus necesidades y estilo personales. No obstante, existen recomendaciones básicas acerca de lo que se debe y no se debe hacer.

1. *Su curriculum vitae es el envoltorio que atrae al comprador.* Asegúrese de que dé una buena imagen de usted. Una copia desprolija, errores tipográficos, y/o un papel manchado o arrugado seguramente hará que vaya a parar al cesto. *Tenga su currículo impecablemente escrito y copiado en un papel de buena calidad.*

2. *La extensión óptima es de una página.* De ser necesario, se aceptan dos. Si ha llegado a la tercera, eso significa que no ha sido suficientemente selectivo.

3. *Como en la carta personalizada, siempre que sea posible, utilice las cifras y los porcentajes.* Incluya información acerca de los resultados, no cada función que ha cumplido en cada empleo.

4. *No enumere las actividades personales.* Eso incluye puntos como actividades relacionadas con la empresa, asociaciones y premios.

5. *No suministre información personal* como altura, peso, edad, o si está casado, soltero o divorciado.

6. *No indique referencias en su currículo.* Usted no querrá que alguien que no considere con seriedad su solicitud llame a sus referencias. Dé las referencias sólo después que el empleador haya mostrado un verdadero interés.

7. *No incluya sus antecedentes salariales ni el sueldo al que aspira.*

8. *Trate de que alguien más verifique su currículo antes de enviarlo.* Pida a esta persona que lo lea cuidadosamente, y asegúrese de que no haya errores.

EL CURRICULO POR SI SOLO NO ES UN INSTRUMENTO DE MERCADOTECNIA EFICAZ

Sin considerar qué formato haya escogido, el currículo no es de por sí el mejor recurso de venta. Un empleador ocupado puede examinarlo a la ligera y buscar sólo lo que él piensa que son sus necesidades. Jamás envíe un currículo solo. Incluya siempre una carta personalizada a la manera de una introducción para persuadir al empleador de que lea el currículo con más detenimiento, y compruebe de qué manera su experiencia y habilidades pueden beneficiarle.

Algunas personas envían currículos con cartas introductorias que dicen: "De acuerdo con su requerimiento le envío mi currículo". Esto es simplemente un derroche de papel. Tiene que echar mano de todos los instrumentos de venta que pueda, de modo que envíe una carta personalizada junto con su currículo.

Los currículos han sido un elemento habitual en la búsqueda de empleo durante muchos años y probablemente seguirán siéndolo por un tiempo. Pero no van a conservar su formato tradicional. ¿De qué manera van a cambiar? Quizá tenga que conectar su videograbador para averiguarlo...

25

2001, la era del vídeo

El currículo filmado

25º Principio de las Ventas y Mercadotecnia
La presentación influye decisivamente sobre los motivos por los cuales un consumidor adquiere un producto o servicio.

VER PARA CREER

Samantha McIntyre entró a su despacho en las oficinas centrales de Slumberland Incorporated. Preveía una jornada de trabajo intenso. Una semana antes, la compañía había sacado un anuncio para un nuevo gerente de producción. En vista de que Samantha iba a pasar toda la semana fuera de la ciudad, había dado instrucciones a Todd, su ayudante, para que le dijera a todos los que llamaran que enviaran sus currículos.

Todd la recibió en la puerta diciéndole: "¡Espera a que veas la respuesta que logramos!". Samantha sonrió, se encogió de hombros y le dijo, "Vale Todd. Estoy lista. Conecta el vídeo".

¿Qué tenía que ver el aparato de vídeo con la lectura de los currículos? Pues bien, existe un nuevo método que ha introducido a los currículos en la era de las comunicaciones instantáneas, la misma era que lanzó los teléfonos portátiles, las máquinas de fax, los discos compactos, y desde luego, los reproductores de vídeos. El videocurrículo está surgiendo como una manera eficaz de superar a la competencia, y hacer saber al empleador potencial quién es exactamente usted.

En este momento, en que los videocurrículos todavía no son habituales, pueden resultar muy eficaces para despertar el interés. Muchos empleadores los ven por simple curiosidad. "Si recibo un videocurrículo de algún candidato, dejo de hacer lo que estaba haciendo y conecto inmediatamente el reproductor de vídeos", confiesa Judd Saviskas, vicepresidente y director de Recursos Humanos en Doyle Dane Bernbach de Nueva York. "Desde luego, esto no puede remplazar a la entrevista final –no hay nada como sentarse frente a frente– pero siempre le echo un vistazo al vídeo".

Esto no significa que el videocurrículo vaya a sustituir la entrevista final –o incluso la primera entrevista. Su misión es la misma que la del currículo escrito: suscitar la atención del empleador, de modo que se sienta impulsado a saber más acerca de usted. En la actualidad, este método está alcanzando popularidad, y bien podría ser algo habitual a comienzos del nuevo siglo.

Hoy la gente está acostumbrada a recibir información a través de los medios electrónicos. John Kelman, presidente de RES-A-VUE, una empresa de videocurrículos de Milford, Connecticut, piensa que este es un excelente recurso de *marketing* porque vivimos en una sociedad electrónica. Estamos condicionados a seguir con interés los anuncios comerciales y los programas de noticias, donde nos enteramos de lo que necesitamos saber en espacios informativos de quince a treinta segundos de duración.

Un videocurrículo dura por lo general de tres a siete minutos. "Un videocurrículo eficaz", asegura Kelman, "es una combinación de espacios informativos". Contiene información preliminar acerca de los trabajos del candidato que aparece en la pantalla, seguida de una descripción –a cargo del solicitante– de sus habilidades y logros".

Su videocurrículo puede ser una extensión de su carta personalizada. Usted debería enviar la carta junto con el vídeo. En este caso, la carta debería incluir solamente un logro y el vídeo debería mostrar dos o tres.

Como un currículo escrito, un vídeo puede ser adaptado a su objetivo laboral. Los procesos de edición electrónica se pueden modificar y remplazar pequeñas partes del vídeo para adaptarlo al tipo específico de trabajo que usted está buscando. Pero este proceso es costoso. Producir un vídeo cuesta de 300 a 17.000 dólares. De todos modos, "los costes se deben considerar como una inversión en su futuro", agrega Kelman.

Los videocurrículos son especialmente indicados en los sectores de tradiciones menos conservadoras. Por ejemplo, en la publicidad, las relaciones públicas, el *marketing*, y en otras industrias donde por la índole de sus tareas se puedan apreciar los esfuerzos y el espíritu innovador de un videocurrículo.

Los videocurrículos pueden no ser adecuados para todas las personas. Usted puede no ser fotogénico, tener una voz débil, jadeante, o sentirse incómodo ante la cámara. En ese caso, esto no es para usted.

SUPERE A DUSTIN HOFFMAN Y MERYL STREEP

"Pero hay un detalle", dirá usted. "Yo no soy actor. ¿Cómo puedo presentarme ante una cámara y no hacer un papelón?".

Si a usted realmente le asustaran las cámaras, con esto sólo se buscaría problemas. Sin embargo, un videocurrículo no exige aptitudes teatrales. Debería ser simplemente una presentación natural y espontánea de lo que usted es. Un recurso para mostrar algunas de las habilidades de mercadotecnia ya descritas en este libro.

En mis seminarios, a menudo grabo un vídeo de los participantes mientras hacen una actuación. En casi todos los casos, piensan que estuvieron mucho mejor de lo que habían imaginado. Quizá lo mismo sea válido para usted.

PREPARACION DEL *ACTOR*

Ningún actor ni actriz aspiraría a hacer una película, sin ensayar previamente. Tampoco usted debería. Va a estar ante una cámara hablando todo el tiempo, de tres a siete minutos, de modo que es mejor que ensaye lo suficiente. Puede no ser necesario filmar continuamente los siete minutos, pero usted debe aparecer tan natural y profesional como sea posible.

Una vez que usted conoce sus argumentos de venta, sabe sobre qué desea hablar. Ejercítese hablando ante un grabador sin haber memorizado nada, de modo que todo suene natural. Luego anote lo que ha dicho y memorícelo. No tiene por qué ser al pie de la letra. Usted no está pronunciando un discurso.

Si cuenta con una cámara de vídeo o conoce a alguien que la tiene, haga algunos ensayos. Observe su apariencia, su vestimenta, sus poses, sus expresiones. Luego, cuando esté listo para la grabación final, aparecerá tranquilo y natural.

Si usted contara con un buen equipo, podría intentar hacer su propio videocurrículo. Sea objetivo al respecto. Si fuera evidente que se trata del trabajo de un aficionado, eso no le ayudaría en nada, antes bien le perjudicaría. Esa no es la imagen que usted pretende darle al empleador. Si el vídeo no le mostrara bajo su mejor ángulo, no lo utilice.

Si bien la tecnología de los vídeos para uso personal progresa rápidamente, todavía no se iguala con los equipos profesionales. Steve Stein, productor ejecutivo de ARC Audio/Video de Nueva York sugiere que recorra varias empresas y pida presupuestos a diferentes productores antes de tomar una decisión. También se pueden alquilar estudios de grabación y contratar operadores de cámara. (Una grabación con dos cámaras es superior. Si usted puede permitírselo, vale la pena). Si usted optara por utilizar los estudios de grabación, debería contratar un director.

Hay siete requisitos necesarios para obtener un vídeo de calidad superior:

1. Un elemento que llame poderosamente la atención
2. Una disertación donde se destaquen los beneficios
3. Una locución vivaz y enérgica
4. Un lenguaje gestual positivo
5. Una vestimenta apropiada
6. Un escenario sencillo
7. Una iluminación adecuada

1. *Un elemento que llame poderosamente la atención.* Usted ha despertado el interés del candidato al enviarle el vídeo. Ahora tiene que mantenerlo de modo que el empleador compruebe que esta no es una mera artimaña. Usted debería comenzar diciendo: "Hola. Yo soy Elena Cainfield, y el año pasado tuve el honor de ser incluida entre los veinte principales corredores de seguros de Estados Unidos". Esto mantendrá al empleador interesado, con su dedo lejos del botón de rebobinado.

278

2. *Una disertación donde se destaquen los beneficios.* Debería incluir uno o dos argumentos de venta en los cuales destacar las ventajas. En vista de que no es tan fácil personalizar un vídeo como un currículo escrito, utilice sus ventajas más generales: elija una situación en la cual usted le haya ahorrado tiempo o dinero a su compañía, haya incrementado la producción, o haya dado con una solución excepcional para un problema de larga data. Es posible, aun cuando puede resultar costoso, filmar secuencias adicionales después que se haya completado el original. Aun así, con el tiempo los videocurrículos serán menos costosos y más fáciles de producir.

3. *Una locución vivaz y enérgica.* Su voz puede transmitir seguridad o revelar su verdadero nerviosismo. Controle el volumen de su voz. Hablar demasiado alto o demasiado bajo puede distraer a la audiencia de lo que usted pretende decir. Concentre sus energías de modo que eso le imprima a su voz dinamismo y entusiasmo. Controle su dicción y pronunciación. Ensaye hablando ante un grabador, luego escuche la grabación y haga las correcciones necesarias.

4. *Un lenguaje gestual positivo.* Vivimos en una sociedad donde se consagra la imagen visual; la gente emite juicios sobre la base de su apariencia y su lenguaje gestual. Los gestos menos favorables son el resultado del nerviosismo. Usted puede eliminar su temor si tiene en cuenta que el empleador le necesita.

Sus gestos y modales son importantes en un vídeo. En vista de que usted casi no se desplaza, aun los gestos más insignificantes son percibidos. Utilice gestos deliberadamente enérgicos; no se deslice en su silla, ni juegue con su corbata o sus pendientes. No haga sonar sus nudillos ni acomode sus prendas de vestir.

Adopte la posición que le resulte más cómoda. Si deseara permanecer de pie, hágalo. Si optara por esta posición, no se quede completamente inmóvil –eso podría parecer antinatural. Muévase sólo un poco. O desplácese hacia su escritorio o silla y luego siéntese. No haga ningún movimiento que pueda distraer a la audiencia de lo que está diciendo.

5. *Una vestimenta apropiada.* En vista de que este currículo abarca más propósitos que la versión escrita, su vestimenta debe ser la apropiada para una variedad de empleadores potenciales. En este caso, es mejor optar por un estilo conservador. Use prendas con las cuales pueda sentirse cómodo. No querrá estar incómodo con un cuello de camisa demasiado ajustado, o una blusa que necesita acomodar cada vez que mueve el brazo. Elija colores que sean compatibles con la televisión: azul, gris, amarillo claro y beige. Evi-

te las extravagancias. Si usted usa joyas, que sean sencillas y no ostentosas –en un vídeo las joyas pueden ser un factor de distracción.

6. *Un escenario sencillo.* No es necesario ningún efecto especial, ni decorado complicado. Solamente una simple y confortable silla o sillón delante de una pared despejada. O quizá prefiera una oficina. Cualquier cosa que elija no debería distraer al observador del elemento más importante en este vídeo: usted.

7. *Una iluminación adecuada.* La iluminación es clave para destacar al candidato. En todos los casos, debería ser iluminado desde arriba. De ser posible haga una toma de prueba, luego vea cómo aparece. Debería sentirse bien con su apariencia; si usted pensara que sale mal, probablemente se deba a la iluminación escasa.

ALGUNOS CONSEJOS PARA APARECER EN CAMARA

- Observe a la cámara como si estuviera conversando con un amigo.
- Tenga un contacto visual con la cámara, pero no fije la mirada en ella. Desvíe la mirada de vez en cuando, tal como haría en cualquier conversación.
- No espere hasta que la cámara esté lista para fijar la mirada. Su nivel de energía debe ser considerable, pero no exagerado.
- El exceso de energía nos hace aumentar inconscientemente el ritmo de nuestra locución. Empezamos a hablar más rápido que de costumbre. Si usted aminora deliberadamente su disertación, logrará un ritmo normal.
- Controle los niveles de su voz antes de comenzar para saber si su volumen es el correcto.
- Ejercite su voz y su locución anticipadamente, de modo que su dicción resulte clara y comprensible.
- Concéntrese en sus argumentos de venta. Sea breve y hable acerca de las ventajas.
- Sonría lo más naturalmente que pueda. Una sonrisa al iniciar su vídeo puede resultar atrayente, da una imagen de calidez e invita a la audiencia a disfrutar y distenderse.

ALGUNAS PALABRAS DE ADVERTENCIA

Los videocurrículos no son indicados en todos los casos. En vista de que todavía es un nuevo concepto en la materia, algún empleador puede pensar que es demasiado *ingenioso*. O quizá no tenga acceso directo a un reproductor de vídeo en su oficina y no quiera ocupar su tiempo personal para verlo en su casa.

Si usted deseara enviar un videocurrículo, le sugeriría que antes llamara por teléfono. Usted puede utilizar esta llamada para establecer un contacto con el empleador y averiguar si existe un reproductor de vídeo en la oficina antes de enviar su cinta.

Nunca envíe el vídeo solo –incluya su carta personalizada como una nota introductoria. Es una buena idea reiterar cierta información contenida en el vídeo, de modo que el empleador tenga una confirmación escrita de sus logros y de lo que usted puede hacer por él.

EL AUDIOCURRÍCULO

Prepárese para enfrentar situaciones imprevistas en su búsqueda de empleo. Una colega mía mientras buscaba una empleada de *telemarketing* para su oficina, descubrió un sistema para que las candidatas grabaran un audiocurrículo.

Conectó su contestador telefónico e instruyó a las interlocutoras para que dejaran la información pertinente. Esto le permitió grabar a las candidatas y seleccionar al personal que parecía más calificado y seguro a través del teléfono.

Una candidata más perspicaz, escuchó las instrucciones, colgó, y luego preparó un escrito para leer en el teléfono. Esto es lo que le sugiero hacer si usted se encuentra con esta situación. Luego puede llamar nuevamente y, sin la tensión nerviosa del momento, constatar si ha incluido toda la información pertinente.

También puede producir su propio audiocurrículo. Los mismos inconvenientes y consideraciones que conciernen al videocurrículo se aplican en este caso. Sea breve y vaya al grano –cinco a siete minutos deberían ser suficientes. Este currículo debe ser tan cuidadosamente ensayado y preparado como el vídeo, pero no es tan fácil de adaptar como una versión escrita. Puede tropezar con el mismo tipo de resistencia que en el videocurrículo. Y una vez más, nunca envíe una cinta sin una carta personalizada que le sirva de introducción.

LAS APLICACIONES DEL FAX

Otro adelanto tecnológico que está modificando los criterios tradicionales en la búsqueda laboral es la máquina de fax.

El fax puede ser muy útil cuando un empleador tiene prisa por conocer sus antecedentes. Un fax (copia de facsímil enviada a través de la línea telefónica) puede enviarse a cualquier ciudad e incluso país en cuestión de minutos. Es importante que su currículo o carta personalizada sea recibida con brevedad. Hoy muchas papelerías y librerías cuentan con servicios de fax.

El único inconveniente de las cartas o currículos enviados por fax es su aspecto cuando son recibidos. Las copias de fax no están tan bien como el original. La calidad de la copia a menudo depende de la calidad de la máquina utilizada. El papel de fax tiene un revestimiento especial, y no es tan resistente como el de la mayoría de los ordenadores o máquinas de escribir. A no ser que el empleador le pida otra cosa, creo que vale la pena enviar una carta y un currículo profesionalmente escritos. En todo caso, puede enviarlos por correo urgente si el tiempo es el factor decisivo.

Escoja el tipo de currículo que mejor exprese quién es usted y qué puede hacer por la compañía. Tenga en cuenta que la clave del currículo –oral o por escrito– es lograr que alguien se interese en saber más acerca de usted.

El próximo capítulo le mostrará cómo sacar ventaja de ese interés, cómo estimularlo y cómo utilizar los conceptos del *telemarketing* para concertar una entrevista.

26

El telemarketing

Saque provecho de su contactos
telefónicos

26º Principio de las Ventas y Mercadotecnia
La única manera de concretar una venta es
llegar a quien toma la decisión.

LA *TELEFONOFOBIA*: SUS CAUSAS Y CURA

Nunca olvidaré mi primera experiencia de búsqueda laboral. Tenía ambiciones, era entusiasta. Estaba dispuesta a conseguir un empleo. Repasé mi Inventario de Valores, analicé mis logros, investigué mis fuentes complacida, y envié varias cartas personalizadas, correctamente escritas y con un criterio fundamentado en las ventajas. Tenía un calendario de citas junto a mi teléfono. Si le decía al señor Joseph Adams en una carta que le llamaría el 30 del mes en curso, debía anotar su nombre en letras grandes en el calendario. Al poco tiempo tenía una serie de nombres inscriptos en el calendario con suficiente anticipación. Todo iba bien.

Luego eso empezó a alterarme. Al noveno día sentí una ligera molestia. Al décimo me di cuenta de que me estaba poniendo un poco nerviosa, y al undécimo día estaba realmente empezando a agotarme. A medida que la fecha de hacer las llamadas se acercaba, mi nivel de ansiedad aumentaba. Tenía miedo de levantar el auricular del teléfono.

¿Qué pasa con el teléfono que nos asusta tanto? Debería haber pensado: "¿Qué es lo peor que puede ocurrir? Acaso la otra persona al final de la línea puede hacerme algún daño físico? Desde luego que no. Lo peor que puede suceder es que me diga que no". Pero esa negativa aparecía amenazadoramente ante mí. Una negativa me obligaría a hacer alguna investigación adicional, escribir otra carta u otra tarea que me impediría hacer la siguiente llamada. Pasé por esto con cada llamada –hasta que me di cuenta de que mi ansiedad e imaginación estaban creándome dificultades, y que mi temor al rechazo se percibiría en la charla telefónica.

La *telefonofobia* es un fenómeno muy frecuente. El temor al rechazo es muy fuerte; tomamos todo de forma demasiado personal. No todas las personas con las que usted se comunica van a interesarse. Pero todas las campañas de mercadotecnia se basan en la ley de los porcentajes: cuanto más llamadas haga, más alto será su porcentaje de probabilidades. Su búsqueda de empleo es una campaña de *marketing*. Por lo tanto, debe pensar que recibirá un cierto porcentaje de rechazos. Puede lograr cinco citas por cada quince llamadas que haga –pero esas cinco citas serán con gente que está verdaderamente interesada en lo que usted tiene para ofrecer.

Esta fobia hacia el teléfono también toma otras formas. Usted se puede sentir avergonzado de llamar. Puede suponer que está interrumpiendo la tarea programada de alguien, utilizando su valioso tiempo. En verdad su tiempo también es valioso, y si usted no tuviera una buena razón para llamar, tampoco lo haría. Usted llama por un motivo de verdadero valor –un ofrecimiento que puede ayudarle a la otra persona a resolver sus problemas, dejarle tiempo libre y beneficiar a su organización–. Si usted no creyera en su valor y el valor de su ofrecimiento, tampoco creería él.

Siga haciendo las llamadas. No deje que todas sus esperanzas dependan de una llamada telefónica. Es como planear una reunión y llamar a un solo invitado. Si ese invitado no se presentara, no habría reunión. Pero si usted invitara a cincuenta personas y una de ellas no viniera, lo mismo podría tener éxito con su reunión. Y recuerde que con la práctica las cosas mejoran. Su primera llamada puede resultar angustiante, pero la segunda será un poco más fácil, y la tercera aún más, hasta que con una llamada obtendrá una respuesta afirmativa. A medida que siga haciéndolo, su técnica mejorará y la cantidad de respuestas favorables aumentará.

EL TELEFONO NO ES SU ENEMIGO

Una *personalidad positiva* es lo que dice la gente de Diana D. cuando la conoce. En las situaciones sociales Diana era ingeniosa y segura de sí, y en las reuniones de negocios se manejaba con un estilo sereno y profesional. Sin embargo, si alguien le hubiera pedido que hiciera una llamada, Diana se habría quedado perpleja.

La renuencia a utilizar el teléfono la estaba perjudicando. Había sido propuesta para un ascenso en la compañía farmacéutica para la cual trabajaba, pero su jefe tenía dudas acerca de su desempeño como gerente. La mayor parte del trabajo de Diana era sobresaliente. Pero cuando era necesario hacer una llamada, o el seguimiento telefónico de un proyecto importante, Diana no se esforzaba. Algunas veces su jefe terminaba haciendo la llamada él mismo antes que esperar a que ella lo hiciera. A Diana le llevaba días armarse de coraje para hacer la llamada. En todos los casos, temía parecer una intrusa, una necia o una incompetente.

Un día Diana vio a su hijita jugando con un teléfono de juguete mientras simulaba hablar con una amiguita vecina. Eso le dio la idea de hacer sus propias llamadas simuladas. La vez siguiente que su jefe le pidió hacer una llamada, anotó lo que quería decir y lo ensayó antes de comunicarse. Cuando tenía que hacer una llamada recurría a sus anotaciones para no ponerse nerviosa, ni olvidar lo que quería decir. Después de algunas semanas, Diana estaba en condiciones de hacer llamadas telefónicas con la misma desenvoltura y seguridad que mostraba en otros aspectos de su vida. Su jefe la recomendó para una promoción.

El teléfono no es su enemigo, es una prolongación natural de usted mismo. Antes de empezar su propia campaña de mercadotecnia, ensaye algunas llamadas hasta lograr sentirse realmente cómodo al comunicarse con alguien. Llame a la gente, no por negocios sino por gusto. Haga más llamadas de las que habitualmente hace. Ha llegado el momento de ponerse al día con esas llamadas que ha intentado hacer durante meses. Llame a los parientes y amigos. Llame a las tiendas y bibliotecas para pedir información, llame a cualquiera que se le ocurra de modo que el uso del teléfono se vuelva una experiencia agradable y placentera.

Además, trate de sentirse físicamente confortable. Si usted llamara desde su casa, trate de establecer un área separada de trabajo para poder sentirse más profesional. Si llamara desde su empleo, aparte el aparato del desorden sobre el escritorio para contar con un sitio exclusivo. George Walther, uno de los principales expertos en comunicaciones dentro de Estados Unidos, expresa en su libro *Phone Power How to Make the Telephone Your Most Profitable Business Tool (El Poder del Teléfono. Cómo hacer del Teléfono su más rentable herramienta de negocios)*, "El espacio físico opera como un 'soporte mental'. Cuando usted se instala en ese lugar (en su casa u oficina), usted se convierte en un 'comunicador profesional'".

EL PROBLEMA ÉTICO DE LA BUSQUEDA LABORAL DESDE SU EMPLEO ACTUAL

Si usted trabajara actualmente y estuviera en busca de empleo, no debería hacer llamadas desde su oficina en las horas de trabajo. Es mejor aprovechar las pausas del almuerzo o el café, pero asegúrese de utilizar un teléfono público; no cargue las comunicaciones en la línea de su oficina.

Un hipotético empleado que llamaré Martín tenía prisa por mejorar su posición en la vida. Estaba insatisfecho en su empleo como auxiliar gerencial de una gran cafetería. A fin de acelerar su búsqueda de empleo (y ahorrarse algún dinero) utilizaba el teléfono de la oficina para hacer sus llamadas. Desafortunadamente para él, su jefe recibió la factura telefónica antes de que Martín hubiera encontrado otro empleo. "Le habría dado una muy buena referencia si hubiera sabido que usted estaba buscando empleo, Martín. Ahora sé que no ha sido sincero como pensaba que lo era," le dijo el gerente. "Me temo que no podré darle la recomendación después de todo". Como dice el refrán, "el crimen no paga dividendos." No se cierre las puertas sólo por ahorrarse un poco de tiempo o algunos centavos.

Hay casos en los que la compañía le permite hacer dichas llamadas mientras usted todavía está en el puesto. No obstante, asegúrese de que su comportamiento es ético en todas las circunstancias.

SAQUE VENTAJA DE SU INICIATIVA

Usted está bien instalado. Cuenta con un área específica para sus llamadas telefónicas, tiene papel y lápiz a mano, un calendario y copias de las cartas que ha enviado. Está listo para hacer sus llamadas. Si su seguridad fuera todavía un poco inconstante, recuerde que cuando usted hace una llamada, tiene varias ventajas sobre la persona que está al otro lado de la línea:

1. Usted sabe más de la otra persona con la que está hablando que ella de usted. Sabe que hay una gran posibilidad de que ella esté interesada en hablar con usted. Usted puede conocer algunos de sus problemas y estar preparado para ofrecerle su ayuda. Esa persona quedará impresionada con su conocimiento y preparación para la llamada.

2. La persona que está al otro lado de la línea no está preparada para su llamada, mientras que usted ha pasado largo tiempo preparándose para la misma. Por ese motivo, está en condiciones de manejar cualquier objeción, o responder a cualquier pregunta que le puedan hacer.

3. Usted tiene un firme objetivo, lo cual le da un margen de ventaja en esta situación.

4. Su interlocutor tiene que tomar una decisión rápida e inesperada. La única decisión que usted tiene que tomar es qué decir.

COMO SORTEAR LAS BARRERAS
PARA LLEGAR A LA PERSONA INDICADA

Un problema frecuente que usted tiene que enfrentar es el hecho de que la persona con la que usted desea hablar no es probablemente la que atiende el teléfono. Usted pretende hablar directamente con la persona que toma las decisiones; aquella a quien le envió su carta. Es más que probable que antes tenga que pasar por la secretaria que atiende el teléfono porque su jefe está en una reunión u ocupado, e imposibilitado de hablar con usted.

● *Técnica número 1: Sea cortés pero decidido.* Cuando usted llame y le conteste la secretaria, exprese de inmediato con quién desea hablar. "Con Elena Peterson, por favor". No formule una pregunta, ni le dé un tono de pregunta a su voz. Exprésese de modo tal de dar por sentado que le comunicarán de inmediato. Muchas veces lo logrará, pero debe estar preparado para una buena secretaria que hace bien su trabajo –y parte de esa tarea es filtrar las llamadas a su jefe–. Aun así, las secretarias suelen responder a las peticiones. Proceda de tal modo que la secretaria no pueda negarse. Repita frecuentemente lo que desea que sea transmitido.

Si esta le dijera: "Por favor, dígame de qué se trata," o "¿A qué se refiere el asunto?" Usted podría decir: "El espera mi llamada," dado que efectivamente es así. Usted le dijo en su carta que llamaría en esta fecha. O simplemente podría responder "Es un asunto personal, por favor comuníqueme con él". Esto por lo general da resultado.

La función de la secretaria es seleccionar las llamadas inoportunas e irrelevantes. Usted no llamaría si pensara eso. Debe expresar firmeza y convicción, y la sensación de que la suya es una llamada que merece ser transmitida.

● *Técnica número 2: La aproximación directa.* Usted puede intentar una aproximación directa al decir: "Entiendo que su jefe está apremiado por el tiempo. Pero esto sólo tomará un minuto o dos. Por favor, comuníqueme con él". Puede intentar entablar una relación con la secretaria, de modo que esta ya sepa quién es usted la próxima vez que llame. Si lo lograra, quizá la vez siguiente la secretaria le podría comunicar directamente. Tenga siempre presente que la secretaria está cumpliendo con su función. No argumente, ni sea ofensivo.

Tenga en cuenta además, que la secretaria puede ser una fuente de información útil, le puede pasar los títulos y la denominación del cargo de su jefe, y los nombres y apellidos correctos. Este es un tópico importante; la gente es muy sensible con respecto a sus nombres. El nombre de mi hijo es Ian –se pronuncia Ai-an–. En sus años escolares sintió una inmediata antipatía por todos los profesores que no pronunciaban correctamente su nombre. Si usted tuviera que llamar a alguien con un apellido difícil, procure averiguar cómo se pronuncia, luego escríbalo fonéticamente en la copia de su carta.

Y no olvide el nombre de la secretaria. Anótelo también. Si usted vuelve a llamar, procure utilizar su nombre. Si pasara por maleducado o descortés, la secretaria lo tendría muy en cuenta y trataría de obstaculizarle. Recuerde la máxima "lo que se da se recibe".

En vista de que muchas secretarias tienen influencia sobre sus jefes, usted debería tenerlas de su lado. Algunos jefes hasta dejan de concertar una cita cuando la secretaria dice: "Esa persona fue descortés cuando llamó".

Si la secretaria hubiera sido servicial, no olvide agradecérselo cuando llame o envíe una nota más tarde. Ella también lo tendrá en cuenta.

● *Técnica número 3: Deje el mensaje.* Si el jefe no estuviera disponible, pregúntele a la secretaria cuándo podría volver a llamar. Averigüe si habitualmente llega temprano o se queda hasta tarde. Averigüe el momento oportuno para llamar nuevamente. Sin embargo, trate de no dar la sensación de estar dispuesto a llamar en cualquier momento de acuerdo con su conveniencia. Usted puede decir: "Estaré libre a las dos en punto. ¿Es un buen momento para encontrarle?". Haga saber a la secretaria que su tiempo también es valioso.

No se sienta tentado de expresarle su verdadero propósito a la secretaria. Existe un antiguo eslogan para la venta que dice "Cuanto más diga, menos venderá" y que también se aplica en este caso. No querrá darle a alguien la oportunidad de que le excluya o le rechace prematuramente.

Como Jeff y Marc Slutsky tan acertadamente expresan en su libro *Streetsmart Teleselling: The 33 Secrets* (*Televenta dirigida a calles específicas: los 33 secretos*), "Jamás intente vender su producto o servicio a los intercesores o 'filtros'. Inténtelo una vez que se ponga en comunicación con la persona que toma las decisiones".

¿Qué pasaría si el jefe estuviera ausente cuando usted llama? ¿Debería dejar un mensaje? Robert Shook, coautor de *Successful Telephone Selling in the 80s* (*Ventas por Teléfono con éxito en los Ochenta*), expresa, "Debería decirle a la secretaria nada más que lo imprescindible, pero si usted volviera a llamar sin haber dejado un mensaje, ella probablemente reconocería su voz y se sentiría molesta. Puede dejar un mensaje y decir simplemente: 'Es algo personal', o 'Es confidencial'."

● *Técnica número 4: Espere la señal...* Esta es la situación: usted continúa haciendo las llamadas, lo hace con esmero. Ha logrado comunicarse unas cuantas veces, ha hablado con algunas secretarias, y decide hacer una última llamada. Marca el número. Suena. Oye un ligero clic, y luego aparece una monótona voz metálica que le dice: "Hola. Se comunica con la recepción de la compañía XYZ. La señora Peterson no se encuentra ahora en su oficina. Si usted desea dejar un mensaje, por favor aguarde la señal..."

A medida que nos aproximamos al fin del milenio, cada vez más organizaciones instalan sus contestadores automáticos. Si la persona con quien usted desea hablar no se encuentra allí, usted puede dejar su mensaje, exactamente como lo hace con el contestador automático de su domicilio. Sin embargo, esto no es aconsejable. Con una secretaria usted puede entablar una relación, incluso contar con una aliada, pero es difícil trabar amistad con un aparato.

Si usted llamara a diferentes horas del día y siempre se encontrara con un aparato, trate de eludir el sistema. Por lo general existe un mensaje para los interlocutores que dice "Si usted tiene dificultades para comunicarse, o necesita una orientación, por favor quédese en la línea". En ese caso un ser humano real le atenderá, y usted podrá estar en condiciones de pedir información acerca del horario de su posible empleador.

Si aún no ha podido comunicarse con el jefe, prepare un mensaje para dejar la próxima vez que llame. Diga algo que pueda llamarle la atención, utilice su carta personalizada como base para su mensaje.

● *Técnica número 5: Haga de la operadora telefónica su secretaria personal.* Otro excelente recurso para lograr comunicarse con el responsable de las decisiones es hacer una llamada *persona a persona*. Si bien esto puede resultar costoso y llevar tiempo, suele dar resultado. Quizás no lo sepa, pero es posible hacer llamadas locales persona a persona. Lo que usted hace en realidad es pedirle a la operadora que haga la llamada por usted, como si fuera su secretaria. Si no consigue comunicarse con el servicio, insista hasta lograrlo.

Después de haber dado con el servicio, pídale a la operadora que se encargue de la llamada porque usted tiene algunas instrucciones para darle. Dígale lo que desea transmitirle a la señora Peterson –y solamente a la señora Peterson– y en caso de no estar presente que deje el mensaje de que usted ha llamado. Eso es todo. Cuando la señora Peterson regrese recibirá el mensaje que usted envió *persona a persona*. Después de dos o tres de esos mensajes se despertará su curiosidad, y probablemente atenderá el teléfono la próxima vez que usted llame. Una de las ventajas de este recurso es que la gente todavía manifiesta cierto respeto por las comunicaciones de larga distancia (particularmente las llamadas persona a persona), y si la operadora expresa que es una llamada persona a persona se pensará que es una comunicación de larga distancia, aun cuando no lo sea.

EL MEJOR MOMENTO PARA LLAMAR

De acuerdo con mi propia experiencia, siempre he encontrado a las personas con las que deseaba comunicarme utilizando una combinación de las técnicas mencionadas. Nadie es inaccesible si usted realmente desea comunicarse. El momento más oportuno para comunicarse con las personas ocupadas es antes de comenzar la jornada, durante el almuerzo o al finalizar la jornada. Si usted le ha preguntado a la secretaria, sabrá cuál de esos momentos es el mejor para hacer el intento. Puede intentarlo incluso los sábados por la mañana, cuando muchos ejecutivos vuelven a la oficina para ponerse al día con el trabajo extra, sin la barrera defensiva de las secretarias para que reciban sus llamadas.

Esa idea le sugerí a Glenn X, uno de los participantes en mis seminarios que tenía problemas para comunicarse con alguien con quien deseaba realmente trabajar. La secretaria había sido amable, pero no precisamente cooperativa. Le dije a Glenn que llamara entre las ocho y media y las nueve de la mañana, y otra vez, entre el mediodía y la una. Después de tres días, Glenn pudo comunicarse con el empleador a las doce y media del mediodía. "Oh", dijo el jefe, "acabo de llegar. Mi secretaria ha salido a almorzar y yo he regresado a la oficina antes de lo previsto. ¿Qué puedo hacer por usted?".

QUE HACER CUANDO CONSIGUE COMUNICARSE

Finalmente, la secretaria le pasa la comunicación. O su candidato no está. O se encuentra enfermo. Usted ha sorteado la *guardia personal* y ahora está hablando con el responsable de la decisión. Debe ir directamente a su objetivo. Este no es el momento de entablar una conversación trivial; tiene que captar su atención de inmediato. Uno de los mayores inconvenientes del teléfono es que la persona que está del otro lado de la línea puede simplemente cortar la comunicación si usted no le da suficientes motivos para permanecer en la línea.

En todos los casos, debería dirigirse a esa persona directamente por su apellido. Diga: "¿Hablo con la señora Elena Peterson?". (Utilice su nombre y apellido completo si lo conoce –y debería conocerlo). Si se siente más cómodo diciendo señora Peterson, también es correcto. Luego diga de inmediato su nombre y refiérase al hecho de que desea dar más detalles acerca de la carta que ha enviado. Esto es importante para no hacerle perder el tiempo pensando: "¿Quién es esta persona? ¿Se supone que yo la conozco? ¿Qué quiere de mí?"

Una vez que se ha presentado y le ha recordado la carta, inspírese y continúe. Comience por citar una ventaja significativa y luego pida una cita.

¿Hablo con la señora Elena Peterson? Soy David Clark. El ejecutivo de ventas que le envió una carta la semana pasada en la cual le decía que había logrado abrir dieciocho cuentas nuevas en un territorio que supuestamente estaba saturado de nuestros productos. Sé que podría hacer lo mismo –y más aún– por su compañía. Podría ir a verla el miércoles a las 15:45 o el jueves a las 9:45. ¿Cuál es el mejor horario para usted?

La razón de ese cuarto de hora es una sutileza personal. Si usted le dijera que puede ir a las dos o las tres, se podría suponer que esa entrevista durará una hora, y esa persona puede no tener una hora de más. En cambio, al utilizar el cuarto de hora, se supone que la entrevista durará solamente quince minutos.

LA INSISTENCIA RINDE SUS FRUTOS

Recuerde que su meta es conseguir una cita. Usted debe ser persistente, ya que no es muy probable que el empleador potencial se la conceda inmediatamente. Usted necesita perseguir su objetivo. Esté preparado para todo tipo de respuestas.

Puede escuchar: "Lo siento, no he leído su carta".

Su respuesta podría ser: "Lamento que no la haya leído. Pero me sentiría muy complacido si pudiera hablarle del asunto el miércoles a las 15:45 o el jueves a las 9:45. ¿Cuál es el mejor horario para usted?"

O ella podría decirle: "He leído su carta. Es todo lo que necesito".

En ese caso, su respuesta podría ser: "Hay mucho más que quisiera decirle personalmente. ¿Qué día sería mejor para usted el miércoles o el jueves?"

Si ella le dijera: "Dígame algo más acerca de lo que ha hecho," descríbale un logro que no haya mencionado en su carta. Insista agregando: "Podría referirle algo más el miércoles o el jueves a las 9:45. ¿Qué horario le resulta más conveniente?"

Tenga presente su objetivo. Si usted revelara demasiado por teléfono, el empleador podría pensar que tiene suficiente información para tomar una decisión. Eso no es lo que usted desea.

Si él le dijera: "Realmente no tengo tiempo para verle", responda: "Sé que su tiempo es muy valioso, pero también sé que tengo algo valioso que ofrecerle. Sólo llevará quince minutos de su tiempo y yo tengo que pasar por allí la semana próxima. ¿Sería mejor el miércoles o el jueves para usted?"

Si le dijera que estará fuera de la ciudad durante tres semanas, trate de concertar una cita para cuando regrese.

Usted está utilizando una técnica denominada de "información progresiva", reiterando su propósito serena y persistentemente. Al mantener la calma y la afabilidad, usted evita resultar molesto y consigue su propósito. Sea firme, no agresivo, y encantadoramente insistente. Si el empleador se manifestara molesto diga: "Esta misma insistencia, señora Peterson, es un ejemplo de mi dedicación al trabajo". Exprésele que usted se preocupa mucho por las cosas. Su objetivo será alcanzado cuando consiga una respuesta definitiva para una cita.

NO DESCUIDE LA RED DE CONTACTOS

Nunca se quede con las manos vacías. Si la respuesta fuera negativa, busque otros indicios. Pregúntele si hay alguien más en esa compañía (si ésta fuera suficientemente grande), o alguien que ella conozca, que pueda interesarse por sus servicios.

Sea específico cuando pida referencias. Esta es una técnica sobre la cual insisto en mis seminarios. Si usted vendiera cafeteras y atravesara un momento de caída en las ventas, podría decir simplemente: "¿Conoce a alguien más que le pueda interesar comprar una cafetera?" Es posible que el cliente le diga que no. Pero si usted fuera más específico y le dijera: "¿Conoce a alguien que se haya quejado últimamente de la calidad de su cafetera?", le daría una pista más específica. "Oh, sí", podría decirle. "Mi vecina de enfrente me habló de eso precisamente hace unos días. Puede estar necesitando una buena cafetera. Le puedo dar sus señas". De esta manera, el cliente le hace un favor a alguien más ayudándole a resolver su problema.

Por eso, en lugar de preguntar: "¿Sabe de alguien que pueda estar interesado en conversar conmigo?", pregunte mejor, "¿Sabe de alguien que se haya lamentado de no poder encontrar nuevos mercados en su territorio? Quizá pueda estar interesado en hablar conmigo". Esta persona podría recomendarle a un colega de una especialidad afín como posible cliente. Usted puede responder diciendo: "Aprecio esa información, señora Peterson. ¿Puedo decirle que usted me dio sus señas?" Luego puede llamar y decir "La señora Peterson de la Compañía XYZ me sugirió que le llamara..."

ADOPTE UNA ACTITUD POSITIVA

Como le puede decir cualquier vendedor de *telemarketing*, su actitud es lo primero que sale a relucir, y produce una impresión inmediata. Si usted es indeciso y apologético en su conversación telefónica, su empleador potencial sólo puede pensar que usted actúa del mismo modo en el trabajo. Estará más dispuesto a responderle a alguien que se expresa con seguridad y entusiasmo.

Piense en cómo disfruta escuchando a ciertas personas, gente con la que usted se siente a gusto. ¿Cuáles son sus cualidades más atractivas? ¿Son optimistas o pesimistas? ¿Manifiestan interés por usted y el mundo que les rodea o parecen estar preocupadas y concentradas en sí mismas? Las cualidades atractivas (cualidades que no son sólo agradables, sino que realmente *atraen* a las demás personas) no son tan difíciles de adquirir. Todo el mundo posee cualidades positivas y negativas. Pero cuanto más se concentre en las cualidades positivas, más prevalecerán.

Natalie Tremain estaba sin empleo y deprimida. Había sido despedida (junto con otros empleados de la fábrica) cuando la compañía textil en la que trabajaba fue adquirida por un gran consorcio. Natalie era una destacada gerente, conocía a mucha gente en la industria textil, pero estaba perdiendo entusiasmo en su búsqueda laboral. Trataba de hacer llamadas, pero después de dos o tres intentos infructuosos, se negó a continuar. Se abandonó, veía la televisión y hacía algunas diligencias. Después de hacer dos llamadas más volvió a la inercia. Finalmente, llamó a su amiga Joanne, que también estaba buscando empleo, para saber cómo se estaba manejando.

"Me está yendo bien", le dijo Joanne con optimismo. "Ya he logrado concertar tres entrevistas para la próxima semana, y tengo más llamadas para hacer".

"¿No te rechazaron varias veces?" le preguntó Natalie. "¿Cómo has podido insistir?"

"Sí, me rechazaron algunas veces", le contestó Joanne, "pero creo que esas personas se perdieron una buena oportunidad, mientras yo seguí con la siguiente llamada. Me programé un tiempo para hacer las llamadas telefónicas, y me hice cuenta de que estaba en el trabajo, y que ésa era la función que debía cumplir. He conversado con personas muy amables que parecían estar verdaderamente interesadas. Precisamente ahora voy a hacer algunas llamadas más".

Natalie reflexionó acerca de Joanne y su actitud hacia el rechazo. Intentó adoptar ese criterio, y se dio cuenta de que era capaz de hacer muchas llamadas más. Incluso concertó una entrevista con alguien a quien le costaba llamar. Cuando Natalie cambió de actitud y de hábitos de *trabajo*, las respuestas también se modificaron.

Si usted admira lo que alguien hace, trate de emular su actitud. Vincúlese con la gente positiva. Natalie escuchó a Joanne y adoptó su actitud. Si alguien que usted admira tiene gran entusiasmo por su trabajo, siga su ejemplo y vea qué sucede. Actúe como si el entusiasmo formara parte de su personalidad y pronto cobrará ímpetu. Actúe como si estuviera interesado en ayudar a los otros a resolver sus problemas y enseguida lo logrará. Descubrirá que estas cualidades son verdaderamente atractivas y que la gente responde positivamente a ellas.

LA ESTRATEGIA

Despierte el interés de una persona a través de la motivación positiva y negativa. La motivación positiva puede servirle para persuadir a su jefe potencial de que vale la pena invertir su tiempo para conocer su ofrecimiento específico:

Conseguí abrir dieciocho cuentas nuevas en un territorio saturado. Sé que podría hacer lo mismo o más por su compañía.

La motivación negativa puede hacer saber al empleador que hay algo que falla en su estilo de manejo, y que usted tiene la respuesta para ese problema:

Sé que la zona de influencia está saturada de proveedores de materiales eléctricos. Lo que usted necesita es alguien que sepa cómo dar con nuevos compradores en esta área –y por el hecho de haber hecho precisamente eso para mi último empleador, sé que podría hacer lo mismo para usted.

● *Use la imaginación.* Trate de imaginar cómo es la persona que está al otro lado de la línea. Para sentir que está hablando con una persona real pregúntese qué es lo que espera de él. Si usted no esperara una respuesta positiva, ¿por qué molestarse en llamar?

● *Prepárese antes de empezar.* Tenga a mano las copias de sus cartas, así como los números de teléfono que necesitará. Disponga de lápiz y papel. Mantenga su calendario abierto cerca del teléfono y asegúrese de haber anotado todas las citas, personales y laborales. No querrá olvidarse de una cita importante sólo por no haberla anotado, o concertar dos citas para el mismo momento por no tener su calendario a mano.

● *Considérese en un plano de igualdad con quien está hablando.* Usted es tan inteligente, competente y merecedor de éxito como las personas con quienes habla. Posee ideas e información que ellas necesitan, y está convencido de que lo que usted tiene para ofrecer puede beneficiar a su empleador potencial y a su compañía.

Ensaye, relájese, e inspírese antes de empezar.

UTILICE SU VOZ PARA LOGRAR LA PRIMERA APROXIMACION

Su voz puede ser su carta de triunfo. En vista de que su interlocutor no puede verle, le va a juzgar a través de su voz. Su voz puede ser una gran ventaja para usted, pero también un serio inconveniente. Puede mostrarle como un individuo nervioso o inestable –o dar la idea de alguien seguro y entusiasta.

Preste atención a su voz si pretende que los otros le presten atención a usted. Escúchese a sí mismo. Ejercítese leyendo en voz alta, recitando en la ducha o en el automóvil. Observe cómo los actores de formación clásica, como Peter O'Toole o Meryl Streep utilizan sus voces como instrumentos para expresar los sentimientos.

En la emisión de la voz, tal como la escuchamos a través de la línea telefónica, entran en juego diferentes factores, como la velocidad o ritmo, el volumen, el tono y la dicción. Cada uno de estos elementos se pueden considerar por separado y luego juntos.

Ritmo

Escuche cómo hablan las otras personas, y compare su ritmo de conversación con el de ellos:

● Una persona que habla rápido no tendrá paciencia para escucharle si usted es demasiado lento.

● Si la persona que está al otro lado de la línea habla lentamente, trate de igualar su ritmo. Las personas que hablan con lentitud por lo general sospechan de los que hablan rápidamente.

Si su ritmo fuera muy diferente al de su interlocutor, éste se sentiría incómodo sin saber exactamente por qué.

El ritmo promedio de conversación es aproximadamente de 150 palabras por minuto. Sin embargo, la gente piensa en un ritmo cuatro veces más rápido de lo que habla. Por eso si usted avanza demasiado lentamente, distrae la atención de su interlocutor. Y si habla demasiado rápidamente, la gente no está en condiciones de poder seguir lo que usted dice. Coordine su ritmo. Estudie las técnicas de la disertación en público. Recuerde que es necesario hacer pausas naturales.

Puede practicar controlando el ritmo de su locución en las sucesivas líneas de una estrofa poética. Diga la primera línea muy lentamente, la segunda rápidamente y la tercera otra vez lenta, y así sucesivamente. Luego repita la secuencia.

No hable en voz demasiado alta

Muchas personas suelen hablar estentóreamente por teléfono. Hable en un tono normal, como si la otra persona estuviera sentada a su lado. Si ella no pudiera oírle, se lo haría saber. Sostenga el auricular del teléfono a un centímetro y medio de su boca y hable con un tono bajo y tranquilo. Grabe su voz durante una conversación telefónica corriente, y escúchese para estar seguro de que habla en un volumen moderado.

Ejercítese para controlar el volumen de su voz, pronunciando la palabra *NO* varias veces. Comience muy suavemente (casi susurrando) y prosiga hasta alcanzar un tono muy alto (casi gritando). Lentamente aprenderá a reconocer cuándo está hablando demasiado alto o demasiado bajo.

La variedad es la sal de la vida

El teléfono no reproduce fielmente la calidad de su voz. Las voces de la gente suenan más altas por teléfono de lo que suenan en persona. Varíe su tono y ritmo para no dar la sensación de una locución monótona. El hecho de utilizar un grabador puede ayudarle, ya que usted necesita hacer ajustes sobre la base de lo que las otras personas oyen, no sobre la base de cómo piensa que suena su voz.

Para ejercitar el tono y la inflexión, diga lo siguiente, dejando que su voz siga las palabras:

Deje caer su voz suave y uniformemente como un suspiro.
Luego lentamente suba el tono y llegue cada vez más alto.
Ahora mantenga su nivel de voz alto;
Luego nivele y baje el tono.
Deje que su voz suba gradualmente.
Luego que baje con lentitud.
Aprenda a decir no, no, NO.

O recite la escala musical "do, re, mi..." partiendo de un tono alto hacia otro bajo. O pronuncie los números uno a ocho, de forma ascendente y descendente.

Su tono de voz refleja su actitud. El nerviosismo, el disgusto o la insatisfacción se perciben amplificados en el teléfono. Pero lo mismo ocurre con la sinceridad y el entusiasmo. Piense en la imagen que trata de proyectar. Conserve una sonrisa en su voz, y una actitud positiva, y transmitirá esas cualidades a través de la línea.

Controle la dicción

Un lenguaje descuidado causa una mala impresión en persona, pero es peor a través del teléfono. Le hace parecer menos importante, menos valioso. Si la persona a quien usted le estuviera hablando no pudiera entenderle, enseguida perdería interés en lo que tiene que decirle.

A fin de lograr una dicción clara, ejercítese pronunciando bien las consonantes CT, XT, NM, al decir, "actuación", "extracto", "inminente". Asegúrese de que sus labios y paladar reproduzcan el sonido con exactitud, y controle su ritmo. Trate de hacerlo con frases más largas, aumentando su velocidad a medida que prosiga.

Siga ejercitándose hasta fortalecer el maxilar y los músculos del labio, y tener la lengua suficientemente flexible.

LOS DETALLES

Asegúrese de que su teléfono funcione debidamente. Todos hemos hablado alguna vez con personas cuyos aparatos emitían zumbidos, o dificultaban la conversación debido a las interferencias. Usted no querrá que todos sus ejercicios vocales se vean malogrados por un molesto ruido mecánico de fondo. Y jamás utilice teléfonos acústicos; le harán parecer distante y descuidado.

Antes de comenzar instálese cómodamente. Cuanto mejor se sienta consigo mismo y con su ambiente, más citas logrará concertar. Luego estará en condiciones de pasar a la etapa siguiente: la entrevista personal.

¡FELICITACIONES! HA CONCERTADO UNA CITA

¡Finalmente, lo ha logrado! Usted ha enviado una carta personalizada convincente, ha llegado al responsable de la decisión y ha utilizado sus técnicas de venta para programar una entrevista. Repita todos los datos pertinentes al empleador a fin de asegurarse que ha anotado la fecha y la hora correctamente. De ser necesario, confirme la dirección correcta. Dígale que usted lo ha anotado en su calendario. Luego despídase y cuelgue. No tiene nada que ganar quedándose en la línea después de que ha logrado su objetivo, en realidad, se arriesgaría a perder la cita si usted se extendiera demasiado.

No se detenga ahora. Cuanto más se empeñe, más citas logrará. Ya está listo para pasar a la siguiente etapa de su campaña de mercadotecnia, donde utilizará todas las técnicas que ha aprendido hasta aquí: la entrevista frente a frente.

27

Frente a Frente

Una orientación para concretar la venta -
La entrevista laboral

27º Principio de las Ventas y Mercadotecnia
Una venta consiste en una serie de preguntas
premeditadas para descubrir las necesidades,
desarrollar la confianza, responder a las
objeciones y obtener un compromiso.

APROVECHE SU ENERGIA

Usted es un vendedor perfectamente entrenado. Ha estudiado su producto por dentro y por fuera, cuenta con una lista completa de argumentos de venta, ha hecho sus ejercicios prácticos sobre la compañía y la persona que le entrevistará, ha desarrollado y perfeccionado sus habilidades de *marketing*. Ahora está en condiciones de presentarse frente a frente. Una serie de preguntas se le deben pasar por la cabeza. "¿Qué puedo hacer? ¿Qué puedo decir? ¿Qué debería usar? ¿Qué espera él de mí? ¿Qué debo hacer si me pregunta acerca del salario? ¿Qué debería decir acerca del hecho de que nunca terminé la universidad? ¿Qué puede pasar si él piensa que soy demasiado viejo? ¿Qué debería decir de la vez que me despidieron? ¿Y si me dice que no? ¿Y si me dice que sí?".

Su corazón comienza a latir más rápidamente; su respuesta desfavorable puede significar que se dé media vuelta y se mande mudar; usted puede pensar que se ha equivocado de fecha, de dirección, que ha fallado... en todo.

Todo vendedor está nervioso ante una operación de venta. Es lógico sentirse de esta manera; es una reacción humana natural. Prepararse para la entrevista no es algo que se logra espontáneamente. Usted tiene que aprender cómo hacerlo. No permita que su nerviosismo le perjudique, utilícelo en su beneficio. Transforme ese flujo de adrenalina en energía positiva; eso le mantendrá alerta y sobre la tierra. El nerviosismo se convierte en un problema cuando usted no está preparado para lo que tiene que hacer –cuando usted piensa que no tiene suficiente información o no se ha entrenado bastante.

LOS PROLEGOMENOS DE LA ENTREVISTA

Comprobará que su nerviosismo disminuye en proporción directa con el grado de preparación y entrenamiento que usted consagró para la entrevista. Hay una sola manera de evitar que la energía nerviosa se transforme en temor paralizante, y eso se consigue al estar preparado.

Usted ya está preparado para esta entrevista mejor de lo que imagina. Cuenta con un inventario profesional de por lo menos diez logros, y quizá más. Ha invertido suficiente tiempo evaluándose a sí mismo y reconociendo sus valores, ha efectuado sus ejercicios prácticos, y ha logrado perfeccionar sus habilidades para la venta de su *producto*. Ha necesitado iniciativa, perseverancia, investigación, organización, realización de una red de contactos, y habilidades de *marketing* y venta para llegar hasta aquí –y estas son aptitudes que todo empleador valorará. Usted ha sacado ventaja incluso antes de haber dado este paso.

No deje que su nerviosismo estropee las cosas. No caiga en la trampa de pensar que todo depende de esta única entrevista. Si usted no consiguiera el empleo, no se iría peor de como llegó. Y habrá obtenido una valiosa experiencia en las entrevistas.

¿COMO LLEGAR AL CARNEGIE HALL?

Supongo que alguna vez habrá oído el famoso relato del violinista: Un día, un anciano caminaba por una calle de Manhattan cuando un joven con un estuche de violín se le acercó y le dijo: "Disculpe señor. Podría decirme cómo llegar al Carnegie Hall?" Y el anciano respondió: "¡Ensaye muchacho, ensaye!".

En todo proceso de aprendizaje no hay sustituto para la práctica. ¿Recuerda la primera vez que se subió a una bicicleta, o que jugó al fútbol, o que cantó frente a una audiencia? Estoy segura de que estaba nervioso, y probablemente no muy entrenado. Pero cuanto más se ejercitó y repitió la experiencia, más fácil le resultó, y mejor fue su actuación. La primera vez que un piloto se sentó al mando de un Boeing 747 debió de ser una experiencia estresante. Pero después de veinte o treinta vuelos eso se tornó instintivo para ese piloto. Lo mismo ocurre con las habilidades para las entrevistas. Por esa razón es que debe tratar de concertar tantas entrevistas como le sea posible. Puede ser que no le agraden todos los empleos que solicita, pero usted debe ensayar las entrevistas.

Incluso antes de asistir a su primera entrevista usted puede ensayar la situación. Haga un simulacro con un amigo o familiar. Utilice su investigación y sus informes para preparar una lista de las preguntas que piensa que le pueden hacer. Haga que su compañero juegue diferentes papeles de empleadores potenciales. Pregúntele cómo fueron sus respuestas y cómo fue su presentación en general.

En mi vida laboral pasé por más de sesenta entrevistas. Y recibí muchas ofertas de empleo –no porque fuera perfecta para cada puesto, sino porque había perfeccionado mis habilidades para las entrevistas.

LA ENTREVISTA DE DOBLE OBJETIVO

Usted tiene dos objetivos cuando participa en una entrevista laboral.

1. Obtener una oferta de empleo
2. Conseguir información acerca del puesto y de la compañía

Siempre se desea obtener una oferta de empleo. Incluso cuando usted no está seguro de desear el empleo, pretende asegurarse una oferta de trabajo. En todo caso la puede rechazar. No solo es un buen entrenamiento buscar una oferta de empleo, es una manera de ganar seguridad. Simplemente trate de no influenciar a la gente y hacerle pensar que usted va a aceptar un empleo si no tiene ninguna intención de hacerlo. Si usted fuera llamado nuevamente para una segunda o tercera entrevista, y hubiera decidido que este puesto no es para usted, no habría motivos para hacerle perder el tiempo a nadie.

El segundo objetivo es obtener tanta información como sea posible acerca del puesto, de la compañía y de su empleador potencial. Si no tuviera suficientes datos acerca de su empleador, jamás podría tomar una decisión inteligente, ya porque usted deseara o no el puesto –y el hecho de aceptarlo o no debería ser siempre SU decisión–. Tenga esto en cuenta: usted no solo va a ser entrevistado, también va a entrevistar a su posible jefe.

Cada entrevista es una sesión de preguntas y respuestas, en la cual ambas partes obtienen la información que necesitan dentro de un limitado lapso de tiempo. Una entrevista debería ser una situación de concesión mutua, en la que cada persona formula y responde preguntas.

COMO LEER LA MENTE DEL EMPLEADOR POTENCIAL

A través de toda la entrevista, el empleador básicamente le pregunta tres cosas:

1. *¿Tiene la capacidad para hacer el trabajo?* ¿Y puede hacerlo mejor que las otras personas que conozco?
2. *¿Usted realmente desea hacer este trabajo?* ¿Se siente entusiasmado y motivado para hacerlo?
3. *¿Se adaptará y formará parte del equipo –y me hará quedar bien?*

Por lo tanto, cada una de sus respuestas debería ser otra forma de decir, "Poseo la capacidad para cumplir eficazmente esta función, me agrada mucho este trabajo, y/o no tendré problemas en adaptarme a su equipo". Escuche atentamente la pregunta que le han formulado. ¿En cuál de estas tres categorías está incluida? Una simple pregunta como "¿Cuándo puede empezar a trabajar?" puede ser formulada (1) para obtener una respuesta basada en los hechos y (2) para averiguar qué motivado o entusiasmado está con su nuevo puesto.

304

Escuche atentamente todas las preguntas. Cuanto menos piense en usted y en lo próximo que va a decir mejor irá la entrevista. Si usted está ocupado pensando, en lugar de escuchar, perderá su concentración. Supongamos que un empleador le pregunta por qué dejó su último empleo, y usted está planteándose cuánto dinero estará dispuesto a pagarle. ¿Cómo va a ser capaz de contestar a la pregunta? Probablemente le cogerá por sorpresa, y no estará en condiciones de responder de una manera serena e inteligente.

Sea receptivo con el empleador y el será receptivo con usted. Trate de escuchar con atención. Incline la cabeza en señal de aprobación. Hágale saber cuando usted coincida con lo que está diciendo. No solo dará mejores respuestas al prestar atención, sino que además perderá su ansiedad, mientras se concentra en averiguar y responder a las preguntas.

CUANTO MAS DIGA...

Julia iba a ser entrevistada para un puesto como asistente gerencial en un gran hotel de Atlanta. El puesto requería saber manejarse con el personal, con los proveedores, y los huéspedes del hotel. Durante la entrevista, el gerente dijo: "Este puesto exige una gran habilidad para resolver problemas. ¿Puede darme algún ejemplo de su capacidad de resolución?".

Por no haber preparado de antemano sus argumentos de venta, y no estar muy segura de lo que el empleador deseaba oír, Julia describió con vacilaciones uno de sus logros en su puesto anterior. Luego, quizá pensó que esta no era una respuesta suficientemente buena, y continuó relatando dos episodios de desacuerdos con su ex jefe. Julia rendía muy bien, y de haberse expresado correctamente, cualquiera de esas historias la habría mostrado como una empleada creativa y capaz de resolver problemas. Pero en vista de que no estaba preparada, y no le había preguntado al gerente qué era exactamente lo que quería saber, se presentó como alguien que no podía llevarse bien con los demás.

Una vez más sigue vigente el viejo proverbio: "Cuanto más diga, menos venderá".

Responda sólo la pregunta que le formulan. Hágalo con sinceridad, veracidad y claridad. Si no estuviera al cien por cien seguro de lo que el entrevistador quiere decir, pídale una aclaración. Los entrevistadores se caracterizan por hacer preguntas que usted no debe o no puede responder adecuadamente sin tener más información. No dude en pedirla. Una estratagema inicial favorita de los entrevistadores es: "Dígame algo acerca de usted". Los entrevistadores a menudo le pedirán esto casi al comienzo de la entrevista, antes de que usted haya podido recabar más información. Usted siempre debería salir del paso diciendo: "Hay tanto que le podría decir, pero me gustaría concentrarme en lo que es importante para usted. ¿Qué es específicamente lo que desea saber?".

Cuanto más general sea la pregunta, más importante es que pida una aclaración. Si el entrevistador dijera: "¿Qué logros le han hecho sentir más orgullo?". Usted debería contestar: "He hecho muchas cosas que me han complacido. ¿Qué áreas son de su interés? No responda hasta no saber qué es lo que él valora más. Si no actúa con cautela puede ponerse en una situación embarazosa. Por ejemplo, el entrevistador puede estar buscando a alguien que sea sumamente detallista y orientado al control de calidad, y el trabajo minucioso ser su punto fuerte. Una regla empírica sugiere: *No conteste nunca una pregunta a no ser que comprenda totalmente la razón de la misma.*

VENDA SUS VENTAJAS

No olvide las técnicas de venta que ha aprendido desde el principio. Ha utilizado el concepto de ventaja o beneficio en su carta personalizada al redactar su currículo, y al concertar su entrevista. Ahora tiene un buen manejo de esta técnica. Tenga en cuenta sus argumentos de venta cuando responda a las preguntas del empleador. Si un empleador le dijera: "Esta es una oficina con mucho trabajo. Necesito a alguien que pueda ocuparse de varias actividades a la vez. ¿Usted podría hacerlo?". Su respuesta podría ser: "Yo soy muy organizado". (Esta es una característica). Podría continuar diciendo: "En mi último empleo diseñé un diagrama mural para mostrar al personal los proyectos que se llevaban a cabo, quién estaba trabajando en cada uno, y cuáles eran los plazos. De esta manera estábamos en condiciones de cambiar la plantilla cuando fuera necesario responder a los plazos. Mi departamento jamás tuvo un atraso en dos años". (Esta es una ventaja).

Jamás mencione una característica sin mencionar luego un beneficio. Estudie sus argumentos de venta, de tal modo de poder recurrir a los mismos en cualquier oportunidad y utilizarlos para promoverse en la entrevista.

A PREGUNTAS DIFICILES, RESPUESTAS VENDEDORAS

Más allá de la preparación que usted tenga, pueden surgir preguntas difíciles –que le pueden hacer sentir incómodo, o que son difíciles de responder. He confeccionado una lista de algunas preguntas difíciles que son habituales. Usted debería anticiparse a esta clase de preguntas y estar especialmente preparado para enfrentarlas. La clave para manejarlas es contestar de tal manera que cualquier posible negativa sea inmediatamente remplazada por una imagen positiva de usted mismo y de sus habilidades.

Por ejemplo, si usted solicitara un empleo en una especialidad en la cual no tuviera experiencia previa directa, el entrevistador podría preguntar: "¿Ha trabajado antes en la industria del vestido?" Usted podría contestar: "He trabajado en la decoración de interiores y sé bastante acerca de la fabricación y diseño de telas". O también podría decir: "En mi último empleo fui trasladado a una nueva división de la compañía, y mis jefes quedaron muy satisfechos por la rapidez con que aprendí y adapté mis habilidades".

He aquí algunas preguntas difíciles que le pueden llegar a formular:

● *"¿Cuáles son sus principales ventajas y desventajas?"*. Siempre procure aclarar la pregunta diciendo: "¿Cuáles piensa que son las ventajas necesarias para destacarse en este puesto?". Esta es una buena pregunta porque le muestra al empleador que usted es alguien que se preocupa por sobresalir. Usted sabe cuáles son sus ventajas por su Inventario de Valores. Mencione los factores de éxito que se relacionan específicamente con este empleo, y dé ejemplos de cómo ha aplicado esas cualidades. Revele solamente sus puntos fuertes, aun cuando usted los transmita como debilidades. Todo el mundo tiene debilidades, pero algunos están más *a salvo* que otros. Debería decir que usted es tenaz –jamás deja pasar un problema sin que sea resuelto. O que se impacienta con la gente que no trabaja tan esforzadamente como usted. O que es demasiado perfeccionista, pero que está tratando de moderarse. Ocasionalmente, es conveniente admitir una desventaja menor. Por ejemplo, si usted fuera un vendedor sobresaliente, podría decir: "Soy capaz de concretar tres veces la cantidad de ventas de todos los demás en nuestro equipo. Pero mi jefe insiste porque no siempre hago bien el trabajo rutinario de oficina. Aun así he mejorado, y sigo ocupándome del problema".

● *"No estoy seguro de que usted posea la experiencia (o el entrenamiento) para manejar esta tarea. ¿Usted qué piensa?"* Esta es una pregunta para la cual debería estar preparado. Gracias a su investigación, usted sabe qué es lo que busca esta compañía. Obviamente, el empleador debe haber visto en usted algo que le atrae, de no ser así no estaría en esta entrevista. Está tratando de que usted le ayude a encontrar una manera de resolver su problema, de modo que pueda decidir.

Si usted fuera vendedor de aspiradoras eléctricas, tendría que saber que su modelo es más pequeño que otros y no tiene tanto poder de aspiración. Pero el suyo se puede guardar en cualquier rincón de la casa, en lugares donde otras máquinas no cabrían. Esta es la ventaja que usted debe vender. Cuando el producto en venta es usted mismo, busque las ventajas que usted posee y que otros (incluso aquellos con más experiencia) pueden no tener. Muéstrese seguro de sí mismo. Hágale saber al empleador de qué manera sus otras ventajas y habilidades pueden compensar su aparente falta de experiencia.

Si usted estuviera en una entrevista para un puesto de ejecutivo auxiliar del responsable de un departamento de recogida de fondos, podría decir: "Es verdad, no he trabajado antes en una institución de estas características, pero en la universidad tuve una participación activa en la organización de acontecimientos especiales. Incluso en el centro de enseñanza secundaria estuve relacionado con la recogida de fondos –pude reunir el 75% del dinero que mi coro necesitaba para viajar a Washington. Sé que su departamento auspicia cenas y subastas de beneficencia, y creo que mis antecedentes estudiantiles, además de mi capacidad de organización, pueden ser muy útiles para esta institución. Estoy dispuesto a rendir el 110% a fin de compensar cualquier falta de experiencia que pueda tener."

● *"¿Cuáles son sus aspiraciones de aquí a cinco años?"* Lo que realmente significa esta pregunta es: "¿Tiene intenciones de progresar a largo plazo? O, ¿considera este puesto como un escalón más hacia su próxima carrera?". Confirme al empleador que usted prevé que se sentirá muy satisfecho en el posible puesto, y que buscará maneras de seguir mejorando y creciendo. Venda su sentido del compromiso y dé ejemplos de su lealtad y confiabilidad.

● *"¿Por qué dejó su anterior empleo?"* Nunca debe mentir ni subestimar su anterior empleo. Otro viejo proverbio empresarial dice "Jamás subestime a la competencia. Eso sólo le hará parecer mezquino". No ponga excusas. Si fue despedido, confiéselo. (El entrevistador inevitablemente lo averiguará). No necesita entrar en detalles, pero déle una razón general por la cual las cosas no resultaron. "Mi jefe y yo teníamos muy diferentes modos de trabajar, y las cosas simplemente no resultaron. Pero hice el intento, y aprendí mucho sobre la tarea mientras estuve allí".

● "*¿Qué es lo que le hace pensar que usted está capacitado para trabajar en esta compañía?*" Una respuesta defensiva podría ser: "Lo he hecho..." y enumerar una serie de razones por las cuales usted está calificado. Una respuesta no defensiva sería: "Es una interesante pregunta. En realidad, usted está en una mejor posición para responder: ¿Qué es lo que usted piensa que me haría apto para este trabajo?"

● "*¿Es capaz de trabajar bajo presión?*" Este es un caso definido para pedir una aclaración. Pídale al entrevistador que le explique qué quiere decir bajo presión. Usted puede descubrir que este es un puesto sometido a extremadas presiones y que usted no desea aceptar. O puede advertir que ya ha trabajado antes bajo condiciones similares, y que no ha tenido problemas para manejarlas en su puesto.

● "*¿Usted prefiere trabajar con personas o cosas?*" Esta es una pregunta escabrosa, a no ser que usted sepa cuáles son las características del puesto. Como le dijo Dustin Hoffman al director en la película *Tootsie*, "¿Qué respuesta me dará el empleo?" Tiene que contar con más información antes de responder a esta pregunta.

● "*¿Cuáles son sus pretensiones salariales?*" Nunca hable de dinero hasta saber que hay una oferta de empleo. En todos los casos, aguarde hasta que el entrevistador se decida por usted. Esto significa esperar hasta la segunda o tercera entrevista. *Un buen vendedor siempre establece el valor antes de hablar del precio.* Primero, usted tiene que mostrar al posible comprador todas las características y las ventajas del producto que piensa adquirir. Luego, una vez que esté convencido de que desea adquirirlo –es cuando usted discutirá el precio.

Cuanto más tiempo el empleador invierta en usted, más comprometido estará. Si el empleador le formulara esta pregunta al principio de la entrevista, usted podría decir: "¿Es esta una oferta de empleo?" Si eso le pareciera demasiado directo, diga: "Creo que es más importante que antes hablemos de nuestras necesidades, y si yo fuera la persona indicada para el puesto entonces podríamos conversar acerca del sueldo". Luego formule otra pregunta: "¿Cuál diría usted que es la principal habilidad necesaria para tener éxito en este puesto?" La negociación salarial es un tópico que se analizará en el capítulo 29.

USTED TIENE EL DERECHO DE PERMANECER EN SILENCIO

Una de las mayores fórmulas del éxito proviene de Albert Einstein. El gran físico dijo: "Si A fuera igual a éxito, la fórmula sería A = X + Y + Z. X es trabajo. Y es representación. Z es mantener su boca cerrada".

Recuerde que no hay ninguna ley que diga que usted tiene que responder a cada pregunta que le hagan. Si una pregunta le hiciera sentir muy molesto, siempre puede utilizar una táctica evasiva. Podría decir: "¿Señor Smith, que pensaría si le hiciera una pregunta que se me acaba de ocurrir?". Y hay algunas preguntas que legalmente no está obligado a responder, con relación a los antecedentes penales, asuntos financieros, impedimentos o inhibiciones, estado civil, raza, religión o sexo. Si usted piensa que la pregunta que le acaban de formular acerca de alguna de estas áreas no está directamente relacionada con los requisitos del puesto, puede negarse a contestar con todo derecho (amablemente, desde luego). Por ejemplo, si trabajar los sábados fuera un requisito para el empleo, una pregunta como "¿Está disponible los sábados?" es admisible. Pero puede ser utilizada como una manera sutil (y no tan sutil) de averiguar sus creencias religiosas. Si usted tuviera dudas, podría replantearse la posibilidad de trabajar para la persona que le hizo la pregunta.

COMO HACER SUS PREGUNTAS

"¡Espere un momento!" dirá usted. "Si el empleador fuera el único en hacer todas las preguntas, ¿cómo se supone que voy a obtener la información que necesito?"

Esta es una pregunta inteligente. Si usted pretende lograr su segundo objetivo –que es obtener suficiente información para decidir si quiere o no este empleo– tiene que *formular preguntas*.

Usted ha seguido dos derroteros durante su entrevista. El primero y más evidente ha sido, "¿Cuál es su problema? ¿Qué puedo hacer para ayudarle?" El segundo, de carácter reservado es, "¿Acaso este es el puesto indicado para mí?" Cada pregunta que formule deberá estar relacionada con alguno de estos dos contextos.

ASUMA EL CONTROL: NO PERMANEZCA PASIVO

David X. vino a verme porque había estado buscando un empleo durante casi un año y no había tenido suerte. En mi primera reunión con él, comprendí el motivo. David tenía una personalidad muy pasiva (al menos en una situación de entrevista), y parecía ser tan poco activo que resultaba difícil pensar cómo iba a tener éxito.

Estudiamos las *conductas* en una entrevista hasta que David se sintió cómodo adoptando un papel más activo en el proceso, contestando a las preguntas con energía y entusiasmo, y formulando preguntas por su cuenta. En tres semanas David tuvo dos atractivas ofertas de empleo.

Los empleadores buscan personal dinámico y activo. No les agrada que el candidato se comporte en una entrevista como un náufrago aferrado a un tronco, dejando que la reunión transcurra sin hacer ninguna contribución. Recuerde que usted aquí es el vendedor. Tiene que concretar la venta –esta no se hace por sí sola. Y para lograr eso tiene que asumir el control.

En una entrevista usted asume el control al formular preguntas.

¿Qué haría usted el resto de su vida si ganara un millón de dólares en la lotería? ¿Me daría un tiempo para pensarlo? Con sólo formular una pregunta he cambiado la dirección de sus pensamientos. Mi libro *Smart Questions* (*Preguntas Hábiles*) se basa en el hecho de que una pregunta es una de las maneras más simples y eficaces de asumir y mantener el control en cualquier conversación.

Al formular las preguntas adecuadas en una situación de entrevista, usted puede orientar la conversación en el sentido que más le conviene. El impulso a responder una pregunta –cualquier pregunta– es instintivo. Una pregunta es como una descarga eléctrica en el cerebro; nos sentimos obligados a responder. Esto es válido tanto para usted como para el empleador.

Cuantas más preguntas haga, mayor será su control de la situación. Cada vez que responda a las preguntas de un empleador, recupere el control de la situación, formulando a su vez otra pregunta. Por ejemplo, si un empleador le pide que describa sus principales ventajas, responda con otra pregunta: "¿Cuál es para usted la contribución más importante que puede hacer un nuevo empleado en esta función?"

Si usted se instalara pasivamente y dejara que el entrevistador indagara para ver si reúne las condiciones, obtendría escasa información acerca del puesto. Antes de la entrevista, prepare una lista de preguntas que le gustaría que le contestaran. Lleve la lista en su bolsillo, en su carpeta o en su billetera, y no se avergüence por consultarla. Los entrevistadores inteligentes valoran la sagacidad para formular preguntas –y la profesionalidad requiere prepararlas con tiempo.

Seleccione sus preguntas cuidadosamente. Utilice siempre preguntas amplias que requieran algo más que una respuesta afirmativa o negativa. Por ejemplo, no pregunte: "¿En este puesto tendré autoridad para tomar decisiones en lo que concierne al presupuesto?" En lugar de eso, diga: "¿Qué tipo de autoridad tendré con respecto a los presupuestos?" Utilice ciertas preguntas para averiguar los hechos en torno al puesto. Utilice otras para averiguar las necesidades del empleador.

LAS REGLAS DEL JUEGO

El entrevistador habitualmente imprime el estilo y el tono de la entrevista. Si el entrevistador es muy experimentado (y usted no puede confiar en eso), puede sugerirle que no tenga reparos en formular las preguntas que desee a lo largo de la entrevista. Un entrevistador menos seguro puede decir, "Voy a aclararle algunas cosas acerca del puesto, y luego le haré una serie de preguntas. Cuando haya terminado podrá hacerme las preguntas que desee". Por lo general, este último habla tanto que no le da tiempo para formular sus preguntas. O también pueden no existir reglas de juego, y usted se preguntará cómo proceder.

Usted no tiene manera de saber cómo se desarrollará la entrevista hasta que no esté allí. Una razón de más para estar bien preparado. De todas maneras, usted ya sabe bastante acerca de la compañía para estar en condiciones de formular preguntas inteligentes.

Cuando el empleador potencial establece las reglas, el siguiente paso le concierne a usted. Puede escoger adaptarse a su plan u objetarlo cortésmente. Por ejemplo, si el entrevistador determinara que usted deberá reservar todas sus preguntas para el final, podría interrumpir en los primeros momentos y decir, "Discúlpeme, ¿le importaría si hago una pregunta al respecto? Necesito aclarar algo que acaba de decir". El entrevistador probablemente no se dé cuenta de que usted está cambiando el plan, y es más que posible que no ponga reparos en explicar lo que ha querido decir.

Cuando usted va a participar en una entrevista, supone que va a ser una situación normal con un intercambio de preguntas y respuestas. Sin embargo, una vez iniciada, necesita asumir el control de inmediato. Recuerde que la persona que formula las preguntas asume el control. Trate de hacer la primera pregunta –de manera amable y cortés. Usted puede comenzar expresando interés en su entrevistador, o haciendo una observación acerca de la oficina o la vista. Si pudiera averiguar por anticipado algo acerca de la persona que le entrevista, eso le daría una ventaja significativa: "Leí en el *Business Today* que usted acaba de ser ascendido. ¿Qué piensa que ha contribuido a su éxito en esta compañía?" O si usted se hubiera presentado a través de una recomendación, podría decir al descuido, "¿Cómo se conocieron usted y el señor X?"

Siempre puede ser una ventaja para usted conocer la jerga interna. Martin Shafiroff, director ejecutivo de Shearson Lehman Hutton, aconseja a las personas que buscan empleo "informarse acerca de la empresa antes de presentarse a una entrevista. Hablar el lenguaje que ellos manejan. Sacar a colación lo que sabe durante la conversación, hacer preguntas acerca de lo que ha leído. De esta manera usted se destacará de la competencia".

Ya sea que usted pregunte a medida que surjan los temas (y usted tendría que sacarlos a colación), o lea su lista al final de la reunión, siempre hay preguntas que puede formular para mantener el control y obtener la información que necesita. En el próximo capítulo se incluyen los tipos de preguntas que el solicitante necesita hacer.

La mayor parte del tiempo debería pasarlo formulando preguntas y escuchando con atención las respuestas. No hable incansablemente de sí mismo sin tener en cuenta lo que la otra persona desea escuchar. Sus preguntas también le dan al empleador indicios acerca de su grado de interés y de cómo se ha preparado para la entrevista. Usted será juzgado no solo por sus respuestas, sino además por la calidad de las preguntas que haya formulado.

Una de las mejores entrevistas que tuve en mi vida laboral fue con un gerente de ventas muy inteligente y mordaz. Sabiendo que yo había hecho dos carreras, me preguntó qué me había hecho pensar que estaría satisfecha con este empleo, en vista de que tenía intereses tan dispersos. Me tomé un tiempo para pensarlo, y luego le pregunté: "¿Su ocupación satisface todos sus intereses?" Finalmente, me ofrecieron el empleo, y estoy segura de que fue por esa única pregunta.

UTILICE SUS ARGUMENTOS DE VENTA

Cuando la entrevista esté llegando a su fin, recuerde sus argumentos de venta: Sea siempre concluyente. No tenga temor de preguntar por el puesto. Diga: "Me agradaría mucho trabajar para su compañía. ¿Qué puedo hacer o decir para ayudarle a tomar una decisión favorable?" El entrevistador simplemente podría decirle qué más tiene en mente. Y usted sabrá cuáles son sus objeciones y cómo manejarlas.

Si el entrevistador le dice: "Le llamaré y le comunicaré la decisión acerca del puesto", no reaccione pasivamente, concierte una fecha determinada para volver a llamar. Si hubiera sido rechazado, y a usted realmente le gustara el trabajo, presione para obtener una segunda entrevista: "¿Señor X, jamás ha deseado tener una segunda oportunidad para dar una mejor impresión? Yo quisiera tener esa posibilidad, ya que realmente me gustaría trabajar para usted. Podríamos encontrarnos la semana próxima?" En muchos casos, esto me ha dado buenos resultados.

TENGA TODO EN CUENTA

Todo lo relacionado con la entrevista es importante –desde el momento en que usted llega hasta que se va. Llegue temprano a ser posible, y sea cortés y amable con todos cuantos se encuentre. No fume ni beba, incluso si le invitaran. Un café o un té es admisible, siempre que usted esté seguro de poder apoyar la taza en algún lugar una vez que haya bebido. No querrá estar sosteniéndola embarazosamente durante toda la entrevista.

Indague acerca del ambiente de la empresa antes de su visita. ¿Es formal o informal? ¿Todos visten de la misma manera o prefieren un estilo creativo? Si usted no estuviera seguro, siempre sería mejor escoger un estilo conservador. Siempre podrá usar algo diferente en la segunda entrevista. En cierta ocasión, me presenté a una entrevista laboral con un estilo demasiado elegante. Lucía un abrigo muy extravagante, mucho maquillaje (al menos para esta compañía) y un rígido peinado. Se mostraron suficientemente interesados y me dieron otra posibilidad. Para mi segunda entrevista me presenté con un abrigo de pelo de camello, sólo una pizca de maquillaje y un peinado diferente. El jefe dijo, "Usted parece diferente". Finalmente me ofrecieron el empleo (si bien no lo acepté), y estoy segura de que no habría recibido el ofrecimiento si no hubiera cambiado de apariencia.

La impresión que usted produce en el entrevistador trasciende al empleo mismo. Si usted procede con firmeza, idoneidad y ambición en su entrevista, comienza a establecer su base de poder para cuando sea seleccionado.

EL SEGUIMIENTO: LA CLAVE DEL EXITO

"Atribuyo gran parte de mi éxito en esta empresa a los procedimientos de seguimiento que establecí al comenzar mi carrera", me confesó Jackie Burton, presidenta de Burton-Luch Public Relation.

"En mis comienzos, tuve que trabajar mucho para 'vender' mis clientes a los editores de los diarios y revistas y a los productores de la televisión. Hice de la persistencia un hábito. Después de las ventas iniciales, enviaba notas personales, junto con todos los materiales requeridos. Luego llamaba nuevamente para saber si habían recibido las carpetas, y también para darles otra idea de cómo podían promover a mi cliente. Cada vez que incorporaba un cliente, mi primera medida era enviar una nota o tarjeta de agradecimiento. Enviaba notas sin tener en cuenta los resultados, porque sabía que el editor o productor pondría todo el empeño para hacer que todo resultara".

"Esta gente siempre me recordó, y más tarde, cuando tuve otros clientes para promover, se mostraron dispuestos a escucharme otra vez. La venta es un proceso complejo, pero para mí es el seguimiento lo que hace que surta efecto".

Muchos importantes profesionales de venta piensan del mismo modo, y la persistencia constituye una parte importante de sus esfuerzos de *marketing*.

Al día siguiente de cada entrevista, usted no se detiene, comienza el proceso de seguimiento.

Lleve un registro del desarrollo de cada entrevista. Puede darle un formato para conservarlo en su archivo. Esta es una muestra que usted puede copiar o adaptar:

Fecha de la entrevista: _____

Nombre de la compañía: _____

Dirección: _____

315

Apellido del entrevistador: _____

    Título (o cargo): _____

    Número de teléfono: _____

Denominación del puesto: _____

    Principales responsabilidades: _____

_____

_____

    Logros descritos: _____

_____

_____

_____

Sueldo o margen salarial mencionado: _____

Seguimiento: _____

    Carta de agradecimiento enviada: _____ (copia adjunta)

    Nueva llamada el: _____ Llamada efectuada: _____

    Próximo paso: _____

Impresiones positivas/negativas: _____

_____

_____

    Resumen de actuación. (¿Qué hice bien? ¿Qué hay que mejorar? ¿Estaba bien preparado? ¿Hice suficientes preguntas?, etcétera):

_____

_____

_____

_____

_____

Sin considerar cómo le haya ido en la entrevista, envíe al entrevistador una carta de agradecimiento por la entrevista. Incluya una breve referencia a su logro más relevante, y recuérdele que volverá a llamar en la fecha convenida (y asegúrese de hacerlo).

Un directivo de empresa me dijo: "Casi siempre juzgo a los solicitantes por sus acciones de seguimiento. Si un candidato está realmente interesado en el puesto y es tan escrupuloso como dice ser, me volverá a llamar. Entonces sé que puedo confiar en su palabra".

OCHO CLAVES PARA LOGRAR LA ACEPTACION

He aquí ocho secretos para ganar la oferta en una entrevista de empleo:

- Prepárese
- Esté dispuesto a volver positivos los aspectos negativos.
- Formule preguntas para mantener el control de la entrevista.
- Escuche atentamente el contenido y las intenciones de las preguntas que le formulen.
- Pregunte por el empleo.
- Ocúpese del seguimiento.
- Ejercítese bastante hasta sentirse seguro y cómodo a fin de dar la mejor impresión.

Una buena manera de prepararse es conocer los tipos de preguntas que le pueden llegar a hacer, y los tipos de preguntas que usted puede formular. Lea atentamente el próximo capítulo y ejercítese con las preguntas planteadas, agregue algunas por su cuenta y ensaye su papel hasta estar listo para afrontar cualquier situación de entrevista. ¡Ya está encaminado!

28

Cómo manejar las objeciones en su beneficio

Las preguntas difíciles

28º Principio de las Ventas y Mercadotecnia
Quien formula las preguntas controla la venta.

EMPLEADOR Nº 1: "Usted no parece tener mucha experiencia en este ámbito. ¿Qué le hace pensar que podrá salir adelante con este puesto?"

EMPLEADOR Nº 2: "De modo que ha sido voluntario durante cinco años. ¿Tiene alguna experiencia real de trabajo?"

EMPLEADOR Nº 3: "Usted fue despedido de su último empleo. ¿Por qué?"

EMPLEADOR Nº 4: "No parece haber permanecido por mucho tiempo en ningún empleo. ¿Por qué se ha desplazado tanto?"

Estas son todas preguntas difíciles. Pero si las vuelve a leer, comprobará que ninguno de estos empleadores le ha dicho: "No tengo intenciones de emplearle". Lo que han hecho ha sido formular una pregunta o, en términos de venta, plantear una objeción.

Una de las lecciones más difíciles que debe aprender un vendedor es que una objeción no es igual a un rechazo. Como ya hemos visto en el capítulo 22, acerca de las técnicas de venta, una objeción es lo que usted escucha cuando el comprador todavía no ha tomado una decisión favorable.

Cuando los empleadores le hacen preguntas difíciles, lo que esperan con eso es que usted les dé los motivos por lo cuales ellos deberían seleccionarle para el puesto. Si un empleador potencial le preguntara: "¿Por qué fue despedido de su último empleo?" y usted respondiera" "Por conflictos de personalidad, mi jefe era poco comunicativo", ¿qué impresión causaría? Quizá su último jefe tuviera dificultades de comunicación, pero esto no le dice al empleador por qué debería asumir el riesgo de emplearle a usted.

A menudo consideramos las objeciones superficialmente porque es más fácil y cómodo. Si un entrevistador nos dice: "No puedo darme el lujo de contratarle" lo aceptamos cómodamente y nos decimos: "No conseguí ese puesto porque no tenían el dinero para pagarme. No es por mi culpa".

A veces tomamos las objeciones de forma personal y nos sentimos ofendidos y frustrados. ¿Cómo se puede superar ese temor al rechazo y al fracaso, y concretar la venta? Tenga presente mi lema, "El éxito consiste en convertir el conocimiento en acción". Este es el momento ideal para poner en vigencia ese lema al utilizar el conocimiento que usted ya tiene y estar dispuesto a aprender más. Si usted está leyendo este libro es porque está dispuesto a aprender más acerca del proceso necesario para convertirse en un vendedor de éxito.

SEIS REQUISITOS PARA MANEJAR LAS OBJECIONES

Cuando se plantean las objeciones, usted tiene la posibilidad de responder a la pregunta, ofrecer más evidencias, exponer su caso y mostrar al entrevistador el verdadero valor de lo que obtiene con su dinero.

Estos son los seis requisitos para manejar cada objeción en beneficio suyo –y del empleador.

1. *Escuche con atención*. Haga saber al empleador que usted escucha y comprende sus preocupaciones. Pregúntese: "Si yo estuviera en su lugar, ¿tendría las mismas inquietudes?" Nunca discuta, ni ponga al entrevistador a la defensiva. Una simple declaración como "Ese es un buen tema; me agrada que lo haya mencionado", o "Entiendo cómo se siente" puede hacer saber al empleador que ambos están del mismo lado. No interrumpa, ni suponga que sabe lo que el entrevistador le va a decir, aun cuando le hayan hecho la misma pregunta en varias ocasiones.

2. *Pídale al empleador que le explique la objeción*. Pregúntese: "¿He comprendido totalmente cuál es el problema?" Si un entrevistador le dijera "Creo que usted excede los requisitos para este puesto", pregúntele: "¿Por qué piensa eso?" o "¿Qué significa eso?" El podría responderle: "Bueno, no estoy seguro de que podamos pagarle lo que usted probablemente pedirá". Entonces sabrá que el entrevistador está realmente preocupado por el dinero, y no por sus antecedentes.

Si usted no le hubiera pedido que aclarara su objeción, habría perdido una cantidad de tiempo tratando de convencerle de que usted es apto para el puesto. Una vez que usted ya sabe que la objeción es el *precio*, puede continuar describiendo su valor para la empresa.

3. *Transforme mentalmente cada objeción en una pregunta*. Considere cada pregunta difícil como un desafío, no como un obstáculo. Pregúntese: "¿Cuál es la falta de información que me impide proseguir con la venta?" Cuando un empleador potencial le diga: "No creo que usted tenga suficiente experiencia en este campo", responda como si hubiera dicho: "¿Puede describir otras habilidades que usted posea para compensar su falta de experiencia?"

4. *Responda a la objeción*. Pregúntese: "¿Cómo puedo ayudar a este empleador a resolver su problema?" Todo el mundo tiene derecho a formular una pregunta o dar una opinión, aun cuando sea errónea. Responda a la objeción poniendo de relieve las ventajas. Si un entrevistador objetara una carencia o una desventaja, no trate de ignorarla o pasarla por alto. Diga algo como: "Es una buena observación. Es cierto que no tengo mucha experiencia en este campo, pero mis antecedentes en los servicios sociales son indicados para el tipo de tarea de relación interpersonal que usted necesita en este puesto de recursos humanos. Además, estoy ansioso por aprender".

5. *Venda las ventajas*. Pregúntese: "¿Sé cuáles son las ventajas más importantes para esta persona?" Cuanto más estrecho sea

el nexo entre sus habilidades y las necesidades del empleador, menores objeciones tendrá. Por ejemplo, usted está en una entrevista para un puesto de representante en un servicio bancario. Usted supone que el jefe necesita un individuo comunicativo y sociable. Eso es cierto, pero él también busca alguien que pueda trabajar por su cuenta, dado que deberá viajar bastante. De modo que sería mejor que se promoviera en la entrevista como un individuo de personalidad independiente.

6. *Confirme la respuesta.* Asegúrese de haber respondido a la objeción sin malentendidos. Pregúntese: "¿Estamos ambos satisfechos de haber resuelto el problema?" Pregúntele al entrevistador: "¿Esto responde a su pregunta?" o "¿Qué piensa al respecto?" o también "¿Esto responde a su inquietud?"

Ensaye estos diez pasos antes de participar en una entrevista real. Pídales a sus familiares o amigos que le planteen tantas objeciones como se les ocurran. Pídales pasar de lo más serio a lo ridículo, de "Usted no reúne las condiciones para este empleo" a "Mi astrólogo me ha dicho que las estrellas no están en su cuadratura ideal". Cuando la vez siguiente un entrevistador comience a hablar de astrología, usted tendrá la respuesta a mano y su técnica bien ensayada.

LA OPORTUNIDAD IDEAL PARA LA VENTA

Las entrevistas nos ponen nerviosos porque no sabemos con exactitud qué es lo que nos van a preguntar. Es como el viejo síndrome del estudiante: uno sabe que conoce la materia, está bien seguro que aprobará el examen, pero tiene miedo de que surja una pregunta que no esté en condiciones de responder. Se devana los sesos sólo pensándolo.

Una entrevista no es un examen. Aquí no hay respuestas correctas o erróneas. Es una cuestión de hecho, cuanto más preguntas le hagan en una entrevista, más oportunidades tendrá. ¿Por qué? *Porque cada pregunta que le formulan representa otra oportunidad para "venderse".* Cada vez que un empleador potencial le hace una pregunta, en realidad le está diciendo: "Dígame por qué debería decidirme por usted?"

Mejorar sus aptitudes para la entrevista requiere preparación y práctica. No obstante, el esfuerzo rendirá sus frutos. En una encuesta que realicé hace poco tiempo, todos los empleadores con los que hablé me dijeron que utilizaban las entrevistas como sus principales medios para seleccionar a los futuros empleados. Eso significa que más allá del tipo de empleo que usted busque, más allá de su experiencia o antecedentes, puede obtener un puesto sin haber sido previamente entrevistado. Es evidente que, cuanto mejor preparado esté para la entrevista, mayores serán sus posibilidades de obtener el puesto.

A continuación se ofrece una lista de las preguntas más frecuentemente formuladas en una entrevista –que también representan excelentes oportunidades de venta. Analice las preguntas y piense cómo dar una respuesta positiva poniendo de relieve las ventajas.

Por ejemplo, supongamos que un empleador le dice: "Veo que usted permaneció en su último empleo sólo cuatro meses. ¿Por qué no se quedó más tiempo?" ¿Cómo respondería? Si usted no estuviera preparado, podría ponerse a la defensiva y decir: "No fue por mi culpa. Tenía problemas familiares y tuve que quedarme en casa para ayudar a mi madre".

Una mejor respuesta sería: "Estaba haciendo bien las cosas en el trabajo, pero luego mi padre tuvo un ataque de apoplejía y tuve que dejar el empleo para ayudar a mi madre en casa". Aprendí mucho durante ese tiempo en casa, y eso me ayudó a tomar la decisión de dedicarme a esta especialidad..."

Utilice estas preguntas para ejercitarse y hacer su *dramatización*. Pídale a un amigo que estudie la lista de preguntas y luego plantee una situación de entrevista. Esta es una excelente manera de practicar sus habilidades de *marketing*, ganar seguridad, y liberarse del temor a las preguntas.

He aquí algunos ejemplos:

¿Por qué busca trabajo en este momento? _____

_____

_____

¿Por qué piensa que reúne las condiciones para trabajar en esta compañía? _____

_____

_____

¿Por qué dejó su anterior empleo? _____

_____

_____

¿Cuáles son las cosas que usted más desea de un empleo: dinero, poder, satisfacción, etcétera? _____

Nombre tres personas que más hayan influido en su vida _
_____
_____

¿Puede hablarme de algún problema que haya tenido en su último empleo, y de qué manera lo resolvió? _____
_____
_____

¿Qué hace en su tiempo libre? _____
_____

¿Cuáles son sus principales responsabilidades en su empleo actual? _____
_____

¿Cuáles han sido sus mayores logros en su último empleo?
_____

¿Qué es lo que más le agradaba de su último empleo? ___
_____

¿Qué es lo que menos le agradaba de su último empleo? _
_____

¿Cuáles piensa que son sus mayores ventajas? _____
_____

¿Cuáles piensa que son sus mayores desventajas? _____
_____

¿Cuáles son sus objetivos profesionales a largo plazo? ___
_____

¿Por qué piensa que deberíamos emplearle? _____
_____

¿Por qué desea trabajar para nuestra compañía? _____
_____

¿Por qué desea cambiar de empleo (o de carrera)? _____
_____

Su experiencia laboral parece ser principalmente voluntaria o *ad honorem*. ¿Ha tenido alguna vez un "verdadero" empleo ____

_____

_____

¿Qué competitivo/a es usted? _____

_____

¿Está dispuesto a trabajar más del tiempo estipulado? ___

_____

_____

LA VENTA ESPECIFICA: PREGUNTAS
PARA LAS CATEGORIAS DE ESPECIALISTAS

Los ejemplos que acabo de exponer se utilizan en todo tipo de entrevistas. Pero también le pueden formular preguntas que se aplican solamente a un puesto o una industria específica a la cual usted solicita el empleo. Por ejemplo, los contables tienen que responder a preguntas que se aplican estrictamente a esa especialidad. Usted debería desarrollar varios argumentos de venta que pongan particularmente de relieve sus habilidades técnicas o específicas. Si no tuviera experiencia directa en la especialidad, desarrolle argumentos de venta que muestren de qué manera sus antecedentes se relacionan con aquellos requeridos para el puesto.

Las entrevistas de información son buenas fuentes para averiguar qué preguntas le pueden llegar a hacer. Dígale a su informante que usted está planeando buscar trabajo en su especialidad, y pídale que le dé una idea de las preguntas que se le pueden formular a un solicitante.

Tome nota de las mismas; de esta manera estará preparado cuando tenga que afrontar una situación de entrevista laboral. Estos son ejemplos de las preguntas que le podrían formular en cinco de los principales mercados laborales de actualidad:

Contable
¿Qué tipo de actividades contables ha tenido a su cargo? _

_____

_____

¿Ha desarrollado sistemas y controles en su último empleo? ¿Podría describirlos? _____

_____

¿Qué sistemas de informática conoce? _____

_____

¿De qué clase de presupuestos se ha ocupado? _____

_____

¿Qué tipo de análisis financiero ha efectuado? _____

_____

Operador de informática

Hábleme acerca de los equipos con los cuales ha tenido experiencia directa:_____

_____

¿Dónde recibió su entrenamiento y/o formación? _____

_____

¿Cuál era el tipo de trabajo que hacía? _____

_____

¿Con qué tipo de *software* está familiarizado? _____

_____

¿Podría aprender otros sistemas con facilidad? _____

_____

Ingeniero electrónico

¿Cuáles han sido los problemas técnicos infrecuentes que ha enfrentado, y de qué manera los ha resuelto? _____

_____

¿Con qué tipos de circuitos ha trabajado? _____

_____

¿Puede describir un proyecto en el que haya trabajado desde su concepción hasta el producto final? _____

¿Cuáles han sido sus responsabilidades gerenciales? _____

_____

_____

Enfermera

¿Cuáles fueron sus obligaciones en su empleo anterior? __

_____

_____

¿Qué experiencia de supervisión ha tenido? _____

_____

¿Qué le hizo consagrarse al cuidado de los enfermos? ___

_____

¿Cuál es su especialidad dentro de la enfermería? _____

_____

¿Cuál ha sido su experiencia en los seguros sociales de asistencia médica? _____

_____

_____

Responsable de la selección de personal

¿Qué tipo de puestos le han pedido que cubriera? _____

_____

¿Cuáles eran sus fuentes para buscar nuevos empleados?

_____

¿Ha redactado alguna vez las descripciones del cargo? __

_____

¿Qué sistemas de evaluación ha utilizado? _____

_____

¿Ha sido responsable de algún programa de orientación o entrenamiento para los nuevos empleados? _____

_____

_____

Sobre la base de los ejemplos que se acaban de mencionar, prepare una lista de por lo menos cinco a diez preguntas que se relacionen específicamente con su área de interés. Su investigación, su propia experiencia y sus entrevistas de información pueden serle de gran ayuda.

1. _____
_____
_____
_____
_____

2. _____
_____
_____
_____
_____

3. _____
_____
_____
_____
_____

4. _____
_____
_____
_____

5. _____
_____
_____
_____
_____

LLEVE SU PROPIA LISTA DE PREGUNTAS

Como ya hemos visto, su segundo objetivo en una entrevista es obtener tanta información como le sea posible acerca del empleo y la organización. Esto significa que debería concurrir provisto de una lista de preguntas para formular al empleador.

Las preguntas que usted hace al empleador también son instrumentos de venta. No puede hacer una venta sin formular preguntas. Debe hacerlo para descubrir las intenciones o necesidades del empleador, y conocer las razones que pueda tener el mismo para emplearle.

Algunas preguntas que usted puede necesitar hacer son:

- "¿Cuáles son las responsabilidades clave para este puesto?"
- "¿Cuáles son los posibles problemas o dificultades que podría tener?"
- "¿Qué autoridad real tendré en función de mis principales responsabilidades?"
- "¿Qué cambios o mejoras querría observar en esas responsabilidades?"
- "¿Entre las personas que han desempeñado este cargo antes, cuáles han sido las características de los que tuvieron una mejor actuación? ¿O de los que no la han tenido?"
- "Si usted me seleccionara, ¿cuáles serían sus expectativas específicas?"
- "¿Por qué está vacante el puesto?"
- "¿Qué es lo que más le complacería que un empleado aportara a esta área?"
- "¿Cuántas personas han desempeñado este cargo en los últimos cinco años?"
- "¿Quiénes están trabajando en esta área? ¿Es posible encontrarme con ellos?"
- "¿Cómo se evalúa la actuación laboral en esta empresa?"
- "¿De qué manera se recompensa?"
- "¿Existe un sistema de promociones? ¿Cómo y con qué frecuencia?"
- "¿Cuántas mujeres y minorías ocupan puestos gerenciales de mediano a alto nivel?"
- "¿De qué manera se toman las decisiones en esta compañía?"
- "¿Cómo es la jornada laboral habitual?"
- "¿Cuál es su punto de vista general acerca de la formación?"

PREGUNTAS PARA SU FUTURO

Todo el mundo pretende un empleo con futuro, y en esta época de fusiones y adquisiciones empresariales, es imprescindible que usted obtenga información sobre la situación de la empresa. Usted no querrá dar la impresión de que se está postulando para este empleo como un simple escalón en su carrera profesional. Aun así, debe considerar su futuro. El momento más oportuno para formular preguntas con respecto a la compañía y su futuro es hacia el fin de la entrevista. Usted podría preguntar:

- "¿Cuáles son las perspectivas profesionales para los empleados nuevos?"
- "He observado que la compañía está expandiendo sus mercados en el Noreste. ¿A dónde piensa que quiere llegar?"
- "¿Ha habido reducciones de personal o despidos significativos en los últimos años?"
- "¿Usted prevé alguno en el futuro próximo?"
- "De ser así, ¿se verían afectados mi puesto y/o mi departamento?"

Una de las preguntas más importantes que puede formular es: "¿Qué se supone que debe lograr alguien que ha llegado a este nivel y muestra un excelente rendimiento?"

Haga una lista de por lo menos diez preguntas que usted quisiera formular en su próxima entrevista laboral:

1. _____
_____
_____

2. _____
_____
_____

3. _____
_____
_____

4. _____
_____
_____

5. _____
_____
_____

6. _____
_____
_____

7. _____
_____
_____

8. _____

_____

_____

9. _____

_____

_____

10. _____

_____

_____

Formular las preguntas adecuadas puede ser un factor decisivo para la obtención de un puesto. Pero cualquier empleo no es su meta final. Hay ciertas ventajas que usted necesita para asegurarse un futuro estable y financieramente satisfactorio. El próximo capítulo le mostrará cómo buscar lo que necesita, y lograrlo.

29

Negociar con vistas al futuro

Cómo pedir más y obtenerlo

29º Principio de las Ventas y Mercadotecnia
Una negociación satisfactoria significa una ganancia mutua, pero la persona que pide más generalmente lo logra.

No sé usted, pero yo soy una fanática del cine y me encanta ver la entrega de premios de la Academia de Artes y Ciencias Cinematográficas. Hace algunos años, Sally Field obtuvo el premio a la mejor actriz por su interpretación en una magnífica película denominada *Places in the Heart* (*Un lugar en el corazón*). Obtuvo el reconocimiento de sus colegas por una actuación sobresaliente en la carrera de su elección. Se acercó hasta el micrófono, mientras millones de telespectadores esperaban escuchar los consabidos agradecimientos a su madre, su padre, su maestro de la escuela de teatro y a su familia por todo su amor y su apoyo.

En lugar de eso, con lágrimas en los ojos, dijo, "¡Me queréis, verdaderamente me queréis!". Fue un momento conmovedoramente humano —un ejemplo de que más allá de lo ricos o famosos que podamos ser, la meta final a menudo parece ser que la gente nos ame.

¿Por qué he traído esto a colación con respecto a las negociaciones? Porque nuestra habilidad para negociar está estrechamente relacionada con la imagen y la confianza que tenemos en nosotros mismos. A veces estamos tan ansiosos de ser reconocidos que estamos dispuestos a aceptar menos de lo que merecemos. Si usted ha estado buscando empleo durante un tiempo, y finalmente le ofrecen un puesto –especialmente uno que le atrae mucho– su primera reacción puede ser "¡Les agrado!" y sentirse dichoso de aceptar lo que inicialmente le ofrecen.

El hecho es que cuando le ofrecen el empleo, su poder de negociación es mayor. Si se dijera a sí mismo "Es mejor no pedir demasiado o seleccionarán a otra persona" debería reflexionar. Usted acaba de persuadir al entrevistador de la valiosa contribución que puede hacer a esta organización. No desaproveche ese esfuerzo al estipular un precio bajo. El entrevistador le necesita para el puesto, y no tiene intenciones de reiniciar el costoso proceso de búsqueda. De modo que usted se encuentra en una posición negociadora ventajosa.

CONTROLE SU *EGO* DESDE EL PRINCIPIO

La negociación es ante todo un ejercicio de lógica y razonamiento. Cada vez que su emoción supere su capacidad de razonamiento, habrá perdido. Si usted permite que se imponga su *ego* y responde a la oferta diciendo: "¿Con quién piensa que está hablando? Yo no puedo aceptar una oferta semejante," no va a llegar muy lejos en el proceso de negociación. Frustrarse o enojarse si las cosas no van como usted pretende no ayuda en nada; eso sólo le da una ventaja a la otra persona. En vista de que la negociación es una manera de resolver un problema, si usted no logra comunicar sus necesidades y problemas específicos, probablemente no conseguirá lo que pretende.

La negociación requiere objetividad. Usted se puede sentir tentado a aceptar un puesto (1) simplemente porque le agrada la persona que va a ser su jefe, o (2) porque piensa que es un individuo tan dispuesto que más adelante le va a hacer otras concesiones. El hecho de que le agrade su posible empleador es importante. Pero esa persona puede ser despedida el día de mañana, trasladada o promovida, o irse a otra compañía. En el transcurso de la negociación no tome decisiones por razones emotivas.

La comunicación es un factor clave en la negociación. Cuanto mejor exprese lo que usted desea y por qué lo desea, mejores serán sus posibilidades de lograrlo. Recurramos nuevamente a los principios de la venta eficaz: si usted puede demostrar las ventajas de sus sugerencias a la otra persona, es probable que ésta coincida con usted.

¿QUIEN DETENTA EL PODER?

Según expresa el especialista en negociación Herb Cohen, autor de *You Can Negotiate Anything* (*Puedes negociar cualquier cosa*, "El poder se basa en la persuasión –si usted pensara que va a lograr algo, lo lograría. Si no lo creyera, aun cuando lo intentara, no lo lograría".

Cualquiera puede ser un buen negociador. Muchas personas tienen temor de pedir lo que desean porque no se sienten merecedoras. Cuando usted negocia no importa cómo se siente, sino cómo *actúa*. Piense en lo que es más importante para usted: pasar un momento de incertidumbre por un breve lapso o vivir un largo tiempo con las consecuencias de ser incapaz de dar la cara por usted mismo. Los sentimientos pasan rápidamente. Usted puede no tener otra oportunidad en esta negociación.

Dos amigos, Tadeo y Francisco, estaban buscando trabajo al mismo tiempo. A ambos les habían ofrecido un puesto como representante de compras en una gran empresa. A Tadeo le ofrecieron un sueldo inicial de 24.000 dólares. Esperaba ganar 26.000 pero tenía miedo de malograr el acuerdo si pedía algo más. Aceptó la oferta.

A Francisco le ofrecieron 24.000 dólares para empezar. El también estaba dispuesto a aceptar el dinero –siempre que le aseguraran un lugar en el programa de formación de la compañía, y un rembolso de las cuotas que debía pagar para obtener su curso altamente especializado en Administración de Empresas. El empleador aceptó.

Cinco años más tarde, Tadeo maniobraba para poder pagar sus estudios y obtener su graduación. Si bien había ascendido a un puesto de jefatura, sin un entrenamiento adicional tenía escasas posibilidades de seguir escalando posiciones. Francisco, por otro lado, completó su curso y tuvo tan buena actuación en el programa de formación que fue ascendido a un puesto gerencial después de sólo tres años. Había muy poca diferencia entre Tadeo y Francisco en cuanto a sus ambiciones y talentos. La diferencia principal estribaba en su actitud hacia la negociación en el momento en que fueron seleccionados.

LA META FINAL DE LA VENTA: LA SATISFACCION MUTUA

Cuando era niña, mi tío preferido solía gastar trucos y bromas pesadas. Una de sus bromas favoritas era hacer una observación ridícula o extravagante, como "¿Quien se gana cien dólares?" Lancemos una moneda al aire y veamos quién lo logra ¿De acuerdo? Si es cara gano, si es cruz tú pierdes. Esta situación típica, sin posibilidad de ganancia, me enseñó la importancia de aprender a negociar.

Los niños son espontáneamente grandes negociadores. Ellos intercambian chocolates por caramelos o un tren por un camión de juguete, y todos ganan. Saben qué es lo que quieren y lo logran.

En una ocasión observé en el parque a un pequeño tratando de deslizarse sobre un montículo cubierto de nieve en un gran trineo con un complicado manubrio. El problema era que el vehículo era demasiado grande para este niño. Cerca de él, se deslizaba otro muchacho más grande con uno de esos trineos de plástico con una cuerda en el medio. En lugar de adelantarse y arrebatarle el trineo que deseaba (lo cual es un estilo de negociación muy difundido, no solo entre los niños), el pequeño evaluó la situación, se acercó al más grande e inició una conversación. "Parece como si estuvieras encogido dentro de ese trineo de plástico", le dijo al mayorcito. "Tus piernas cuelgan sobre el borde. Creo que te podrías deslizar mucho más rápido en este que es más grande. Y además podrías maniobrar mejor". El más grande estaba contento de poder manejar un trineo más moderno y fácil de maniobrar, y el pequeño podía disfrutar mucho más en un simple trineo de plástico. Esta es una negociación de ganancia mutua.

Negociar es algo que todos hacemos frecuentemente en nuestra vida diaria, incluso sin ser conscientes de ello. Negociamos en nuestro hogar para ver quién saca la basura o lleva los niños a la escuela. Negociamos acerca de qué película ver, o si encargamos comida china o salimos a comer fuera. Concedemos algo y obtenemos algo a cambio.

La negociación es una forma específica de resolver problemas. Hay ciertos problemas que puede resolver usted mismo. La resolución de problemas se convierte en negociación cuando dos personas o grupos intentan llegar a un acuerdo a partir de posiciones opuestas, en la cual cada parte está dispuesta a conceder lo menos posible y a ganar sin que la otra pierda.

Todo empresario sabe que un trato no se cierra hasta que todos los detalles han sido contemplados, el precio establecido y los productos entregados –o, como señala Yogi Berra: "No estaré dispuesto hasta que todo haya sido dispuesto"–. Todas las técnicas de venta que hemos aprendido y ejercitado en el proceso de búsqueda laboral culminan en la negociación del precio de su producto. Si usted estuviera convencido de que lo que pide es justo y apropiado, entonces los otros también lo estarían.

Negociar no significa triunfar. No quiere decir plantear condiciones poco razonables y esperar a que los otros "las acepten o se vayan". Negociar es escoger opciones. Consiste en hacerse a usted mismo y a su oponente una pregunta importante: "¿De qué manera podemos llegar a un acuerdo mutuamente satisfactorio?"

Usted procede de esta manera al preguntar: "¿Qué tal si...?" "¿Qué le parece si le doy esto y usted me da aquello? ¿Eso satisfaría las necesidades de ambos? ¿Pero qué pasaría si usted tomara menos de esto y más de aquello? ¿Eso sería justo?" Cuanto más opciones tenga, más margen tendrá para el acuerdo.

SI USTED NO SABE QUE ES LO QUE QUIERE, ¿QUE ESPERA LOGRAR?

Si usted no supiera qué es lo que pretende acerca de un empleo, se sentiría tentado a aceptar todo lo que le ofrezcan sin analizar las consecuencias. Existen muchos otros factores a considerar además del dinero. Tiene que decidir qué es lo más importante para usted.

Una joven amiga de mi hija me vino a pedir consejo acerca de un empleo que le habían ofrecido como auxiliar editorial en una revista. Se trataba de una publicación que Liliana admiraba, y estaba encantada con el hecho de que le hubieran ofrecido un puesto

335

en ese lugar. Pero la empresa no se podía permitir pagarle tanto como Liliana hubiera querido. Ella se dispuso a negociar y luchar para conseguir un salario mucho más alto.

Nos sentamos y analizamos sus objetivos. Ganar mucho dinero no era tan importante para Liliana como el hecho de forjarse una carrera en el periodismo. Esta revista podía ser un terreno fértil para una joven periodista que aprendería sobre la marcha. Cuando lo reflexionó, decidió que estaba dispuesta a aceptar menos dinero si la empresa le brindaba la oportunidad de escribir.

De las negociaciones resultó que la revista estaba de acuerdo con darle ciertos encargos ocasionales, con la posibilidad de escribir artículos más extensos en el futuro. Ella aceptó el empleo. Liliana, me dijo más tarde que aun cuando ella hubiera estado en condiciones de conseguir un salario más alto, no se habría sentido satisfecha si no le hubieran dado la posibilidad de escribir.

Antes de nuestra charla Liliana estaba dispuesta a luchar para conseguir más dinero. Pero no era eso lo que ella necesitaba para sentirse feliz. *Si ella no hubiera determinado sus metas, habría desaprovechado el acuerdo por algo que no era su objetivo prioritario.*

CONOZCA SUS LIMITES

El próximo paso después de esclarecer sus metas es establecer sus límites. Comience por el mínimo aceptable. Liliana estaba dispuesta a aceptar un salario más bajo del que esperaba, pero tampoco pensaba trabajar sin ganar dinero alguno. Tenía que pagar el alquiler de su apartamento. Antes de entrar en negociaciones, tenía que determinar cuál era la cifra más baja que podía realmente aceptar. Usted debe conocer su punto límite y resolver que no puede aceptar nada que esté por debajo del mismo.

A continuación, determine el máximo que puede pedir dentro de lo razonable. Si usted estuviera negociando por el automóvil de la compañía, no podría insistir razonablemente en un Rolls-Royce. Comience por el máximo requerimiento posible y confíe en lograrlo. Si no lo lograra, tendría que negociar por debajo de ese límite. No debería hacer saber a su oponente cuál es su mínimo nivel aceptable, o este iría directamente al mismo. Si usted pidiera demasiado siempre podría acordar por menos. Pero si pidiera muy poco, sería casi imposible negociar por más.

Plantéese las siguientes preguntas:

- ¿Qué es lo que pretendo lograr de este empleo?
- ¿Cuáles son mis necesidades reales (aparte del dinero)?
- ¿Qué es lo máximo que puedo lograr?
- ¿Cuál es mi límite más bajo?
- ¿En qué puedo acordar específicamente?
- ¿Qué concesiones podría hacer que me perjudicaran, pero que todavía serían posibles?
- ¿Tengo una clara idea de lo que es arriesgado, y qué aspectos puede comprometer?

LA ADAPTACION DEL PLAN

No se desaliente si las cosas no salen exactamente como usted había planeado. Un buen negociador siempre debe ser flexible. La paciencia es un factor importante en las negociaciones, pero también necesitará actuar con rapidez –a fin de modificar su estrategia, o apuntar en otra dirección. Confíe en sus instintos y asimile las situaciones nuevas a medida que surjan. Recuerde que uno de los principales factores de éxito es la adaptabilidad. Su dominio de este factor puede convencer al empleador de que él ha hecho una correcta elección –y estará más dispuesto a ver las cosas desde su punto de vista.

Cuando se le presenten oportunidades cambiantes, usted puede decidir renunciar a ciertas prerrogativas para obtener otras. Manténgase abierto a los cambios, formulándose estas preguntas en el transcurso de las negociaciones:

- ¿Por qué el empleador insiste en este punto en particular?
- ¿De qué manera esto puede afectar a mis límites?
- ¿Estoy todavía dentro de mis límites (mínimo y máximo)?
- Si el empleador hiciera esta concesión en particular, ¿cómo le puedo ayudar a salvar las apariencias?

HABLANDO DE DINERO...

Jamás hable de dinero hasta que no haya un ofrecimiento de empleo. En el momento en que empiecen a hablar de dinero, el entrevistador estará realmente convencido. Cuanto más tiempo haya invertido en la entrevista, más valioso será usted.

Hay un principio de las ciencias económicas que se aplica especialmente aquí: *El dinero sigue al valor*. Si usted (o el empleador) desearan hablar de dinero antes de que se hubiera establecido su valor, usted llevaría la peor parte.

En la mayoría de los casos, el solicitante no necesita hablar de dinero hasta la segunda o tercera entrevista. A esa altura, usted puede tener una idea clara del grado de interés del empleador. Para entonces, habrá obtenido suficiente información acerca de la índole de la tarea para hacer una estimación de la cifra que deberían pagarle. Además, si un empleador le preguntara muy al principio: "¿Cuáles son sus expectativas monetarias?" puede estar tratando de descartar candidatos. Quizá realmente le pregunte: "¿Usted excede los requisitos para este puesto? ¿O no llega a llenarlos todos?"

No debería responder a esta pregunta al comenzar una entrevista. Simplemente podría decir con tranquilidad: "Es demasiado pronto para discutir la cuestión salarial. No sé lo suficiente acerca de la empresa, ni de qué manera podría contribuir". Luego podría cambiar de tema formulando una pregunta. (Recuerde que la persona que formula las preguntas es quien controla la conversación). Si el empleador más tarde volviera a insistir en el tema, diga: "¿Eso significa que ya tengo el empleo?" o "¿Acaso es un ofrecimiento?" Si él le dijera que no, reitere el hecho de que es demasiado prematuro hablar de dinero, y haga otra pregunta.

Vaya al grano

¿Qué sucede cuando llega el momento en que viene al caso hablar de dinero? Trate de lograr que el empleador mencione antes la cantidad de dinero. Si consiguiera que él revelara su límite aceptable primero, usted sabría si vale o no la pena insistir. Puede descubrir que incluso es más de lo que esperaba, y que si usted hubiera expresado la cifra antes, se habría quedado corto.

Cuando el entrevistador le pregunte cuáles son sus pretensiones salariales, debería averiguar si hay alguna posibilidad de negociación. Algunos sueldos son fijos —el empleador no tiene ningún poder para negociar. Muchas empresas tienen una escala salarial que se puede discutir, y otras cuentan con un presupuesto salarial ilimitado. De modo que pregúntele al empleador en qué categoría entra la compañía. Si le preguntaran: "¿Cuáles son sus expectativas salariales?", diga (con cierto sentido del humor): "Lo que yo pienso que valgo, y lo que usted piensa que valgo, pueden ser dos cosas muy diferentes. ¿Qué es lo que ustedes ofrecen?"

Si el puesto tiene una escala, pregunte cuál es. Si el empleador le dijera: "La escala va de 22.000 a 25.000 dólares", usted podría responder: "25.000 parece ser una cifra razonable".

Si el empleador le preguntara: "¿Cuál es el salario mínimo que usted estaría dispuesto a aceptar?" no responda. Dígale que usted no está buscando el mínimo. Agregue con cortesía que está buscando un empleo que sea tanto intelectualmente (u otra cosa que sea importante para usted) como financieramente satisfactorio.

Un consejo importante: no acepte un ofrecimiento de inmediato, aun cuando sea tentador. Haga saber al empleador que usted está seriamente interesado y que está seguro de que podrá hacer una destacable contribución a la compañía. Pero que necesita considerar el ofrecimiento durante algunos días. El empleador puede preguntarse qué otras ofertas tiene en consideración e incluso mejorar el ofrecimiento. De no ser así, usted puede llamar y decir que ha resuelto aceptar el puesto.

El hecho de reflexionar le da la posibilidad de asegurarse de que ha negociado bien, y de que ha obtenido lo que necesitaba. Una vez que haya hecho un acuerdo, usted no puede volver atrás y decir: "A propósito, olvidé preguntar por...". Si ha pedido un tiempo para considerarlo, puede decir: "He estado pensando en su ofrecimiento y en general me parece muy justo. Pero no hemos discutido...". De esta manera, todavía mantiene la negociación bajo su control.

Juegue sus cartas debidamente

Como en el juego del póquer, la negociación no siempre significa contar con las mejores cartas. Un buen jugador siempre observa el entorno, está atento a los gestos y los signos no verbales –los suyos y los de los demás jugadores. Su mirada puede revelar mucho acerca de usted. Cuando le pregunten qué es lo que pretende, mire directamente a los ojos de la otra persona. Si estuviera constantemente paseando la mirada o mirando hacia abajo, eso daría a entender que usted no cree en lo que dice. No tiene por qué sentirse avergonzado. Es correcto pedir lo que merece.

Nunca trate distraídamente a su contrario. Escúchele con atención y concuerde en la medida de lo posible con sus sugerencias, aun cuando quizá no sean lo que piensa. Si estuviera en desacuerdo, manifiéstelo con respeto. La mejor manera de ganar a un negociador hostil es hacerle sentir que sus sugerencias son ignoradas o desechadas.

Preste atención a la manera de actuar de la otra persona. Pregúntese: "¿Esta persona envía algún mensaje no verbal? Si así fuera, ¿qué pretende decir?" Tales mensajes pueden decirle cuándo detenerse y cuándo avanzar. Si está en una entrevista y su empleador potencial le presta toda su atención, y luego comienza a bambolearse en su silla, quizás usted haya dicho algo que le ha molestado. Trate de averiguar qué fue o haga una pregunta inmediata para cambiar de tema.

HAY OTROS INTERESES ADEMAS DEL DINERO

Todos negociamos a fin de satisfacer nuestras necesidades. En el pasado, las empresas suponían que todas las necesidades de sus trabajadores eran las mismas y los beneficios se planeaban para el trabajador *medio*. No era práctico hacer un trato por separado con cada individuo –la contabilidad y el papeleo habrían sido mucho más complicados.

Hoy se pone mucho más énfasis en las necesidades individuales. Los sistemas informatizados hacen posible incluso para las grandes organizaciones idear sistemas de beneficios personalizados. Le corresponde al individuo negociar por aquello que considera más importante.

COMO NEGOCIAR OTROS BENEFICIOS

Cuando vaya en busca de empleo, debería elegir un empleador que asegure su estabilidad laboral y sea receptivo con sus necesidades. El proceso de la entrevista ya no se basa únicamente en lo que usted puede hacer por una compañía. Robert T. Jones, experto del Ministerio de Trabajo de Estados Unidos, ha observado la necesidad de la gente de asumir un papel mucho más activo en la negociación de su futuro. Según Jones, "Uno debería preguntarse,

'¿Qué puede hacer esta compañía por mí?'. Ya no basta con negociar los salarios; usted tiene que estructurar su acuerdo en el momento de su ingreso. Es decir, que debería negociar la formación, la asistencia médica, los horarios de trabajo, incluso la indemnización por despido".

A medida que la fuerza laboral y el trabajo mismo cambian, los factores que los empleados consideran importantes también se modifican. Un artículo publicado en el *Personal Administrator* de agosto de 1987 analiza la nueva generación de las "empresas sostenedoras de la familia". A cambio de cierta reducción en los impuestos, disminución del absentismo laboral, y aumento de la productividad, algunas compañías están ampliando sus beneficios para incluir las siguientes opciones:

● *Un "menú" de beneficios.* Muchas compañías progresistas ofrecen un *menú* de beneficios como planes asistenciales de salud, subsidios para guarderías infantiles y seguros de vida, de los cuales usted puede escoger aquel que más le convenga.

En el Hospital Saint Luke de Houston, Texas, se asigna una cierta cantidad de dinero a los empleados y luego se les da una lista de beneficios entre los cuales escoger. Si el empleado pretende más beneficios de los que le permite el dinero asignado pagará por los mismos, pero puede compensar la diferencia. Si sus opciones costaran menos, el dinero excedente se sumaría a su recibo de sueldo.

Los empleados del Saint Luke están muy satisfechos con sus planes de beneficios individuales. Y la compañía descubrió que el mencionado programa no solo es un incentivo para los futuros trabajadores, sino un estímulo para asegurar la permanencia de los actuales empleados. Muchas otras compañías de Estados Unidos han experimentado este programa con éxito similar.

● *La atención infantil.* El cuidado de los niños es una de las mayores preocupaciones de los padres en la actualidad. En el pasado, sólo uno de los padres trabajaba, mientras el otro permanecía en el hogar con los niños, pero hoy en día el trabajo es un hecho habitual para ambos cónyuges.

Algunas compañías cuentan con guarderías infantiles en sus propias instalaciones. Otras financian los gastos de guardería. En 1980, sólo quince a veinte compañías en todo Estados Unidos contaban con tales programas. En 1987, por lo menos mil empresas subsidiaban programas de atención infantil, y esa cantidad ha aumentado desde entonces. La cantidad creciente de padres separados en el ámbito laboral es otro motivo por el cual este problema se ha convertido en un tema de negociación importante. Ya sea que usted tenga una familia en la actualidad, o haya planeado tenerla, querrá saber qué tipo de beneficios son posibles y asegurarse de que eso se contemple en su plan de beneficios.

● *Flexibilidad horaria y empleo compartido.* Uno de los beneficios más negociables es la flexibilidad horaria. Esto habitualmente significa que una compañía mantiene sus puertas abiertas desde las seis de la mañana hasta las ocho de la noche, y que los trabajadores eligen un turno de ocho horas dentro de ese horario. A cierta altura del día –entre las nueve de la mañana y las tres de la tarde– todos los empleados están en el trabajo. Por ejemplo, consideremos un matrimonio que trabaja para la misma compañía. El esposo lo hace desde las seis hasta las dos. Esto permite a su mujer levantar a sus niños y llevarlos a la escuela. Luego entra al trabajo a las diez y permanece hasta las seis. En el ínterin, su esposo está en el hogar cuando los niños salen de la escuela a las tres. Este tipo de horario les da tiempo a ambos padres para estar con sus hijos, y les ahorra los gastos de una guardería.

Otra variante es el empleo compartido, en el cual dos trabajadores comparten un turno. Tengo una prima en California que buscaba un empleo de tiempo parcial. Es una secretaria experimentada y asiste a la universidad. Cuando se presentó en varios estudios jurídicos importantes, le dijeron que no era posible. Luego se encontró con una mujer separada con niños que también buscaba un empleo de tiempo parcial. Se presentaron como un equipo y ahora comparten un puesto de secretaria en un estudio jurídico.

Mi familiar trabaja de nueve de la mañana a una y media. Su *socia* entra a la una, y analizan los planes del día. Mi prima luego sale para la universidad, y su compañera asume sus funciones hasta las cinco y media. Las condiciones son óptimas para ambas mujeres y su empleador está más que satisfecho con el acuerdo. La flexibilidad horaria a menudo da a los empleados un mayor sentido de la responsabilidad, mientras que pone el énfasis en la calidad del trabajo antes que en la cantidad de horas trabajadas. Con eso también aumenta la productividad, lo cual beneficia tanto al empleador como al empleado.

Antes de comenzar sus negociaciones para un nuevo empleo, siéntese en su escritorio, y haga una lista de todos los factores que puedan hacer de este su empleo ideal. He aquí algunos de ellos:

- *Dinero*: Sueldo, salario potencial, bonificaciones, comisiones, participación en las ganancias, regalías o suplementos.
- *Puesto*: Título, autoridad, responsabilidad, oficina, equipo de apoyo, presupuesto, perspectivas profesionales.
- *Beneficios:* Seguros de vida y salud, entrenamiento, periodo de vacaciones, flexibilidad horaria, guardería, reembolso por cuotas de estudio, automóvil de la compañía.

LAS CLAVES DE LA NEGOCIACION

Obtener lo que usted desea exige una combinación de factores: formular las preguntas adecuadas, dominar las técnicas de venta y poseer una fe sólida en sus méritos y condiciones para el puesto. También exige práctica en las tácticas de negociación. Esta es una síntesis de lo que usted necesita para ser un negociador eficaz:

1. A fin de planear sus negociaciones, usted tiene que tener una idea precisa de lo que su potencial empleador pretende y necesita.
2. Usted está en la mejor posición negociadora cuando recibe el ofrecimiento de empleo.
3. Antes de empezar las negociaciones, debería hacer un minucioso análisis económico de lo que usted pretende lograr con la negociación, qué está dispuesto a aceptar, y cuáles son sus límites.
4. Debería mostrar un sincero interés personal en el empleador como en la compañía, y hablar en función de esos intereses.
5. Negociar en beneficio mutuo por lo general produce un resultado más equitativo que la actitud competitiva del *uno contra el otro*.
6. Por lo general es una buena idea comenzar por los temas menos controvertidos y establecer los puntos de coincidencia.
7. Usted siempre debe dejar bien claro sus méritos antes de comenzar las negociaciones.
8. Mire de frente a su contrario sin pestañear ni bajar los párpados.
9. La expresión de su boca también le puede traicionar. Siempre comience las negociaciones con una sonrisa cálida, aun cuando piense que no va a llegar a un acuerdo.
10. Se llega a un acuerdo solamente cuando una de las personas

hace una concesión final, y piensa que la otra parte no hará más concesiones.

11. Una de las mejores y más eficaces maneras de lograr que su contrario acepte su posición es hacerle participar en el proceso de razonamiento que conduce a su punto de vista.
12. Escuche siempre con atención e interés. Usted puede no coincidir con su contrario, pero jamás deberá ignorarlo.
13. Antes de dar por terminada la negociación, considere los puntos clave de modo de estar seguro de que ambas partes tienen una idea clara del acuerdo.
14. Sea sincero y justo, y confíe en que la otra parte haga lo mismo.
15. Las investigaciones muestran que un negociador que inicialmente pide más y ofrece menos por lo general se impone, obteniendo más y cediendo menos.

A esta altura usted se ha convertido en un vendedor sobresaliente. No se quede corto en la venta. Usted conoce su valor para el empleador. No está pidiendo nada que no merezca. No está tratando de obtener algo por nada. Negociar es algo que les permite a ambos salir ganando. Téngalo presente y siempre será un ganador. Se trata de su trabajo, de su vida, de su elección. No llegue a un acuerdo por menos de lo que usted pretende o menos de lo que merece.

30

Una previsión final

30º Principio de las Ventas y Mercadotecnia
El marketing personal es un proceso de toda la vida; utilícelo bien y disfrute de su éxito.

CONTINUE SU PROMOCION...

Pregúntele a un millonario cómo ha logrado llegar a donde está, y le dirá, a costa de "Sangre, sudor y lágrimas". Pregúntele al mismo millonario *por qué* hizo lo que ha hecho, y le dirá: "Por placer".

Uno de los motivos por los cuales he escrito este libro es para transmitir un importante mensaje: el verdadero secreto del éxito es el amor por el trabajo que usted hace. Noventa y seis mil horas de su vida como usted las pasa trabajando. Qué triste sería pasar todo ese tiempo infeliz, mal remunerado e insatisfecho.

Este libro le ha dado las herramientas para alcanzar el éxito. Ha aprendido de qué manera convencerse y *venderse* usted mismo sin boicotearse. Ha descubierto qué cualidades los empleadores consideran fundamentales en el personal que emplean, y cómo desarrollar y mejorar sus factores de éxito. Hemos analizado sus alternativas y creado un plan de *marketing* que le permite orientarse y concentrar sus objetivos. Le he mostrado cómo utilizar las técnicas de venta profesionales para conseguir que los empleadores compren lo que usted vende. El resto le corresponde a usted. *El éxito consiste en transformar el conocimiento en acción positiva.*

ASUMA EL RIESGO SI PRETENDE UNA COMPENSACION

Las técnicas de *marketing* y venta que acaba de aprender aquí le brindan oportunidades en su trabajo que usted nunca había tenido antes –además de la habilidad para combinar el trabajo de su preferencia con las miles de opciones que surgen en la actualidad y aumentan día a día.

Sé que no siempre es fácil seguir el camino de nuestros sueños. Son inevitables los problemas y las demoras. Pero creo en el poder de fijarse las metas y trabajar en pos de las mismas.

¿Quién puede saber qué nos depara el futuro? Los acontecimientos mundiales son cada día más sorprendentes. A fines del siglo XIX, nadie podría haber previsto con qué rapidez cambiaría el mundo. El siglo XXI traerá cambios políticos y tecnológicos que nadie podría imaginar hoy. De lo que estoy convencida acerca de los próximos cien años es de que tendremos muchas más opciones en nuestras vidas. Será un siglo de alternativas y de cambio.

Las técnicas y los principios básicos de la venta expuestos en este libro le facultarán para vender su talento y habilidades en el nuevo siglo. Cuanto más preparado esté para el desafío y las oportunidades del futuro, más obtendrá a cambio.

Si usted fuera renuente al cambio, podría ver el futuro como un tiempo de caos que desorganizaría su vida. Pero si usted adhiere al cambio, podrá superar los inconvenientes en los años venideros.

Quizá deberíamos adoptar un ideograma del lenguaje chino: el símbolo de crisis en el idioma chino está compuesto de dos partes –una que simboliza el riesgo y otra la oportunidad–. No se puede tener lo uno sin lo otro, y usted no puede obtener una compensación sin arriesgar.

SU FUNDAMENTO DE MERCADOTECNIA:
LOS TREINTA PRINCIPIOS BASICOS

Este libro está dedicado a los millones de seres humanos cuyo sueño es vivir de acuerdo con sus posibilidades, que aman su trabajo y son remunerados por lo que valen.

El futuro está a su alcance para que lo conquiste. El *marketing* personal es un proceso alimentado por sus aspiraciones y realizable a través del manejo de las técnicas de venta. Los treinta principios básicos que respaldan este proceso son el fundamento para el planteamiento con éxito de su trayectoria laboral:

1. El éxito en el *marketing* depende de la calidad del producto y de la habilidad del vendedor.
2. La actitud es más importante que la aptitud para el éxito en la venta y el *marketing*.
3. Si usted no creyera en el valor de su producto, nadie más creería en el mismo.
4. Un vendedor eficiente no se resiste al cambio, sino que lo considera un desafío y una oportunidad.
5. Con tantos productos y servicios que compiten por los mismos mercados, el compromiso del vendedor es a menudo el factor decisivo.
6. Aumente su poder de venta mejorando su comunicación: Asegúrese de que su mensaje sea recibido como usted lo envió.
7. La venta es un problema de índole creativa –consiste en lograr lo que usted desea ofreciéndole al cliente lo que el necesita.
8. La venta exige a menudo decisiones rápidas y seguras. Eso no quiere decir que usted acierte todo el tiempo –aprendemos de todas nuestras elecciones.
9. La mejor pregunta que usted puede plantearse en torno a las ventas es "¿Cómo puedo hacerlo mejor la próxima vez?"
10. La venta de un producto o servicio debe estar firmemente orientada al futuro a fin de sobrevivir en un mundo en rápido cambio.
11. Cuanto más nos atengamos a nuestras habilidades de mercadotecnia y ventas, más seguros estaremos de nosotros mismos.
12. La confianza y la dependencia recíproca son esenciales para desarrollar la relación.
13. El éxito del valor agregado estriba en saber qué es lo que la gente desea, y darle más de lo que espera.

14. Cuanto más sepa de su producto, más fácil le resultará venderlo.

15. El éxito resulta de confiar en sus fuerzas, no de corregir sus debilidades.

16. La gente quiere conocer las características del producto, pero decide la compra por sus ventajas.

17. Venderá mejor su producto al especificar las ventajas y destacar selectivamente las características.

18. Una técnica de venta eficaz es el resultado de una planificación cuidadosa.

19. El éxito de un plan de mercadotecnia se fundamenta en la interpretación de las tendencias económicas vigentes.

20. El hecho de saber qué es lo que el público comprador pretende y necesita, aumenta las posibilidades de concretar la venta.

21. Las ventajas son mayores cuando usted sabe con precisión dónde se encuentran sus compradores.

22. El arte de concretar una venta estriba en la destreza para vender a la persona indicada, de la manera debida, y en el momento apropiado.

23. El secreto deseo de todo comprador potencial es "Hágame una oferta a la cual no me pueda negar".

24. En la era de los servicios al consumidor, el *marketing* en gran escala no resulta tan eficaz como la venta personalizada.

25. La presentación influye decisivamente sobre los motivos por los cuales un consumidor adquiere un producto o servicio.

26. La única manera de concretar una venta es llegar a quien toma la decisión.

27. Una venta consiste en una serie de preguntas premeditadas para descubrir las necesidades, desarrollar la confianza, responder a las objeciones y lograr un compromiso.

28. Quien formula las preguntas controla la venta.

29. Una negociación satisfactoria significa una ganancia mutua, pero la persona que pide más, generalmente lo logra.

30. El *marketing* personal es un proceso de toda la vida; utilícelo bien, y disfrute de su éxito.

LA IMPORTANCIA DE LOS SUEÑOS

Nunca subestime el valor de los sueños. Su éxito futuro se basa en sus actuales anhelos. Ignore los hechos del pasado que le sugieran lo contrario.

Está sentado en un aula mientras escucha a un profesor poco inspirado que habla monótonamente acerca de un tema por el cual usted no siente ningún interés. Repentinamente suena estridente el timbre y usted se prepara para salir: "¡Prestad atención!" expresa con irritación el profesor, "¡Vosotros soñáis despiertos!" Quizás usted debería haber estado escuchando en ese preciso momento; pero también espero que no deje de soñar del todo.

La escritora Eleanor Roosevelt –esposa del ex mandatario estadounidense– dijo una vez: "El futuro pertenece a aquellos que creen en la magnificencia de sus sueños". Las personas que creen verdaderamente en sus sueños están dispuestas a hacer el esfuerzo de realizarlos, a dar los pasos necesarios para convertir la fantasía en realidad, y están ansiosas de emprender una acción positiva.

Jack Lemmon, uno de mis actores preferidos, es un ejemplo de alguien que ha seguido sus sueños. Su padre, que tenía una panadería, soñaba con el día en que pudiera hacer ingresar orgullosamente a su hijo en la empresa familiar. Cuando Lemmon anunció que se iba a Nueva York para estudiar teatro, su padre quedó transido de dolor.

Su padre le preguntó: "¿Este es tu anhelo, Jack?"

Jack dijo: "Sí".

"¿Amas lo que haces?" le preguntó el padre.

Jack contestó otra vez afirmativamente

"Entonces ve y hazlo", le dijo el padre. "Sé lo que significa amar un trabajo. El día que no encuentre ningún placer en la hogaza del pan, será el día en que deje de trabajar".

Coincido plenamente con él.

Bibliografía

Abrams Kathleen S. *Job Prep 2000*. Wassau, Wiscosin: Ediciones Entwood, 1986.

Anderson, U. *Success Cybernetics*. North Hollywood, California: Wilshire Books, 1975.

Beatley Richard H. *The Five-Minute Interview*. Nueva York: Wiley, 1986.

Beck, Joel. *Telephone Prospecting and Marketing* (cassette de audio). Phoenix, Arizona: General Cassette Corp.

Bettger, Frank. *How I Raised Myself From Failure to Success in Selling*. Nueva York: Prentice-Hall, 1949.

Bolles, Richard Nelson. *What Color Is Your Parachute?* Berkeley, California: Ten Speed Press, 1987.

Boyan, Lee. *Successful Cold Call Selling*. Nueva York: AMACOM, 1983.

Butler, Diane. *Futurework: Where to Find Tomorrow's High-Tech Jobs Today*. Nueva York: Holt, Rinehart & Winston, 1984.

Cetron, Marvin, y Marcia Appel. *Jobs of the Future: The 500 Best Jobs –Where They'll Be and How to Get Them*. Nueva York: McGraw-Hill, 1984.

351

Cohen, Herb. *You Can Negotiate Anything.* Secaucus, Nueva Jersey: Lyle Stuart, 1980.

Cornish Edward, ed. *Careers Tomorrow –The Outlook for Work in a Changing World.* Bethesda, Maryland: World Future Society, 1983.

Danna, Jo. *Winning the Job Interview Game.* Briarwood, Nueva York: Editorial Palomino, 1985.

Didsbury, Howard F., ed. *The World of Work: Careers and the Future.* Bethesda, Maryland: World Future Society, 1983.

Elam, Houston G. *Marketing for the Non-Marketing Executive.* Nueva York: AMACOM, 1978.

Feingold, Norman S. y Norma Reno Miller. *Emerging Careers: New Occupations for The Year 2000 and Beyond.* Garrett Park, Maryland. Editorial Garrett Park, 1983.

Feingold, Norman S. y Avis Nicholson. *Getting Ahead: A Woman's Guide to Career Success.* Washington, Columbia: Acropolis Books, 1983.

Fraser, Jill Andresky. *The Best U.S. Cities for Working Women.* Nueva York: New American Library, 1986.

Fundación Sales Manpower. *How to Land the Job You Want.* Nueva York: Sales Executives Club de Nueva York, 1975.

Garfield, Charles. *Peak Performers: The New Heroes of American Business.* Nueva York: Avon Books, 1986.

Girard, Joe. *How to Sell Yourself.* Nueva York: Warner Books, 1979.

Gondolfo, Joe y Robert Shook. *How to Make Big Money Selling.* Nueva York: Harper & Row, 1984.

Half, Robert. *The Robert Half Way To Get Hired in Today's Job Market.* Nueva York: Bantam Books, 1981.

Half, Robert. *Robert Half on Hiring.* Nueva York: Plume Books, 1985.

Hill, Napoleon. *Think and Grow Rich.* Nueva York: Fawcett, 1960

Hopkins, Tom. *How to Master the Art of Selling.* Nueva York: Warner Books, 1982.

Irish, Richard K. *Go Hire Yourself an Employer.* Garden City, Nueva York: Anchor Books, 1973.

Johnston, William B. y Arnold H. Packer. *Workforce 2000: Work and Workers for the 21st Century.* Indianapolis, IN: Instituto Hudson, 1987.

Krannick, Ronald L., Dr. *Re-Careering in Turbulent Times: Skills and Strategies for Success in Today's Job Market.* Manassas, Virginia: Impact Publications, 1983.

Lathrop, Richard. *Who's Hiring Who?* Berkeley, California: Ten Speed Press, 1977.

LeBoeuf, Michael. *How to Win Customers and Keep Them for Life.* Nueva York: G. P. Putnam's Sons, 1987.

Leeds, Dorothy. *PowerSpeak: The Complete Guide to Persuasive Public Speaking and Presenting.* Nueva York: Prentice-Hall, 1988.

Leeds, D. *Smart Questions: A New Strategy for Successful Managers.* Nueva York: MacGraw-Hill, 1987.

Levinson, Jay Conrad. *Guerrilla Marketing: Secrets for Making Big Profits from Your Small Business.* Nueva York: Houghton Mifflin, 1984.

Lewis, Herschell Gordon. *Direct Mail Copy That Sells.* Englewood Cliffs, Nueva Jersey: Prentice-Hall, 1984.

Ling, Mona. *How to Increase Sales and Put Yourself Across by Telephone.* Englewood Cliffs, Nueva Jersey: Prentice-Hall, 1963.

Lund, Philip R. *Compelling Selling: A Framework for Persuasion.* Londres, Inglaterra: Macmillan, 1974.

Maltz, Maxwell. *Psycho-Cybernetics.* Nueva York: Pocket Books, 1960.

Marshall, Austin. *How to Get a Better Job.* Nueva York: Hawthorn Books, 1964.

Naisbitt, John. *Megatrends.* Nueva York: Warner Books, 1982.

Nash, Edward. *Direct Marketing.* Nueva York: McGraw- Hill, 1982.

Nierenberg, Gerard I. *The Art of Negotiating.* Nueva York: Cornerstone Library, 1968.

Occupational Outlook Handbook. Ministerio de Trabajo de Estados Unidos, Oficina de Estadísticas Laborales, Boletín 2350.

Pascarella, Perry. *The New Achievers.* Nueva York: The Free Press, 1984.

Payne, Richard A. *How to Get a Better Job Quicker.* Nueva York: Signet Books, 1972.

Pell, Arthur R., Dr. *How to Sell Yourself on an Interview.* Nueva York: Prentice Hall, 1982.

Robertson, James. *Future Work.* Nueva York: Universe Books, 1985.

Schuller, Robert H. *You Can Become the Person You Want to Be.* Nueva York: Pillar Books, 1973.

Shafiroff, Martin D. y Robert L. Shook. *Successful Telephone Selling in the 80's.* Nueva York: Harper & Row, 1982.

Shatzki, Michael y Wayne R. Coffey. *Negotiating: The Art of Getting What You Want.* Nueva York: New American Library, 1981.

Sher, Bárbara y Annie Gottlieb. *Wishcraft: How to Get What Your Really Want.* Nueva York: Ballantine Books, 1979.

Slutsky, Jeff y Marc Slutsky. *Streetsmart Teleselling: The 33 Secrets.* Englewood Cliffs, Nueva Jersey: Prentice Hall, 1990.

Smith, Robert Ellis. *Workrights.* Nueva York: Dutton, 1983.

Snelling, Robert O. *The Right Job.* Nueva York: Penguin Books, 1987.

Snelling, R. y Anne M. Snelling. *Jobs! What They Are... Where They Are... What They Pay...* Nueva York: Fireside Books, 1985.

Sperber, Philip. *The Science of Business Negotiation.* Nueva York: Pilot Industries, 1979.

The Prentice-Hall Miracle Sales Guide. Englewood Cliffs, Nueva Jersey: Prentice-Hall, 1974.

Walther, George R. *Phone Power: How To Make the Telephone Your Most Profitable Business Tool.* Nueva York: Ediciones Berkley, 1986.

Weinstein, Robert V. *Jobs For The 21st Century.* Nueva York: Macmillan, 1983.

Welch, Mary Scott. *Networking: The Great New Way for Women to Get Ahead.* Nueva York: Harcourt Brace Jovanovich, 1980.

Willingham, Ron. *Integrity Selling.* Garden City, Nueva York: Doubleday, 1987.

Yate, Martin John. *Knock'em Dead with Great Answers to Tough Interview Questions.* Boston, Massachusetts: Bob Adams, 1987.